互联网司法治理典型案例丛书

互联网典型案件

裁判思维与规则治理

○商事卷○

北京互联网法院○编　赵瑞罡○主编

知识产权出版社
全国百佳图书出版单位
—北京—

图书在版编目（CIP）数据

互联网典型案件裁判思维与规则治理. 商事卷/北京互联网法院编；赵瑞罡主编. —北京：知识产权出版社，2023.8（2024.3 重印）

（互联网司法治理典型案例丛书）

ISBN 978 - 7 - 5130 - 8841 - 1

Ⅰ.①互…　Ⅱ.①北…　②赵…　Ⅲ.①互联网络—商法—案例—中国　Ⅳ.①D923.05

中国国家版本馆 CIP 数据核字（2023）第 137782 号

责任编辑：王小玲　　**责任校对：**潘凤越

封面设计：研美设计　　**责任印制：**刘译文

互联网典型案件裁判思维与规则治理·商事卷

北京互联网法院　编

赵瑞罡　主编

出版发行：知识产权出版社有限责任公司　　**网　　址：**http：//www.ipph.cn

社　　址：北京市海淀区气象路 50 号院　　**邮　　编：**100081

责编电话：010 - 82000860 转 8252　　**责编邮箱：**shdwxl2010@163.com

发行电话：010 - 82000860 转 8101/8102　　**发行传真：**010 - 82000893/82005070/82000270

印　　刷：北京中献拓方科技发展有限公司　　**经　　销：**新华书店、各大网上书店及相关专业书店

开　　本：720mm × 1000mm　1/16　　**印　　张：**17.5

版　　次：2023 年 8 月第 1 版　　**印　　次：**2024 年 3 月第 2 次印刷

字　　数：296 千字　　**定　　价：**88.00 元

ISBN 978 - 7 - 5130 - 8841 - 1

序

党的二十大报告指出，加快发展数字经济，促进数字经济和实体经济深度融合，打造具有国际竞争力的数字产业集群。近年来，我国数字经济飞速发展，连续 11 年显著高于同期 GDP 名义增速，2022 年数字经济规模占比达到 41.5%，相当于第二产业占国民经济的比重。北京作为首都，有全国 70% 的互联网资源，数字经济增加值占地区生产总值比重达 42% 左右，全国 50% 左右的互联网平台独角兽活跃在北京，数字化发展样态呈现出科技创新成果领先、数据要素快速流通、产业模式创新活跃的特征。

随着数字经济的发展，许多新矛盾、新纠纷不断出现，并对互联网司法提出了更高的要求。自 2018 年 9 月至 2023 年 7 月底，在北京互联网法院审理的案件中，涉大型数字平台纠纷的案件占全部案件的 24% 左右，涵盖网络购物、网络服务等主要数字消费领域，牵涉平台、商家、消费者三方主体。一个简单的网络购物合同关系，背后包含广告展示、快递物流、平台管理、优惠促销等多个环节，每个环节都可能产生纠纷。另外，新业态、新模式不断更新迭代，对司法审判提出挑战，如“主播带货”存在主播、销售者、直播平台、第三方平台等多重主体，销售链条加长，一旦出现纠纷，分辨责任主体、责任程度的难度较高。如何应对这一系列复杂多变的法律难题，不断提高互联网司法专业能力，是北京互联网法院一直在深耕和钻研的方向。

成立五年来，北京互联网法院通过依法裁判为数字经济发展和技术创新明晰规则，引导新技术新业态新模式在法治轨道上健康有序发展。比如认定漫画平台向未成年人提供内容不健康的网络文化产品，违背公序良俗，网络服务合同应属无效，引导平台秉持诚信的社会主义核心价值观，依法完善服务内容；

认定视频平台探索“超前点播”等新商业模式，须遵循公平原则、尊重用户感受、遵守法律规定，不得损害用户合法权益；认定商业推广短信退订费用约定不明时由电商平台负担，肯定平台在尽到事前告知义务、提供事后拒绝渠道的情况下，将个性化服务纳入一揽子格式协议；明确外卖订餐平台利用特定算法预估配送费时的合理提示义务，切实保障消费者知情权；对主播带假货的行为，支持直播平台依约管理，依法规制新商业模式中的不诚信经营行为；认定网约车平台未依规管理应承担违约责任，注重平衡广大不特定乘客的利益与司机群体的权益，促进网约车经营模式健康可持续发展；首次确认了直播带货人“经营者”身份，强调直播带货人的带货责任，规范流量经济时代的直播带货行为；坚决肯定“鞋穿不炒”，判定上家不发货平台不承担责任，推动潮流回归文化本身。这些案件充分体现出法官了解技术逻辑、把握产业特征、融入数字场景的思维和能力，展现了在权利保护和产业发展之间包容审慎、善拈轻重的高超司法智慧。

本书将北京互联网法院成立五年来审理的商事案件汇编成册，认真总结、发掘其中的裁判规则、典型意义，并对其中的法律争点问题、裁判思路和方法进一步解析，最大化展现每一个案例的作用和价值，值得各位读者细细品评。希望北京互联网法院未来继续挖掘典型案例，尤其是做好引领保障数字经济发展标志性案件的发现、审理、发布、转化工作，为数字法治发展贡献更大力量。

薛军

二〇二三年八月十四日

目 录

第一编 网络交易平台责任

第二编　合同履行问题

第三编 合同效力问题

第四编 合同欺诈的认定

第五编 消费者权利正当行使

第一编

网络交易平台责任

电子商务平台未显著标示平台内经营者身份应承担平台经营者责任

——杨某与北京某信息技术有限公司网络服务合同纠纷案[1]

刘更超[*]　张夏意[**]　李凌锐[***]

典型意义

作为现代商务平台的重要组成部分之一，电子商务平台以其便捷性迅速成为当代人购物消费的重要途径。各类商家纷纷入驻各大电商平台，促进了市场的繁荣，然而也带来了诸多问题。

本判决明确了电子商务平台经营者应当以显著方式区分“平台自营业务”与“平台内其他经营者开展的业务”，不得以各种方式误导消费者进行消费。本案中，电子商务平台未明确标示涉案酒店预订业务的经营者身份，造成了消费者时间与经济上的损失，应当承担业务经营者的法律责任。本案针对电子商务平台经营中的主体问题做出法律上的解读，规范了平台经营中主体标示标准与责任，对电子商务平台的良性运营与市场的健康发展具有重要意义。

关键词　OTA 平台　经营者身份　惩罚性赔偿　欺诈行为

---

[1] 一审裁判文书字号：北京互联网法院（2018）京0491民初1623号民事判决书（2018年12月28日）。

一审审判员：刘更超。

* 刘更超，北京互联网法院立案庭法官。

** 张夏意，北京互联网法院综合审判一庭法官助理。

*** 李凌锐，中国传媒大学文化产业管理学院法律系研究生。

案情介绍

2018年9月6日，原告杨某通过被告北京某信息技术有限公司经营的“去哪儿网”预订促销酒店，即“2018年9月30日入住10月4日离店2间4晚，三亚鹿岭海湾某国际大酒店鹿回头景观房（无早）”，并同时成功支付了酒店住宿的全部费用464元，收到了预订成功的确认短信，内容为“【去哪儿网】预订成功：您预订的9月30日入住三亚鹿岭海湾某国际大酒店（原三亚海湾维景国际大酒店）鹿回头山景房｛无早（预付促销）｝2间4晚，已支付464.00元。入住请出示入住人有效身份证件，服务由艺起住提供：0101010××××。酒店地址……”。同时，“去哪儿网”手机客户端也提示预订成功。

2018年9月6日至7日，“去哪儿网”客服人员电话通知原告：商家来电称满房，安排不了入住，希望协商取消订单，并提供补偿方案：换三亚其他酒店入住，本人入住，入离店时间不变，原单操作取消、退款，后续新入住的酒店提供发票和水单，“去哪儿网”赔偿实际差价，但是差价不高于原单首晚房费的100%（116元）。原告表示再考虑一下。9月7日，“去哪儿网”客服人员又致电原告，原告本人按照原有入离店时间换三亚其他酒店入住，后续新入住的酒店提供发票和水单，被告赔偿不高于764元的实际差价，原告同意取消订单。随后“去哪儿网”取消了订单，并将住宿费464元退还原告。订单取消后，原告通过“去哪儿网”App查询，三亚鹿岭海湾某国际大酒店9月30日入住10月4日离店的鹿回头景观房（无早）的最低单价为378元/间/天，原告重新预订同样房间入住的费用高达3024元。

原告主张，作为互联网上的消费者，原告通过App预订并成功支付了促销的酒店订单，被告也短信确认其预订成功。被告后续单方面以不恰当不真实的理由解除合同，若按原订单方案预订同一酒店将产生大额差价，因此与原订单的差价2560元应由被告赔偿。据此，原告向北京互联网法院提起诉讼，请求：一是依法判决被告赔偿原告2560元；二是诉讼费由被告承担。

被告辩称，第一，原、被告之间系网络平台服务合同关系，被告妥善履行了网络平台的义务，并无违反网络平台服务合同的行为。原告通过被告提供的网络平台与商户（艺龙）达成酒店预订服务合同，其在本案中主张的违约行为是其与商户之间的合同纠纷，不应要求被告承担违约责任。被告作为在线旅游网络预订平台，原告在该网站预订酒店，双方之间形成网络平台服务合同关系。订单中明示酒店产品由商户“艺起住”提供。本案系因商户及酒店原因（满房）不能履行订单，而非被告违约所致。被告接到商户满房通知后立即与商户核实，争取无果后及时通知原告并告知原因，妥善履行了合同义务。原告主张的违约责任应该由其酒店预订服务合同的相对方承担，不应要求网络平台承担违约责任。

第二，被告在网络平台上公示的酒店产品保障内容，是被告在并无法定责任的前提下，为保障消费者体验，主动承诺的平台保障条款，而不是代替商户承担违约责任。因此，不能以商户违约责任（消费者损失大小）的金额来衡量平台的消费者保障条款设定上限金额是否合理。消费者到店前，供应商告知无法安排入住的，“去哪儿网”将退还全部预订费用，并赔付消费者另行预订入住附近同等酒店房间的差价（不超过订单首晚房费的30%）。该保障内容系被告平台自发对消费者权益保障做出的承诺，而非被告要代替商户“艺起住”承担相关法律责任或者承担连带法律责任，因此不应当以商户应承担的责任数额来衡量该条款是否合理。

第三，本案中合同系协商一致后解除，而非在未经原告同意的情况下单方解除。被告客服接到商户通知无房后，即与原告沟通补偿事宜，就合同解除及补偿方案于2018年9月7日达成一致意见，经原告同意后，被告才操作取消订单，订单款项已退回。被告告知原告，补偿方案待原告提供另行入住水单及发票后落实，而原告至今未提供。此处所述事实有被告提供的录音为证，原告在录音中的意思表示清晰准确。原告当庭否认并无合理理由。

第四，原告未能证明其存在实际损失。原告提供的“去哪儿网”截屏，并未实际下单，损失尚未发生。原告如果需要证明其损失数额，应当提供订单截屏以及与订单金额对应的酒店发票或刷卡记录加以证明。本案中原告并未提供前述证据证明相应事实。综上，本案订单无法履行系商户原因导致，被告已经尽到平台法律义务，并无违约行为。原告本次诉请金额无有效证据支持，且原告否认曾协商达成一致补偿方案。故被告不同意原告诉讼请求，恳请法院驳回原告全部诉讼请求。

裁判内容

北京互联网法院经审理认为，本案争议焦点包括：一是被告的行为是否构成违约；二是如果构成违约，被告应该如何承担赔偿责任。

一、被告的行为是否构成违约

针对被告行为是否违约的问题，作为网络商务平台的运营者与服务者，电子商务平台经营者应当以显著方式区分自营业务和平台内其他经营者开展的业务，不得误导消费者。本案中，被告未举证证明其在预订环节尽到了以显著方式区分不同业务的义务。在App预订页面，平台方并未明确标示服务经营者身份，造成了原告对服务提供者身份的误解。在预订成功后，“去哪儿网”发送给原告的确认短信中提到“服务由艺起住提供”。但该提示内容并未明确写明平台内经营者的真实名称，原告并不能通过这条确认短信获取经营者身份等相关信息，这造成了原告对于经营者身份的误解，使原告无法判断该经营者属于平台自营还是第三方经营平台。因此，被告应当承担服务提供者的法律责任。对被告在本案中仅承担平台责任的答辩意见，法院不予采纳。

在服务预订环节，被告并未能确定原告的订单是否得到了酒店的确认，在被告的举证证明中，也未证明该订单得到了酒店的确认，但依旧将未确认预订成功酒店的信息以短信的方式发送给原告。

在后续的取消订单环节，自始至终未见酒店做出的意思表示，被告方也没有证据证明取消订单的请求是酒店方发出的。因此，被告的行为将原告置于巨大的消费风险之中。因此，对被告提出的关于取消订单是由于商户原因造成的答辩意见，法院不予采纳。

综上所述，被告在酒店预订订单的服务预订、服务确认、订单取消的各个环节中，都存在过错，并未尽到服务提供者的义务，已构成违约，应当对原告受到的经济损失承担相应的责任。

二、如构成违约，被告应该如何承担赔偿责任

经过上述论证，被告已经构成违约，应当赔偿取消订单对原告造成的损

失。根据当事人的陈述以及被告提供的电话录音，被告在取消订单前曾多次与原告进行沟通，并在最终达成了一致的赔偿协议，原告也在协商中明确表示接受该赔偿方案，并且同意取消订单。因此，双方在订单取消前已经就违约赔偿问题达成了协议，应当按照该协议约定履行，即：被告在原告提供新入住酒店的发票与水单后，被告赔偿原告实际差价，但实际差价不超过764元。对于被告提交的电话录音，原告表示曾接到被告的几个客服电话，电话录音中也是其本人，但无法确认录音是否经过修改，因此对电话录音的真实性提出异议，进而不认可双方在电话中所达成的赔偿协议。但对此说法，原告并未提供相应证据，法院不予采信。因此，对于原告主张的诉讼请求中超出上述协议预订部分赔偿款的部分，法院不予支持。

裁判结果

北京互联网法院依照《中华人民共和国合同法》第九十三条第一款、第九十七条，《中华人民共和国消费者权益保护法》第十六条之规定，判决如下：一、原告按照双方约定向被告提供水单和发票，被告收到水单和发票后赔偿原告不高于764元的实际差价；二、驳回原告其他诉讼请求。

一审判决后，双方当事人均未上诉，判决已发生法律效力。

法官解读

一、平台自营业务与他营业务的显著区分

电子商务平台的总体发展过程经历了从独立平台到混合型平台的发展阶段。其中混合型商务平台既搭建网络交易空间，为第三方交易提供平台服务，又在其运营的交易平台上作为合同当事人的一方，参与商品与服务的交易。这种既展开自营业务又拓宽他营渠道的商务模式为市场带来了极大的活力。但是从监管的角度出发，这两种业务模式存在着根本性的差异，法律上设置的权利义务也存在着较大的不同。因此，无论是从保护消费者权益角度，还是从维护

市场秩序的角度出发，两种业务模式相关法律的主体都必须做到明确的区分，以维护市场的正常运营模式，保障电子商务平台的良性运行。

本案判决认为，电子商务平台经营者应当以显著方式区分自营业务和平台内经营者开展的业务，不得误导消费者。上述案例判决之时，《中华人民共和国电子商务法》（以下简称《电子商务法》）尚未正式实施，但2014年3月15日起实施的《网络交易管理办法》第二十九条规定，第三方交易平台经营者在平台上开展商品或者服务自营业务的，应当以显著方式对自营部分和平台内其他经营者经营部分进行区分和标记，避免消费者产生误解。2019年1月1日起实施的《电子商务法》第三十七条规定，电子商务平台经营者在其平台上开展自营业务的，应当以显著方式区分标记自营业务和平台内经营者开展的业务，不得误导消费者。《电子商务法》将上述规定上升到了法律层面。

电子商务平台经营者负有自营业务区分标记义务。电子商务平台经营者对其标注为自营的业务承担商品销售者、服务提供者的民事责任，对能够显著识别为他营的业务仅承担平台责任。其中一个关键性的问题就是在电子商务平台经营者没有清晰地标注某业务系自营业务还是他营业务的情况下，应当如何判断相关主体的责任。笔者认为，应当以通常情况下正常的理性人的标准来进行判断，即一个具有正常判断能力的人仍然不能判断相关的业务是自营的还是第三方经营的，应当推定是平台自营业务，由电子商务平台承担商品销售者和服务提供者的法律责任。本案中，被告构成违约的重要原因是其未举证证明尽到了以显著方式区分不同业务的义务，在预订成功后，其所发送的确认信息中虽然提到"服务由艺起住提供"，但并没有标明平台内经营者的真实名称；在订单取消环节，也无法提供证据证明取消订单的请求是酒店提供的。被告平台标明的信息，不足以让原告理解其准确含义，无法判断该业务是平台自营还是第三方经营，因此应当承担商品销售者和服务提供者的法律责任。

二、OTA平台运营的法律问题分析

OTA平台，即在线旅游平台，包括去哪儿网、携程网、飞猪网、爱彼迎等，是当前旅游产业链中游环节，上游对接丰富的旅游资源，下游面对广大的消费群体。OTA平台内一个订单可能会形成几类合同，涉及线上、线下各种法律关系，这些法律关系复杂而又交织在一起。在平台已经显著标识他营业务的情况下，OTA 平台同消费者之间形成网络服务法律关系，承担平台经营者的法律责任。平台内经营者，因其地位不同，和消费者形成的法律关系也不同，比如网络居间服务提供者与消费者之间可以形成网络服务合同，而旅行社、酒店、航司的直营业务，双方可能会形成旅游合同、旅店服务合同、运输合同等法律关系。

近年来，OTA 平台的运营暴露出诸多问题。这些问题对消费者和平台的正常运行与经营都产生了恶性的影响，不仅将消费者置于巨大的消费风险之中，还使得 OTA 平台的经营陷入许多法律风险之中。相关问题严重消耗了消费者对于平台的信任，不仅对某一单独平台，也对整体产业的发展形成了桎梏。

为此，法院专门向有关 OTA 平台发送了司法建议：一是严格遵守《电子商务法》等相关规定，区分标记自营义务与他营业务，将业务标记与证照公示相结合，规范经营行为；二是改进订单信息的确认、反馈机制；三是发挥互联网企业的优势，充分掌握产品信息；四是建立消费者与平台内经营者的直接沟通渠道。相关 OTA 平台对上述司法建议高度重视，并制定了现实可行的整改方案。针对本案中的经营者标示不清的问题，相关 OTA 平台在显著位置对商户信息进行多频次公示，并指定法务部对平台信息展示情况进行定期巡查，发现“公示链接无法打开”“公示信息过时”等问题后直接交由技术部门予以修复。

三、损害赔偿与惩罚性赔偿

在消费者诉 OTA 平台的案件中，消费者申诉赔偿大体上有两种主张：或主张违约，要求 OTA 平台进行损害赔偿；或主张欺诈，要求 OTA 平台进行惩罚性赔偿。损害赔偿是因债务人不履行合同债务所承担的责任，原则上损害赔偿仅具有补偿性而不具有惩罚性，其主要目的在于弥补或填补债权人因违约行为所遭受的损害后果。本案中，原告主张的是具有补偿性的损害赔偿。惩罚性赔偿是法院判令加害人支付给受害人的超过其财产损失范围的一种金钱赔偿，其主要目的在于惩罚不法行为人，制止不法行为的发生。

在特殊情况下，为保护特定法益，在合同法中采用惩罚性赔偿，构成损害赔偿的例外。美国法中，惩罚性损害赔偿主要适用于被告具有暴力、滥用权利、恶意、欺诈等行为的案件，一般主要用于侵权案件中。在我国，为了充分保护消费者的利益，《中华人民共和国消费者权益保护法》（以下简称《消费者权益保护法》）第五十五条第一款规定："经营者提供商品或者服务有欺诈行为的，应当按照消费者的要求增加赔偿其受到的损失，增加赔偿的金额为消费者购买商品的价款或者接受服务的费用的三倍；增加赔偿的金额不足五百元的，为五百元。"

但在实践中，该条款中"欺诈行为"的实质含义和构成要件存在一定争议，大致有三种观点。

第一种观点认为《消费者权益保护法》第五十五条"欺诈行为"的含义应依据《中华人民共和国民法总则》（已废止）第一百四十八条与最高人民法院《关于贯彻执行〈中华人民共和国民法通则〉若干问题的意见（试行）》（已废止），即欺诈行为包含一方有欺诈的故意、欺诈方实施了欺诈行为、被欺诈方因受欺诈而陷入错误的判断、被欺诈方基于错误的判断作出意思表示。

第二种观点认为民法总则规定的"欺诈行为"适用于弥补性补偿规则，而《消费者权益保护法》规定的"欺诈行为"适用惩罚性赔偿规则，二者不能通用。

第三种观点认为凡是原国家工商行政管理总局在《侵害消费者权益行为处罚办法》中列举的欺诈行为，都应当认定为《消费者权益保护法》第五十五条中的"欺诈行为"。

而在司法实务中，对于上述三种对"欺诈行为"的认定，应该秉持如下标准：

首先，经营者的民事责任与行政责任应当分别认定，《侵害消费者权益行为处罚办法》作为部门法规，不能作为消费者权益保护法中欺诈行为的认定依据；其次，民法总则是基本法，消费者权益保护法是专门法，在专门法无规定的情况下应适用基本法，因此应依据民法总则判断"欺诈行为"的含义及要件；最后，根据《最高人民法院关于适用〈中华人民共和国民事诉讼法〉的解释》第一百零九条的规定，当事人对欺诈事实的证明，人民法院确信该待证事实存在的可能性能够排除合理怀疑的，应当认定该事实存在，对于《消费者权益保护法》第五十五条中"欺诈行为"的认定，应当采用排除合理怀疑的证明标准。

App 未公示经营主体的责任认定

——刘某与北京某贸易有限公司网络购物合同纠纷案[1]

刘书涵[*]　刘润瀛[**]

典型意义

App 未对实际运营主体进行公示的情况下，App 的开发者和供应商应当认定为 App 的经营者，应当对通过该 App 进行的交易承担电子商务平台经营者的责任。如果交易标明了自营，其亦应当承担商品销售者的责任。本案中，北京互联网法院认定 App 没有公示其运营主体，App 开发者应当承担经营者责任，对消费者的正当权益进行保护。

关键词　电子商务合同　格式条款　销售主体信息

案情介绍

原告（上诉人）刘某诉称，其在某商城上的某自营店铺预约抢购了涉案商品并已支付成功，商城向其发送了收到订单的确认邮件，但之后某商城单方取消并删除了该订单。当刘某与商城客服人员沟通时，客服人员称，订单取消

---

[1] 一审裁判文书字号：北京互联网法院（2020）京 0491 民初 18431 号民事判决书（2021 年 11 月 30 日）；二审裁判文书字号：北京市第四中级人民法院（2022）京 04 民终 43 号民事判决书（2022 年 4 月 12 日）。

一审审判员：刘书涵。

* 刘书涵，北京互联网法院综合审判二庭庭长。

** 刘润瀛，中国传媒大学文化产业管理学院法律系研究生。

是系统审核自动拦截，而非人工操作，订单取消后无法恢复，建议刘某重新预约抢购。刘某向12315消费者投诉举报专线投诉后，协商和解未果。

刘某向法院提出诉讼请求：一是判令被告继续履行与原告签订的购物合同；二是判令被告赔偿因违约行为造成原告为购买涉案商品所做的准备工作化为徒劳的经济损失1元。原告认为，被告在商品抢购的规则中规定，“只有完成实名认证的PLUS正式会员才有预约和抢购涉案商品的资格”，该规则属于某商城向特定人群发布的商品预约抢购信息，体现了买家按规则下单付款，某商城即可发货的意思表示，应当视为要约。对被告违背诚实信用原则，单方面取消并删除原告已经支付完成订单的行为，应当视为违约。《中华人民共和国电子商务法》（以下简称《电子商务法》）第四十九条规定：“电子商务经营者发布的商品或者服务信息符合要约条件的，用户选择该商品或者服务并提交订单成功，合同成立。当事人另有约定的，从其约定。电子商务经营者不得以格式条款等方式约定消费者支付价款后合同不成立；格式条款等含有该内容的，其内容无效。”请求法院判令被告公司继续履行合同，并赔偿经济损失1元。

被告北京某贸易有限公司未到庭，提交书面答辩意见称：被告公司既不是某商城网络平台经营者，也不是产品的销售商，不是适格被告。根据工业和信息化部网站及某商城网站最下方公示的信息可以看出，网站的经营者为北京某电子商务有限公司，原告的起诉没有事实和法律依据。

裁判内容

北京互联网法院经审理认为，本案主要的争议焦点包括：一是被告北京某贸易有限公司是否是某商城的运营主体；二是被告北京某贸易有限公司是否应当承担违约责任。

一、北京某贸易有限公司为某商城的运营主体

本案中，刘某在某商城App上的自营店铺购买涉案商品，并提供了证据证明App的开发者为北京某贸易有限公司。打开该商城App后未能见到App对其实际经营者有清晰、显著的公示。经在商城App上查询《隐私政策》，显示为“本政策仅适用于北京某电子商务有限公司及其关联公司（包括但不限

于北京某贸易有限公司）提供的产品和服务及其延伸的功能……”由此可见，虽然北京某贸易有限公司辩称商城 App 的实际经营者为北京某电子商务有限公司，但北京某贸易有限公司与其关联公司对“自营”的销售主体信息披露不充分。

虽然被告书面辩称其既不是某商城的平台经营者，也不是涉案产品的销售商，但在本案中，并无证据显示该平台 App 对于其实际运营主体进行了公示，原告通过该 App 在“某自营旗舰店”购买涉案商品，该店铺标记为自营。对于消费者而言，获知此 App 运营主体的方式主要是通过查看 App 的开发者和供应商实现的，在被告未出庭提供相反证据的情况下，应当认定被告为该 App 的运营者，应当对通过该 App 进行的交易承担电子商务平台经营者的责任。

被告公司辩称自己并非商城网络平台经营者，也不是产品的销售商，不是适格被告。但实际情况而言，该商城平台的 App 中显示，原告下单的店铺是“自营商城”，其销售完全是由被告公司进行的，而且 App 的页面中也没有明确标示是否由商城销售，没有尽到提示的义务。在交易的过程中，被告擅自拦截了订单，需要承担相应责任。

二、北京某贸易有限公司应当承担违约责任

（一）北京某贸易有限公司的行为是违约行为

在本案中，被告公司在 App 商品抢购的规则中规定“只有完成实名认证的 PLUS 正式会员才有预约和抢购涉案商品的资格”，该规则属于某商城向特定人群发布的商品预约抢购信息，体现了买家按规则下单付款，某商城即可发货的意思表示，应当视为要约。被告擅自拦截订单、取消订单的行为应视为违约行为。《电子商务法》第四十九条规定：“电子商务经营者不得以格式条款等方式约定消费者支付价款后合同不成立；格式条款等含有该内容的，其内容无效。”因此，被告的行为是违约行为。

（二）违约应依法予以赔偿

依照《中华人民共和国合同法》（以下简称《合同法》，已废止）第一百零七条的规定，当事人一方不履行合同义务或者履行合同义务不符合约定的，

应当承担继续履行、采取补救措施或者赔偿损失等违约责任。根据涉案商品的预约和抢购规则，刘某为该商城实名认证的 PLUS 会员，有预约和抢购涉案商品的资格并实际抢购成功，亦提交订单并支付了相应的款项，原告与被告之间成立信息网络买卖合同关系，该合同系当事人真实意思表示，不违反法律行政法规的强制性规定，应为有效。当事人应按照约定履行自己的义务，不得擅自变更或者解除合同。在刘某付款后，被告公司应当向刘某履行交付标的物的义务，无正当理由单方取消订单拒绝发货，构成违约。故刘某要求北京某贸易有限公司继续履行发货义务的诉讼请求，有事实基础和法律依据。关于赔偿损失问题，依照《合同法》第一百一十二条的规定，当事人一方不履行合同义务或者履行合同义务不符合约定的，在履行义务或者采取补救措施后，对方还有其他损失的，应当赔偿损失。虽然刘某未提供证据证明其受到损失的确切情况，但涉案商品为需要预约和抢购的紧俏商品，刘某为缔约必然要投入相应的时间成本。同时在被告公司违约的前提下，刘某与其客服人员协商，后又向有关部门投诉，被告公司仍未及时主动地解决纠纷。因此为了保护消费者权益，被告公司应该进行一定的赔偿。

裁判结果

依照《中华人民共和国合同法》第一百零七条、第一百一十二条，《中华人民共和国电子商务法》第三十七条第二款、第四十九条，《中华人民共和国民事诉讼法》第一百四十四条之规定，判决如下：一、被告北京某贸易有限公司于本判决生效后 7 日内向原告刘某交付 2 瓶涉案商品（运输费用由被告北京某贸易有限公司负担）；同时，原告刘某于本判决生效后 7 日内向被告北京某贸易有限公司支付货款 2996 元。二、被告北京某贸易有限公司于本判决生效后 7 日内给付原告刘某经济损失 1 元。如果未按本判决指定的期间履行给付金钱义务，应当依照《中华人民共和国民事诉讼法》第二百五十三条之规定，加倍支付迟延履行期间的债务利息。

一审判决后，北京某贸易有限公司提起上诉，北京市第四中级人民法院判决：驳回上诉，维持原判，现判决已生效。

法官解读

随着网络技术和智能手机技术的进步，人们在网络上购买商品的方式也有了很大的改变。然而，当前手机 App 提供服务时，各种入驻和引流的方式也呈现多样化的特点。不仅有电商平台自营店铺提供商品或服务，也有第三方店铺入驻交易平台进行经营。[1] 对于纷繁复杂的交易模式，应该更加注意涉案主体的评定问题，为保护消费者合法权益进行有益探索。

一、网络经营商主体问题

电子商务发展十分迅速，因此需要一个健康稳定的环境，在目前寻找网络经营主体是保证网络交易安全的重要方式。

（一）主体界定以及判断标准

网络经营主体指的是利用网络平台进行售卖商品的活动的主体，该经营主体在享受权利的同时承担着相应的义务。从商业方面来说，网络经营者是对商品进行售卖的卖家，通过线上交易获取利润。网络服务提供者是指通过其管理的系统提供信息存储空间或者数据接口等服务，为他人在其网站上发布信息或者向他人提供信息等行为提供技术支持的法人或者其他组织。虽然交易的方式和渠道跟随时代发生了变化，但网络经营者的交易行为与传统的商事活动相比，并没有实质性的变化。所以对于主体问题，其判断有以下三个角度：

其一，电子商务经营者的行为是以卖出商品为目的，其最终目标是通过交易获得利润。这是以经营主体的主观想法判断其是否为主体的资格条件。

其二，电子商务经营者和传统商事行为的经营者有相同的特点，即面对的人群不特定、销售行为重复进行。由于面对的人群太广，网络经营主体通常选择提供格式条款合同，以此节约时间和人力成本。

其三，电子商务经营者以信息互联网为行为手段。传统经营方式中，交易行为在线下发生，合同双方需要到场签订合同。但在电子交易中，合同双方不

---

[1] 李运华：《基于判例的电商平台商标间接侵权责任研究》，载《肇庆学院学报》2017 年 6 期。

需要到场，通过商家注册的网站或者开发的 App、小程序等手段进行交易。

这些特点共同造成了电子交易网络经营主体模糊的问题，在本案中，被告公司抗辩的理由之一是认为自己并非适格被告。经法院层层勘查后，确认了涉案 App 的运营模式，厘清了双方当事人的关系，最终判定被告公司为适格被告。

（二）关于网络经营商主体的法律规制问题

根据相关法律法规，电子商务平台经营者对其标记为自营的业务依法承担商品销售者或者服务者的民事责任。[1] 在网络平台进行电子交易的过程中发生问题主要有以下原因：

其一，网络经营主体的登记注册制度不够完善。在我国目前的网络经营市场中，由于在法律上并没有对“经营和营业”等相关行为进行法律意义上的区分，也没有构建出等同于商事主体实体经营的登记制度，[2] 所以我们很难根据确定的条款来判断网络商品和服务的行为有没有遵守相关规范。在本案中，由于平台的交易机制，出现了责任方不明确的问题，出售商品和提供平台的经营商可能是两个不同的主体，在这种情况下，需要抽丝剥茧，厘清涉案 App 的交易模式，确认和原告订立合同的一方，有违约行为应该立即处置。

其二，网络经营者的说明和提示义务没有完善。电子交易因其便利性和广泛性已经成为大众广泛使用的交易方式，其中，交易平台为买家和卖家提供了一个良好的交易场所，为电子交易的安全性提供了相应的保证。电子商务共有五种模式，分别是 B2C（Business to Customer）、B2B（Business to Business）、C2C（Customer to Customer）、C2B（Customer to Business）、O2O（Online to Offline），在本案中，涉案的网站属于 B2C 的模式，即企业与消费者之间的电子商务，消费者可以直接利用互联网参与经济活动，类同商业电子化的零售商务。[3] 在该平台上，有买家、卖家、平台三方主体，商品通常是由买家向平台

---

[1] 雷玄：《〈中国质量万里行〉发布 2019 年度消费维权十大典型案例》，载《中国质量万里行》2020 年第 3 期。

[2] 郭峰，阎春明：《网络经营商主体法律规制问题的研究》，载《商》2016 年第 1 期。

[3] 参见《京东供应商管理规则》，载京东网，https：//rule. jd. com，最后访问日期：2023 年 4 月 24 日。

内的商家购买；而自营商城是指网站的运营主体，同时也是销售者，因此与买家达成合同的是平台方。为实现网络服务提供者与信息发布者之间的网络空间互联，保证双方的信息流通，在法律未禁止的范围内，只要网络服务提供者以自己的名义发布了相关信息，就应当对此承担相应的违约责任。

平台方通过各种渠道拓宽自己的贸易，同时衍生出多种交易模式，在本案中出现的则是自营店铺的情况，这种情况下平台需要担责。除了自营平台外，也有第三方在平台进行经营；或者平台只提供交易场景，收取买家和卖家的手续费。不光有网页形式的网站，同时还有手机 App、微信小程序等多种交易平台。以手机 App 来看，在对于网络营销商的提示身份上有很多难以规制的方面，首先是手机软件上的服务条款与运营市场的实际情况有偏差，可能出现主体不一致的状况。其次，在不一样的市场中，App 显示的运营商不同。如果没有尽到合理提示义务而违反合同，应当对消费者进行相应的补偿。

二、规制路径

依据《合同法》第三十九条第一款："采用格式条款订立合同的，提供格式条款的一方应当遵循公平原则确定当事人之间的权利和义务，并采取合理的方式提请对方注意免除或者限制其责任的条款，按照对方的要求，对该条款予以说明。"合理提示和说明义务在格式条款中是保护消费者正当权益的必要手段，对于商家来说，应当对于合同中不利于消费者的方面进行说明，例如在本案中，商家应提前告知抢购商品的前提条件、提供交易的商家与平台，在没有尽到提示义务的情况下，无疑增加了消费者交易的不确定性，同时也增加了消费者的维权负担。电子交易的便利与风险共存，为了节省成本，商家没有完全保证消费者对合同的条款完全知情。因此消费者权利受到侵害的可能性更大。

《电子商务法》第三十七条规定："电子商务平台经营者在其平台上开展自营业务的，应当以显著方式区分标记自营业务和平台内经营者开展的业务，不得误导消费者。"所以作为自营平台的经营者，应该承担起相应的责任，在 App 主页需要出现的信息应该是直接负担责任的经营者，而不是不负责主要部分的关联公司。在用户的交易出现问题的时候，不能以用户没有仔细审查为由来消耗消费者的精力，延长维权周期。

随着网络交易的发达，涉及网络交易平台提供者的诉讼激增，电子商务市场行政监管尚不成熟，网络交易环境也并不完善。消费者权益保护法关于网络购物中侵权责任的规定较不完善。[1] 电商对其所发布的信息应负何种责任，消费者如何维权，这些问题有待进一步明确。对于消费者来说，网络购物方式省时省力，有时甚至比实体交易更加便宜，因此逐渐成为大多数人所接受的一种购物方式。在现行法律制度还不完善的情况下，为了给消费者提供更安全的消费环境，应该对每个出现的案例都进行严谨的核实分解，以寻找最佳的解决方案。

---

[1] 杨俊杰：《论新〈消费者权益保护法〉下的网购维权》，载《法制与社会》2015 年第 2 期。

网约车平台未依规管理应承担违约责任

——杨某与某科技有限公司网络服务合同纠纷案[1]

贺 诚* 李凌锐**

典型意义

网约车平台可以按照平台规则对司机的违规行为进行认定并采取合理限制措施，其基于保障安全的目的高效处理乘客投诉值得肯定。但在司机进行申诉时，平台应当进行核查，如申诉属实，应及时取消限制措施，切实维护司机的合法权益。本案判决明确网约车平台经营者在进行平台管理时，应注重平衡广大不特定乘客的利益与司机群体的利益，促进网约车经营模式健康可持续发展。此案明确了电商平台经营者在保障安全的同时，需谨慎行使平台的自治管理权，在以安全和效率为先的同时守住公正底线。

关键词 网约车 违规行为 格式条款 平台自治

案情介绍

2018年1月，原告（被上诉人）杨某在被告（上诉人）某科技有限公司

[1] 一审裁判文书字号：北京互联网法院（2019）京0491民初17870号民事判决书（2019年8月27日）；二审裁判文书字号：北京市第四中级人民法院（2020）京04民终13号民事裁定书（2020年2月13日）。

一审合议庭组成人员：审判长贺诚、审判员袁建华、审判员崔璐。

* 贺诚，北京互联网法院综合审判一庭法官。

** 李凌锐，中国传媒大学文化产业管理学院法律系研究生。

运营的“滴滴出行”App 上注册成为网约车司机端用户。在注册过程中，原告阅读并同意了“滴滴出行”App《平台用户规则》载明的“违规行为认定”“违规行为申诉”等条款。

2018 年 9 月，原告经考核获得“滴滴出行”App 推出的“深夜服务卡”资格。原告于 2018 年 11 月 5 日夜间接到涉案订单，并向被告平台报备订单乘客醉酒，因乘客一直未醒，原告两次使用平台“一键报警”功能。次日，被告平台收到该单乘客安全投诉并告知原告，乘客描述司机将其拉到目的地，看到警察将其拉下车，下车途中摔坏手机，过程中有轻微拉扯，但无须就医。原告收到投诉后进行申诉。2018 年 11 月 6 日晚，原告不能再使用“深夜服务卡”接单。11 月 7 日，原告到被告公司总部申诉，并提交报警记录和订单截图。11 月 8 日，原告“深夜服务卡”资格显示恢复，但在夜间仍接不到订单，每天的流水也大量减少。2018 年 12 月 13 日，原告的“深夜服务卡”恢复正常，可接到夜间订单。

被告表示收到乘客投诉后，曾对乘客进行电话回访和短信告知来电，但乘客未接听电话和回复短信。被告对涉案订单有录音保存，但未查询到曾有工作人员听过该录音。被告亦未通过平台“一键报警”功能向公安机关核查事实。被告在恢复原告“深夜服务卡”资格后设置了一个月观察期，并未实际恢复原告夜间接单功能。

经原告申请，北京互联网法院向北京市公安局昌平分局霍营派出所调取涉案订单出警记录和录像，显示，乘客醉酒未清醒，民警将乘客叫醒，乘客下车，有东西掉落，原告将物品捡起并交给乘客，其间并无拉扯、推搡。

据此，原告因“深夜服务卡”功能受限导致收入受损，向被告主张经济损失 16000 元。

被告辩称，原告受到乘客投诉，存在违反“深夜服务卡”平台规则的行为，为保障乘客安全行使平台自治管理权，暂停原告“深夜服务卡”功能并设置观察期。原告收入减少与被告暂停其“深夜服务卡”无关，其主张的收入也未扣除所需成本。

裁判内容

北京互联网法院经审理认为，本案的争议焦点包括：一是被告对原告账号

“深夜服务卡”功能进行限制是否具有合理依据；二是对于原告主张的损失应否赔偿及赔偿计算标准。

一、被告对原告账号“深夜服务卡”功能进行限制是否具有合理依据

本案中，被告系网约车服务平台经营者，原告注册成为平台司机，成为平台内的经营者，原告与被告形成网络服务合同关系。被告平台上发布的《平台用户规则》，属于其与平台内经营者之间的合同条款，是双方合同的组成部分。但上述条款是由被告预先拟定，且未与包括原告在内的平台内经营者协商，属于格式条款。提供格式条款的一方应当遵循公平原则确定当事人之间的权利和义务，提供格式条款一方免除其责任、加重对方责任、排除对方主要权利的，该条款无效。原告在滴滴平台注册时同意接受包括《平台用户规则》在内的一系列协议，对协议内容知情，在协议不违反国家法律法规强制性规定的情况下，法院认定协议合法有效，对双方均具有法律约束力。

关于被告依据《平台用户规则》对原告涉案行为进行认定和处理是否合规，从以下两方面进行分析：

（一）被告收到乘客投诉后，是否有权对原告涉案行为进行判定

平台经营者作为电子商务平台的管理者，对平台内经营者的经营行为负有一定程度的主动审查和管理控制义务，其依照平台规则对平台内经营者的行为进行自治性认定和处理，构成对有权机关认定的有益补充，属于其履行维护网络交易秩序、保障网络交易安全和保护消费者权益等社会责任的平台治理措施。

根据《中华人民共和国消费者权益保护法》（以下简称《消费者权益保护法》）第七条的规定，消费者在购买、使用商品和接受服务时享有人身、财产安全不受损害的权利。在本案中，虽然被告不直接提供承运服务，但其作为网约车平台给司机和乘客提供了缔约的机会，其对承运行程中可能发生的危险或事件在合理可预见范围内，应设定相应规则予以防范，以保障乘客的人身、财产安全。

《平台用户规则》中“违规行为认定”约定，平台可通过接收用户投诉发现违规行为。平台结合用户提供的证据、有权部门出具的相关材料、平台记录

情况以及其他用户反馈等判定用户是否违规。用户违反本平台用户规则的，平台有权依照本规则规定的处理措施追究其违规责任。按照上述规定，根据乘客的投诉情况，被告为保障乘客安全有权对原告行为做出初步违规判定，并限制其“深夜服务卡”功能使用，符合平台规则，亦是对社会广大不特定乘客安全出行的保障。

（二）原告因“深夜服务卡”受限进行申诉后，被告的行为是否合规

作为网约车服务平台，安全保障在任何情况下都应是首要考虑的因素，对于投诉和申诉进行事实核查，是网约车服务平台应当承担的必要管理职责。被告收到乘客投诉后，告知了原告。原告依据平台规则多次进行申诉，并向被告提供了报警记录和订单截图。依照《平台用户规则》“违规行为申诉”中“平台接到申诉后再次依据本规则对违规事实进行核实”的约定，被告应当再次对违规事实进行核实。

本案纠纷发生时，被告未对保存的录音进行及时核查，也未对原告所申诉的案件事实进行进一步核查，在缺失核查事实的前提下对原告账号设置了“观察期”。在紧急情况下设置“观察期”等临时性措施符合《平台用户规则》中总则规则，亦是具有该产业模式特色的措施设置，法院对于“观察期”措施本身的合理性不予否认，但该措施的执行应建立在被告履行了规则约定的核查义务之后。因核查事实环节的缺失，导致该措施的执行缺乏依据。故被告在本案情形下采取该项措施亦为失当。

本案中被告以投诉数量大、管理成本过高为由拒绝履行平台规则约定的核实义务，其行为构成了对原告的违约，应承担违约责任。

二、关于原告主张的损失应否赔偿及赔偿计算标准

依据《中华人民共和国合同法》（以下简称《合同法》，已废止）的规定，当事人一方不履行合同义务或者履行合同义务不符合约定的，应当承担继续履行、采取补救措施或者赔偿损失等违约责任。被告未核查事实的行为构成违约，应向原告承担赔偿损失的违约责任。

对于原告的损失，依据其“深夜服务卡”功能受限前后的日收入差额为计算标准。“深夜服务卡”功能于2018年9月15日上线，上线前司机夜间可

正常接单。2018 年 6 月至 10 月期间，原告均可正常接单。法院以该期间日收入平均额作为正常接单情况下原告的日收入依据，11 月 6 日至 12 月 13 日期间日收入平均额作为"深夜服务卡"功能被限期间原告日收入依据，按照原告最终确认的以 30 天作为损失计算期间，同时酌情考虑差额收入中包含油费等必要成本支出，酌定被告赔偿原告损失 4000 元。

裁判结果

北京互联网法院依照《中华人民共和国合同法》第八条、第三十九条、第六十条第一款、第一百零七条之规定，判决如下：一、被告某科技有限公司于本判决生效之日起七日内赔偿原告杨某损失 4000 元；二、驳回原告杨某的其他诉讼请求。

一审判决后，被告提起上诉。二审期间，原告以双方自行达成和解协议为由提出撤回起诉申请，北京市第四中级人民法院裁定准许原告撤回起诉。

法官解读

一、双方法律关系及《平台用户规则》属性

电子商务平台是为企业或个人提供网上交易的平台。电子商务平台经营者是指在电子商务中为交易双方或者多方提供网络经营场所、交易撮合、信息发布等服务，供交易双方或者多方独立开展交易活动的法人或者非法人组织。平台内经营者是指通过电子商务平台销售商品或者提供服务的电子商务经营者。被告通过其运营的平台为司机和乘客提供交易撮合、信息发布等服务，供司机和乘客开展交易活动，系网约车服务平台经营者。杨某注册为平台司机，成为平台内的经营者，注册时同意接受被告平台《平台用户规则》等一系列协议，与被告形成网络服务合同关系。

关于《平台用户规则》的属性分析。根据《合同法》的规定，采用格式条款订立合同的，提供格式条款的一方应当遵循公平原则确定当事人之间的权利和义务，提供格式条款一方免除其责任、加重对方责任、排除对方主要权利

的，该条款无效。平台经营者作为服务的提供方，与用户之间依旧要订立合同，但是使用传统的“面对面”的方式同潜在的庞大用户群体订立合同几乎无法实现，平台经营者要求用户在使用时同意接受其制定的格式协议，有利于节约平台和用户的时间和交易成本，协议中的条款若不违反法律规定，应当认可其效力。平台经营者依据协议对平台与用户的权利义务予以约定，对用户的行为予以规制。该协议对每一位潜在用户均同等适用。

被告平台上发布的《平台用户规则》，是由平台经营者预先拟定，且未与包括杨某在内的平台内经营者协商，属于格式条款，属于其与平台内经营者之间的合同条款，是双方合同的组成部分。杨某在“滴滴出行”平台注册时同意接受包括《平台用户规则》在内的一系列协议，对协议内容知情，在协议不违反国家法律法规强制性规定的情况下，该协议合法有效，对双方均具有法律约束力。在杨某与被告网络服务合同关系中，双方应当按照该规则约定行使权利，履行义务。

二、被告是否有权对杨某账号功能做出限制，其措施是否符合《平台用户规则》

（一）被告收到乘客投诉后，是否有权对杨某涉案行为进行判定

作为电子商务平台的所有者与管理者，平台经营方有义务依据相应的平台规则对平台内经营者的经营行为进行一定的主动审查与管理控制。这种自治性的认定与处理是对有权机关认定的有益补充，是平台方履行维护网络交易秩序、保障网络交易安全以及保护消费者权益等责任的平台治理措施。

《消费者权益保护法》第七条规定，消费者在购买、使用商品和接受服务时享有人身、财产安全不受损害的权利。虽然被告仅承担了为司机与乘客提供缔约手段与平台的行为，但仍应当对网约车承运过程中可能发生的、合理的、可预见的危险事件或行为，设定相应规则进行防范，以此保护司机与乘客两方的人身、财产安全。

《平台用户规则》中“违规行为认定”约定，平台可通过接收用户投诉发现违规行为。平台结合用户提供的证据、有权部门出具的相关材料、平台记录情况以及其他用户反馈等判定用户是否违规。用户违反本平台用户规则的，平

台有权依照本规则规定的处理措施追究其违规责任。按照上述规定，根据乘客的投诉情况，被告为保障乘客安全有权对杨某的行为作出初步违规判定，并限制其“深夜服务卡”功能使用，符合平台规则，亦是对社会广大不特定乘客安全出行的保障。此外，通过《平台用户规则》中成文的“违规行为认定”条目，用户能够根据相关行为分类通过“用户投诉”渠道向平台方举报违规行为。平台方则根据用户投诉证据、有权部门出具的相关材料、平台记录情况以及其他用户反馈等数据资料，来判断被投诉用户是否违规。对于违反平台规则的用户，平台方有权根据《平台用户规则》中规定的处理措施追究其违规责任。依据上述规定，平台方有权根据用户投诉对杨某的行为作出初步违规判定，并对其“深夜服务卡”功能进行限制。平台方的行为符合平台规则，也是对广大用户安全出行诉求所进行的合理保障。

（二）原告因“深夜服务卡”受限进行申诉后，被告的行为是否合规

被告收到乘客投诉后，告知了原告杨某。杨某依据平台规则多次进行申诉，并向被告提供了报警记录和订单截图。依照《平台用户规则》“违规行为申诉”中“平台接到申诉后再次依据本规则对违规事实进行核实”的约定，被告应当再次对违规事实进行核实。

被告称，收到乘客投诉后曾向乘客致电和发出短信进行调查，但没有得到回复，故对杨某账号“深夜服务卡”功能采取了临时性限制措施，并表示日投诉量极大，无法对所有投诉事件一一核查，也不具备时间上的可能性，该项要求对平台苛以过重的责任。

作为网约车服务平台，安全保障在任何情况下都应是首要考虑的因素，这也是网约车服务平台的立身之本。对于投诉和申诉进行事实核查，是网约车服务平台应当承担的必要管理职责。被告的服务对象数量固然庞大，但是其收益亦与之并存。核查事实数量大是其提供的产品服务形态的自有特征，对投诉事件的核查，不仅可以还无过错的用户一个清白，还可以规制不诚信行为，更重要的是有利于发现潜在危险事件，有利于察觉有危险行为倾向的用户，从而有利于在第一时间消除安全隐患。核查有争议事实是网约车服务平台必须承担的安全职责，是对广大不特定平台用户真正负责的应有之义务。

况且，本案纠纷发生时，行程录音尚在保存期限内，被告完全可依据平台

录音判断事实，但其并未核实；在杨某认为其处置不当，多途径多次申诉时，被告应当依从双方的约定，启动调查，但其未予理会。被告拒绝履行平台规则约定的查实义务，其行为构成了对杨某的违约，应承担违约责任。

被告称对杨某账号设定“观察期”，暂停其账号功能，是基于网约车服务平台管理模式的特殊性，一旦告知就丧失了“观察期”的制度效果。笔者认为，在紧急情况下设置“观察期”等临时性措施符合《平台用户规则》中总则规则，亦是具有该产业模式特色的措施设置，对于“观察期”措施本身的合理性不予否认，但该措施的执行应建立在被告履行了规则约定的核查义务之后。因核查事实环节的缺失，导致该措施的执行缺乏依据。故被告在本案情形下采取该项措施亦为失当。

三、关于杨某主张的损失应否赔偿及赔偿计算标准

《合同法》规定，当事人一方不履行合同义务或者履行合同义务不符合约定的，应当承担继续履行、采取补救措施或者赔偿损失等违约责任。被告未核查事实的行为构成违约，应向杨某承担赔偿损失的违约责任。

对于杨某的损失，主要依据其“深夜服务卡”功能受限前后的日收入差额为计算标准。“深夜服务卡”功能于2018年9月15日上线，上线前司机夜间可正常接单，上线当月杨某即获得该功能资格，故2018年6月至10月期间，杨某均可正常接单，故以该期间日收入平均额作为正常接单情况下日收入依据；以11月6日至12月13日期间日收入平均额作为“深夜服务卡”功能被限期间日收入依据；按照杨某最终确认的以30天作为损失计算期间，同时酌情考虑差额收入中包含油费等必要成本支出，最终酌定被告赔偿杨某经济损失数额。

电子商务平台经营者作为平台治理的主体，对于平台内经营者依据平台规则实施一定的管理，有利于互联网经济的共治发展，但这些管理措施是基于规则约定的管理，必须受到规则约定内容的约束。电子商务平台经营者需谨慎行使平台的自治管理权，在以安全和效率为先的同时守住公平底线。电子商务平台经营者需要保护消费者的合法权益，但同时对于平台内经营者的正当权益亦应予以充分保障，当出现投诉时，被告以保障安全为目的，高效处理乘客投诉的做法值得肯定，但当司机进行申诉时亦应核查事实。如申诉属实，应及时取

消对司机的限制措施，维护司机的合法权益。对于用户账号功能的限制掌握在平台手中，正因为如此，平台更应遵守平台规则。在这种产业模式中，网约车服务平台应合理平衡司机、乘客和平台的权利和利益关系。只有让每一个参与者的利益都得到最大保护，网约车的运营才能健康、可持续地发展下去。

主播带假货，平台依约管理获支持

——北京某科技有限公司与杨某某网络服务合同纠纷案[1]

张连勇[*]　杨加冕[**]

典型意义

本案明确了网络用户在直播平台销售假货，构成对于平台方的违约，应承担相应违约责任，依法规制了新商业模式中的不诚信经营行为，从更高层面、更广范围保障了消费者合法权益，为数字经济背景下直播带货行业的健康发展提供了司法引导。

关键词　平台损失认定　侵权责任　违约责任

案情介绍

原告北京某科技有限公司（以下简称北京某公司）运营某直播平台并推出某小店业务。被告杨某某通过注册为原告平台用户，与原告签订《某小店商品信息发布功能服务协议》，开设名为“耐克体育 - NIKE”、ID 为 1430232137 的某小店，并将某（厦门）商贸有限公司（以下简称厦门某公司）在第三方电商平台上销售的标有“Nike 空军一号男女款运动鞋”“NIKE2019

---

[1] 一审裁判文书字号：北京互联网法院（2020）京 0491 民初 14239 号民事判决书（2021 年 10 月 29 日）。

一审审判员：张连勇。

* 张连勇，北京互联网法院综合审判一庭庭长。

** 杨加冕，中国传媒大学文化产业管理学院法律系研究生。

秋冬男女款 AJ”等名称的商品（以下简称涉案商品）销售页面链接到某小店。2019 年 11 月 17 日 21 点 12 分至 2019 年 11 月 18 日零点，杨某某通过与另一主播直播 PK 的方式向直播平台用户销售涉案商品。后北京某公司及第三方电商平台收到用户投诉，称杨某某通过厦门某公司经营的第三方电商平台商店链接到某小店销售的涉案商品系假冒伪劣产品。经原告核实，厦门某公司在第三方电商平台提供的涉案商品商标授权文件确系伪造。

原告北京某公司诉称：杨某某违反网络服务协议约定销售假货，给其造成商誉损失和经济损失，请求法院判令被告赔偿其经济损失 1000000 元，合理支出 20000 元。

被告杨某某辩称：其与北京某公司之间系网络信息发布服务合同关系，其注册的某小店不具备商品销售功能，不属于本案涉案产品销售者。其按照与北京某公司的服务协议约定发布第三人在第三方电商平台销售的耐克品牌产品信息，对第三人提供的全套授权材料及产品采购合同系伪造并不知情，已尽到形式审查义务，故其宣传推广不存在侵权或违约行为。此外，北京某公司已对其采取处罚措施，且消费者购买商品时也已明知商品来源于第三方电商平台，不会对北京某公司造成损失；即便认为其存在违约并造成损失，其也并非案涉产品的唯一宣传推广方且未参与案涉产品直播，北京某公司的损失并非由其单方造成，不应由被告承担全部赔偿责任。

裁判内容

北京互联网法院经审理认为，本案的争议焦点在于：一是被告杨某某作为涉案直播账号的注册主体但并非涉案当晚直播的主播，是否为适格被告；二是被告杨某某涉案行为是否构成违约；三是被告杨某某应当承担的违约责任。

一、被告杨某某是否为适格被告

依法成立的合同，自成立时生效。在互联网环境下，网络服务提供者提供服务时通过电子合同的形式与网络用户签署合同，符合合同法规定的合同成立要件的，该合同依法成立并生效。具体到本案，原告北京某公司作为网络平台经营者，向网络用户提供“某小店”服务，被告杨某某通过在线方式与原告北京某公司签署《某小店商品信息发布功能服务协议》，形成网络服务合同关系，原告北京某公司与被告杨某某系合同相对方，双方就履行涉案网络服务合同产生的纠纷，被告杨某某系适格的被告。同时，根据前述服务协议的约定，被告杨某某作为账号的注册人，未经原告北京某公司同意，不得将账号及密码借给他人使用，故即使被控涉案行为的主播并非被告杨某某，被告杨某某亦应对发生在其账号中的行为对外承担责任。

二、被告杨某某的涉案行为是否构成违约

当事人应当按照约定全面履行自己的义务。根据《某小店商品信息发布功能服务协议》的约定，被告杨某某作为“某小店”的使用者不得发布、传送、传播、储存侵害他人名誉权、肖像权、知识产权、商业秘密等合法权利的内容。根据在案证据，可以确认被告杨某某“某小店”账号在原告北京某公司指控的时间段内发布了关于涉案品牌运动鞋的销售信息并通过主播进行了宣传和销售行为，而根据杭州有赞科技有限公司、耐克体育（中国）有限公司出具的相关文件，销售的前述运动鞋并未获得品牌方授权，在被告杨某某未能进一步提交相反证据的情况下，原告北京某公司指控的前述直播活动中销售的商品系侵害他人合法权利的商品已经可以达到高度盖然性的标准，法院依法予以确认。被告杨某某的行为违反了与原告北京某公司的明确约定，构成违约。

三、被告杨某某应当承担的违约责任

当事人一方不履行合同义务或者履行合同义务不符合约定的，应当承担继续履行、采取补救措施或者赔偿损失等违约责任。从《某小店商品信息发布功能服务协议》及与“某小店”相关的平台规范、规则来看，虽然都对用户发布信息的内容的违约情形进行了较为详细的约定，但是对于违约金或者违约损失额的计算方法都未进行约定。根据合同法的规定，当事人一方不履行合同义务或者履行合同义务不符合约定，给对方造成损失的，损失赔偿额应当相当于因违约所造成的损失，包括合同履行后可以获得的利益，但不得超过违反合同一方订立合同时预见到或者应当预见到的因违反合同可能造成的损失。鉴于被告杨某某涉案违约行为确实会对原告北京某公司及其提供服务的商誉造成实质性损害，该损害可构成被告杨某某应当赔偿的原告北京某公司的损失，根据原被告约定，被告杨某某违反相关约定的条款，给某公司、某平台或是其他用户造成损失的，必须承担全部的赔偿责任。原告北京某公司并未提交证据证明被告杨某某的违约行为给其造成的具体损失数额，法院将依据被告杨某某行为的性质、销售规模、原告市场影响力等因素，酌情确定被告杨某某应当承担的赔偿金额。关于原告北京某公司主张的律师费，因其有相应的合同及票据支持，法院予以支持。关于原告北京某公司主张的取证费用5000元，因其未提交相关证据，法院不予支持。

裁判结果

北京互联网法院根据《中华人民共和国合同法》第四十四条、第六十条、第一百零七条、第一百一十三条第一款、第一百一十四条第一款[1]之规定，判决如下：一、本判决生效之日起十日内，被告杨某某赔偿原告北京某公司经济损失150000元；二、本判决生效之日起十日内，被告杨某某赔偿原告北京某公司合理支出15000元；三、驳回原告北京某公司的其他诉讼请求。

一审宣判后，双方当事人均未上诉，判决已发生法律效力。

法官解读

随着数字经济发展走向规模化，平台业态与定位愈发清晰，互联网平台成为近年来密集出台的互联网政策法规的监管重点，平台的法律责任规则体系也逐步建立健全。《中华人民共和国电子商务法》（以下简称《电子商务法》）《网络直播营销管理办法（试行）》等明确了为交易双方或者多方提供独立开展交易活动的网络经营场所、交易撮合、信息发布等服务的平台对平台内经营者的管理责任以及相应的法律义务，对于加强平台企业内部治理，净化网络交易生态起到了促进作用。但此过程中，平台企业的行为出发点主要基于规避自

---

[1] 现变更为《中华人民共和国民法典》第五百零二条、第五百零九条、第五百七十七条、第五百八十四条、第五百八十五条。

身风险需要，其对平台内经营者售假行为的治理依赖于消费者或权利人的投诉，在难以预判售假行为并设置限制入驻门槛的情况下，网络售假行为始终难以得到根治且屡禁不止。为此，本案进一步厘清平台和入驻商家间的权利义务，通过支持平台主张的违约责任，鼓励平台自觉打假，提高商家违法成本，强化治理效能。

一、鼓励网络平台经营者自觉打击网络售假行为

《电子商务法》第四十二条和第四十五条明确规定了电子商务平台经营者对平台内可能存在的侵权行为的通知—删除义务以及未尽到相应义务的责任，即在知道或者应当知道平台内经营者侵犯知识产权，未采取删除、屏蔽、断开链接、终止交易和服务等必要措施的，与侵权人承担连带责任；在接到通知后，未及时采取必要措施的，对损害的扩大部分与平台内经营者承担连带责任。《网络直播营销管理办法（试行）》也对直播营销平台的管理责任做出细化规定。上述法律法规均明确规定了网络平台经营者对平台内经营者可能存在的潜在侵权行为的管理责任，以及在未履行法定义务时应当对外承担的相应责任，体现了对消费者和权利人的侧重保护。对于消费者和权利人而言，向电子商务平台经营者主张权利也更为便捷有效。

但是，发现存在售假行为天然地具有事后性，网络平台经营者事前的形式审查往往难以确保平台内经营者长期的诚信交易，倘若侵权成本的负担对象仅终止于网络平台经营者，不仅会对网络交易市场的开放发展造成严重桎梏，限制网络平台经营者的发展，同时也难以根治网络售假行为。因此，在打击网络售假过程中，需要充分发挥好网络平台经营者的天然优势，鼓励具有信息优势的网络平台经营者自发自觉开展内部售假治理，利用其信息聚合地位，快速追踪、精准定位到实际侵权人，并外化平台的治理成本，提高实际侵权人的侵权成本。

对此，一方面需要进一步细化网络平台经营者与平台内经营者的责任分配规则，重点惩罚网络平台经营者的不作为和“教唆”“帮助”行为，避免无辜的网络平台经营者成为实际的损失负担者；另一方面，需要支持鼓励网络平台经营者主动介入打假行动，健全平台内的监督投诉以及自纠自查机制，以便第一时间发现平台内的售假行为，及时做出应对，以诉讼或保证金等方式合理外

化治理成本，由实际违法者负担侵权成本。❶

二、网络平台经营者起诉平台内售假经营者的权利基础

要鼓励网络平台经营者介入打假环节，除政策手段外，还需要厘清网络平台经营者同平台内售假经营者之间的权利义务关系，明确网络平台经营者向售假经营者索赔的权利基础。

（一）网络平台经营者可向平台内售假经营者主张违约赔偿

在实际提供网络服务过程中，网络平台经营者一般都会要求平台内经营者与其签订服务协议，以合同方式确定双方权利义务、风险分配、纠纷解决和违约责任等。其中，对平台内经营者禁止性行为的规定以及相关责任的分配是确定网络平台经营者和入驻平台的经营者权利义务关系的重要条款，众多平台在此类条款中规定由入驻平台的经营者对其造成损失后的责任分摊。淘宝在《淘宝服务协议》第4.2条约定：用户应当确保其在淘宝平台上发布的商品及/或服务享有相应的权利，不得在淘宝平台上销售以下侵犯他人知识产权或其他合法权益的商品。第6.3条约定：如用户的行为使淘宝及/或其关联公司、支付宝公司遭受损失（包括自身的直接经济损失、商誉损失及对外支付的赔偿金、和解款、律师费、诉讼费等间接经济损失），用户应赔偿淘宝及/或其关联公司、支付宝公司的上述全部损失。类似条款在《京东平台规则》和《拼多多平台合作协议》中均有体现。

由于我国现有的法律体系并未将网络服务合同确立为典型的合同类型，并制定相应规范，因此此类协议往往被视为无名合同中的混合合同，参照合同的一般规定和民法的基本原则加以规范和保护。上述条款一般表现为格式条款，在网络平台经营者已经采取合理方式充分提示和说明相关免除或者减轻其责任等与对方有重大利害关系的条款后，双方以电子签章的方式订立的合同条款应视为合法有效。据此，根据《中华人民共和国民法典》（以下简称《民法典》）第五百七十七条、第五百八十二条，在双方订立的合同合法有效的前提下，网

❶ 参见《电商售假引争议，连带责任成焦点——净化网购环境刻不容缓》，载中国知识产权报公众号，https://mp.weixin.qq.com/s/1eDCSy-MqDHbBZM88U93Gw，最后访问时间：2023年3月17日。

络平台经营者有权要求实施侵权行为的用户承担违约责任。

具体到本案，双方签订的《某小店商品信息发布功能服务协议》明确规定，用户对账号及密码信息负有保管义务，在未经法律规定或者行政机关指令且未征得平台同意时，不得以任何方式转让、借用、赠与、承继（与账号相关的财产权益除外）或在第三方平台上进行展示或售卖用户账号及密码；同时，用户对发布后展示的商品信息负有管理维护和核查的义务，不得利用本服务制作、复制、发布、传播、储存侵害他人名誉权、肖像权、知识产权、商业秘密等合法权利的内容，干扰本服务和平台的正常运营，以及侵犯其他用户或第三方合法权益，也不得为此类行为提供便利。

本案中，被告杨某某和原告北京某公司系合同双方当事人，在上述合同合法有效的前提下，上述合同对双方当事人均有约束力。杨某某作为平台用户，具有履行上述合同规定义务的责任，应当对其账号的使用情况和发布的产品信息负责，向北京某公司承担违约责任。而杨某某提出的“非经营者身份”和“合理来源”抗辩并不影响其承担违约责任。

（二）网络平台经营者可向平台内售假经营者主张侵权赔偿

除违约之诉外，网络平台经营者还可以侵权之诉向平台内售假经营者主张赔偿请求。入驻平台的经营者实施售假行为，无疑会影响平台用户对平台的评价，降低品牌用户对平台的信任度，对平台的企业形象和商誉造成负面影响。根据《民法典》第一千零二十四条，包括法人在内的民事主体享有名誉权，任何组织或者个人不得以侮辱、诽谤等方式侵害他人的名誉权。因此，即便我国并未明文规定企业的商誉权，但平台企业仍然可以援用法人名誉权，主张保护自身的商业信誉。

在（2018）浙0782民初9004号案例中，浙江某网络有限公司以侵权责任纠纷为由起诉恶意售假的平台内经营者，要求三被告赔偿其经济损失70000元，合理支出律师费20000元，并连续在平台网站显著位置赔礼道歉，消除因三被告的恶意售假行为对原告声誉造成的影响。最终法院不仅酌定要求被告赔偿原告的经济损失以及合理支出费用，还支持了原告消除影响的请求。该判决肯定了平台内经营者的售假行为对浙江某网络有限公司的商誉造成了损害，成立侵权行为。并根据《中华人民共和国侵权责任法》（已废止）第二条、第六条判令侵权人承担侵权责任。此外，在本案件中，法院还援用了《中华人民共和国合同法》（已废止）第一百二十二条，肯定浙江某网络有限公司作为网络平台经营者，对平台内的售假经营者有权选择依据侵权损害赔偿请求权或违约赔偿请求权主张赔偿。

但是在以法人人格权提起的侵权之诉中，侵权损失数额仍然是认定难点。根据《民法典》第一千一百八十二条，侵害他人人身权益造成财产损失的，按照被侵权人因此受到的损失或者侵权人因此获得的利益赔偿；被侵权人因此受到的损失以及侵权人因此获得的利益难以确定，被侵权人和侵权人就赔偿数额协商不一致，向人民法院提起诉讼的，由人民法院根据实际情况确定赔偿数额。在此类诉讼中，一方面商誉是经济意义上的概念，能够在公司的生产经营过程中变现为实际的商业利润，具有财产利益属性，应当支持赔偿主张；[1] 另一方面，侵权损失又以“损害填补”为原则，主要包括直接财产损失和可得利益损失，而商誉造成的损失又难以估量，因此需要法院综合多方因素，如销售数额、经营时间、利润因素、社会影响等，确定平台的损失。

三、小结

对网络交易平台而言，其只有取信于消费者，才能获得长久稳定的发展空间。在网络售假案件中，网络平台经营者既有协助维权方的责任和义务，也不可忽视其本身也可能是受害者。违法者侵害的不只是消费者的合法权益、品牌方的知识产权，还有网络平台经营者的商业信誉，可能对平台的用户信任度与市场影响力造成负面影响。面对新型的商业模式中屡禁不止的售假现象，需要进一步明确网络平台经营者与平台内经营者各自的责任范围，通过此类案件，鼓励网络平台经营者放心、主动查假打假。

同时，互联网交易平台催生出的多样销售业态虽然给司法实践带来了一些新的场景，但剖析之后不难发现，这些新的问题仍然可以在传统的法律框架内加以解决。本案中，无论原告杨某某系无货源销售还是仅提供宣传推广业务，其作为网络服务合同的当事人在该合同成立并生效后，应当受到合同约定的条

---

[1] 参见浙江省永康市人民法院（2019）浙0784民初字第4867号民事判决书。

款的约束，在其确不知相关授权材料系伪造的情况下，其损失可以向第三人追索，以此分配产业生产销售各环节市场主体的侵权责任，最终目的是溯源真正的源头侵权者，实现精准有力打击，严明知识产权保护态度，营造良好产业生态环境。

网络服务提供者未尽说明与提示义务的责任认定规则

——邬某与某旅游咨询（北京）有限公司网络服务合同纠纷案[1]

刘书涵[*]　刘润瀛[**]

典型意义

酒店预订服务公司利用格式条款的便捷高效为用户服务，同时可能利用格式条款的内容固定、单方提供的漏洞对用户进行了不公平交易。提供格式条款的企业更应当基于公平、诚信原则，以保护消费者利益为出发点，依法、合理制定格式条款的内容，如履行方式等与消费者有重大利害关系的条款。本案的裁判进一步厘清了网络服务提供者作为提供格式条款一方的责任，引导互联网交易模式更加符合契约自由和契约正义的精神，使格式条款在便利交易的同时规避风险，发挥更长远作用。

关键词　网络服务合同　格式条款　重大利害关系条款提示说明义务

---

[1] 一审裁判文书字号：北京互联网法院（2020）京0491民初21253号民事判决书（2021年12月21日）。

一审审判员：刘书涵。

[*] 刘书涵，北京互联网法院综合审判二庭庭长。

[**] 刘润瀛，中国传媒大学文化产业管理学院法律系研究生。

案情介绍

被告某旅游咨询（北京）有限公司（以下简称北京公司）是一家在线酒店预订服务公司，提供全球的酒店预订服务。原告邬某使用该公司的 App 预订瑞士豪华公寓住宿，地点为瑞士日内瓦市，入住时间为 2017 年 11 月 11 日、12 日，价格为 1053 瑞士法郎，同时标注 7000 元人民币，支付方式为“到店支付”。预定后，邬某的银行卡即被扣款 1106.70 美元。后，邬某要求取消订单，但未得到同意。2017 年 11 月 1 日，邬某收到退款 300 元，为补偿因不同币种汇率之间存在差异导致其多支付的金额。最终，邬某没有入住酒店，仍被扣除 7000 元。

原告邬某诉请：判令被告退款 7000 元；判令被告赔偿 7000 元。原告主张，其在该网站的 App 上预订两晚住宿，支付方式为“到店支付”，按流程下单后一秒就被扣款，金额为 7300 元，但原告并未到店。反复与被告方电话和邮件交涉，对方始终把责任推于原告。被告毫无契约精神，违约在先，原告只能取消订单，但被告始终以订单不可取消为由，不予退款。被告没有尽到合理的提示义务，误导原告认为其可在到酒店后再付款而预订了该酒店，应赔偿其预付款损失。

被告辩称：涉案网络服务合同在原告与被告的公司总部之间成立，被告主体不适格。原告通过手机 App 而非网站预订，手机 App 的运营主体为其国外总公司，被告并非本案适格主体。原告于 2017 年 11 月 11 日晚未入住所预订的酒店乃其自愿选择的结果，涉案网络服务合同并不存在法定或约定的解除事由，原告要求免费取消订单并全额退款 7000 元，缺乏合同及法律依据。原告订单的取消及变更政策为“不可变更、不可取消”，酒店以美元扣款属于合同履行瑕疵，但不构成实质性违约，且原告未能举证证明“酒店不安全、无法入住”。原告要求 7000 元违约金缺乏合同及法律依据，原告未举证证明其在本案中产生的除订单金额以外的其他损失。综上所述，被告北京公司并非本案适格被告，且原告未能证明其要求全额退款及违约金的合理性与合法性，被告不应承担民事责任。

裁判内容

本案主要的争议焦点包括：一是北京公司是否为涉案酒店预订服务合同的主体；二是北京公司是否应当承担邬某主张的赔偿责任。

一、北京公司为涉案酒店预订服务合同的主体

（一）被告的技术服务提供了预订酒店的渠道

邬某提交的订单截图左上角明显标注被告公司的 IP 地址，北京公司提交的证据亦显示“在线预订服务均通过该公司提供的网站提供”，故可认定涉案酒店预订服务由被告的网站提供。北京公司辩称网站与 App 不同，但未提交证据证明 App 上的操作是通过其他网址进行，与该公司的网站无关，故对其该项主张不予采信。北京公司又辩称其并非 App 的运营者，法院认为即使其不是 App 的运营者，亦不能得出其不是合同相对方的结论。

（二）被告的网站备案登记作为重要证据

北京公司在服务条款中关于“其网站仅隶属于其注册所在地的新加坡办公室，不属于任何全球各客服机构的办公室”的单方声明，不符合其已在我国进行的网站备案登记，不予采信。在案证据能够证明涉案合同系通过被告的网站完成，北京公司作为该网站在我国的联网备案主体，应认定其是涉案酒店预订服务的提供者，即该服务合同的相对方。

二、北京公司应当承担一定的赔偿责任

（一）被告的行为没有尽到合理提示的义务

本案中，原告利用被告的页面预订酒店，在此种使用场景中，原告的订购界面上的文字提示则是重要的依据。

邬某提交的价格明细截图清楚显示“到店支付 CHF 1053”，按照通常理解，该订单应为邬某到店后向酒店支付 1053 瑞士法郎，但实际情况却是邬某

下单后即被扣款1106.70美元。

北京公司作为涉外酒店预订服务的提供者，负有将与用户有重大利害关系的内容如付款时间、币种、预订能否取消等告知邬某的义务。在含义非常明确的“到店支付”条款中增加如下内容：“在这种情况下，部分酒店住宿可能会对您的银行卡进行预授权、收取押金或预先收取全额预订费用”，对于这段表述，法院认为，应视为对“到店支付”的例外说明，即通常为用户到酒店住宿时现场支付，同时“可能”存在其他预付预扣的例外情形。对于可能存在的例外情形，北京公司作为提供格式条款的一方，负有向用户提示、说明的义务，只在内容复杂繁多的服务条款中约定，不足以起到提示作用。故，北京公司在涉案预订服务中，对于不属于通常理解的“到店支付”的例外情形，没有尽到合理的提示义务，误导邬某认为其可在到酒店后再付款而预订了该酒店，同时因订单不能取消而产生了预订款7000元的损失，北京公司应当承担赔偿责任。

（二）不得利用格式条款并借助技术手段强制交易

本案所涉“服务条款”属于为了重复使用而预先拟定，并在订立合同时未与对方协商的条款，属于格式条款。

格式条款不同于一般的合同条款，有四个特征：首先，格式条款在拟定过程中不需要经过双方的同意，由提供者事先拟定好；其次，格式条款的设计目的是可以不断重复使用，以减少劳动成本；[1] 再次，由于格式条款是重复使用的，每次订立条款的对象也不局限于特定对象；最后，格式条款难以协商，订立合同的对象只能选择同意合同或者拒绝合同，不能与提供者协商修改合同。在格式条款的存在下，本身用户处于被动地位，难以在合同订立中取得主动权。北京公司利用格式条款自主解释合同，不利于用户维护权益。北京公司明显没有尽到合理的提示义务，应当承担责任。

邬某要求另行赔偿7000元的诉讼请求，没有事实和法律依据，法院不予支持。

---

[1] 王利明：《对〈合同法〉格式条款规定的评析》，载《政法论坛》1999年6月刊。

裁判结果

北京互联网法院依照《中华人民共和国合同法》第一百零七条之规定，判决如下：一、被告北京公司于判决生效之日起10日内给付原告邬某7000元；二、驳回原告邬某的其他诉讼请求。

一审宣判后，双方当事人均未上诉，判决已发生法律效力。

法官解读

本案涉及互联网交易中常见的两大问题，一是网络经营主体确定的问题，二是格式合同条款的提示、说明义务问题。以下就这两个方面进行分析。

一、网络服务合同主体的界定

在网络服务合同中，交易通常涉及三方主体：消费者、电商平台和平台内经营者。其中比较重要的是电商平台和平台内经营者的主体信息。网络经营主体有义务采用清晰、合理的方式告知消费者交易的相对方信息，以保证消费者维权路径的畅通，但在提供分区域服务、集合服务、跳转链接等经营模式中，交易主体的标识常常出现不清晰的问题。由于主体众多、模糊，在发生纠纷后无法确定合同相对方，给消费者维权带来了很大困扰。例如手机App中提供的集合服务，容易出现不同交易或者交易各环节的服务提供者公示不清晰的情形，一笔订单存在多个服务提供者，分别对应不同服务经营者，在用户选择某项服务后，App并未显示该服务提供者的实际身份，消费者往往选择App运营者提起诉讼，而无法直接起诉实际的服务提供者。如在机票预订时，消费者仅看到平台提供了预订服务，并不清楚具体出票是由票务代理商完成的，也不清楚代理商是谁，发生纠纷时，由于主体选择错误，延长了维权周期，增加了维权成本。此外，手机App在公示服务提供者身份方面问题较多，如App在应用市场公示的主体、服务条款显示的主体与实际运营主体不一致，同款App在不同应用市场中公示的主体不相同等情况。

上述问题的出现可能与互联网行业发展的形态有很大关系。一是很多互联网企业尤其是规模较大的头部企业或者是跨国企业，其关联企业众多，不同企业之间的业务内容或混同交叉，或分工合作，或频繁更替，诸多原因导致网络服务合同在缔约主体部分通常将集团公司或者关联公司都列在内，当纠纷发生时，很难从合同本身所列的众多主体中确定合同相对方。二是网站备案主体、App 开发者等与实际运营主体可能存在不同。如相同的 App 在 Android 系统和 iOS 系统的开发者不一致，与其关联的网站的运营主体也不一致等，都导致在确定合同相对方时存在困难。本案中，涉案服务条款亦列举了被告公司及其相关合作机构，同时又载明用户仅能通过涉案网站预订，该情形相对明确，法院认定涉案网络服务由涉案网站提供。在进一步确定网站的运营主体方面，按照我国对于网络运营管理的要求，法院认定被告北京公司作为备案的开办单位应当承担运营者的责任，没有采纳其关于涉案服务条款载明的该网站运营主体为国外总公司的意见，既符合我国网站备案管理的要求，同时也是对我国互联网用户权益的保护，防止国外企业在我国进行互联网经营行为却逃避我国法律规制或者因经营者为涉外主体而给用户维权增加难度。

二、网络服务合同场景下重大利害关系条款的提示、说明义务

随着数字经济和互联网产业的快速发展，提供网络服务的企业基本都采用格式条款与用户建立契约关系，格式条款成为网络经济中法律关系的基础。在格式条款发挥其便捷、高效、积极作用的同时，其本身具有的单方提供、内容固定、难以磋商等特点所带来的问题和风险，也不容忽视。商家在制定和实施格式条款时，有时并未尽到应尽的义务，从而对消费者的合法权益造成损害。

（一）格式条款未尽提示、说明义务的表现

司法实践中发现，商家未采取合理的方式提醒消费者注意免责或限制责任条款的情形不在少数。例如：未使用清晰、明显的字体、符号等方式提示消费者注意条款内容。主观上，商家在制定格式条款时，为了追求利益最大化，有可能存在故意隐瞒或误导消费者的情况。例如，商家故意利用模糊、有歧义或晦涩难懂的条款内容，使消费者误解或无法正确理解条款的实际含义。此外，商家也可能在消费者提出疑问或咨询时，未能给予明确、详细的解释或回复，导致消费者对格式条款的理解和认知出现偏差。本案中，商家将含义明确的

“到店支付”增加例外情形，且未对用户作提示、说明；同时订单不可取消，无论是否入住均收取预订总价，未当天抵达则可能收回预订的房间。这些都属于与用户预订房间有重大利害关系的条款，应当予以提示和说明。

（二）现行法律对格式条款未尽提示、说明义务的规定

由于格式条款的特殊特征，在拟定格式条款时，应当考虑双方的地位和利益，尽量避免出现对一方过于不利的条款，从而达到保护消费者的合法权益的目的。对于订立合同的一方，最为重要的义务之一就是提示与说明义务。提示义务是指，当使用格式条款来签订格式合同的时候，格式条款的提供者应该使对方当事人在知悉和了解免责或限制条款的内容的前提下，作出是否订立合同的决定。[1] 说明义务是指，格式条款的提供方在使用格式条款签订格式合同时必须根据规定对其进行说明，以便对方了解条款的内容和含义。法律上也明确赋予了格式条款提供者进行提示、说明的义务。《中华人民共和国民法典》第四百九十六条提到：“采用格式条款订立合同的，提供格式条款的一方应当遵循公平原则确定当事人之间的权利和义务，并采取合理的方式提示对方注意免除或者减轻其责任等与对方有重大利害关系的条款，按照对方的要求，对该条款予以说明。”《中华人民共和国消费者权益保护法》第二十六条即规定了经营者使用格式条款的，应当以显著方式提请消费者注意与其有重大利害关系的内容，亦对“重大利害关系的内容”进行了列举。《全国法院贯彻实施民法典工作会议纪要》第七条规定：“提供格式条款的一方对格式条款中免除或者减轻其责任等与对方有重大利害关系的内容，在合同订立时采用足以引起对方注意的文字、符号、字体等特别标识，并按照对方的要求以常人能够理解的方式对该格式条款予以说明的，人民法院应当认定符合民法典第四百九十六条所称‘采取合理的方式’。提供格式条款一方对已尽合理提示及说明义务承担举证责任。”网络服务的提供者也是格式条款的制定者，作为合同要约方，既要毫无隐瞒地将合同的内容告知消费者，同时也需要将合同中对消费者不利或者消费者难以理解的内容进行提示说明，保证其知悉格式条款的内容。本案中，商

---

[1] 申月霞：《格式条款的合理使用和解释原则》，载《商业时代》2004 年第 18 期。

家未对格式条款中额外增加的例外情形对用户作出明显提示，由于缺乏信息，用户签订的合同并不符合其预期，造成了财产损失。

（三）互联网场景下格式条款提示、说明义务的考察

由于网络服务环境的虚拟性，网络用户约定并同意格式合同的方式与传统方式不同，并且法律上对于其承诺方式也没有具体规定。目前比较多的方式是将格式条款放入用户协议中，用户点击“同意”按钮来表示同意，经过“同意”的格式合同或者格式条款就会被认为用户已同意接受。这种用户协议的方式满足了格式条款的三个基本构成要件：在形式要件上，条款由网络交易平台单方面拟定；在目的要件上，其出现是为了重复使用于不特定的网络用户；在本质要件上，用户无法就条款内容进行协商。为了让消费者更加谨慎地审阅合同，应当推行更为明确的承诺方式，保证用户自主选择。

本案中，在订单无法取消的场景下，意味着用户交易的风险增加，网络服务提供者更应当就可能导致用户利益受损的条款负有提示或者说明义务。本案判决不仅是对某一格式条款的效力进行认定，而是结合具体场景，对格式条款提供者的提示、说明义务进行综合考量。本案中，涉案服务条款在诸多方面都存在不平等、不合理的情况。在我国网络备案制度的背景下，在合同中约定服务提供主体为外国公司，增加用户维权难度；将含义明确的“到店支付”增加例外情形，且未作提示、说明；订单不可取消，无论是否入住均收取预订总价，未当天抵达则可能收回预订的房间等。在这样的合同体系中，作为相对方的网络用户处于极其弱势的地位。对消费者来说，在使用各类手机 App 的时候通常会基于对服务提供方的信赖以及对文字表述的通常理解来进行交易，而要求消费者完全了解格式条款的每一项内容，在互联网交易实践中是不现实的，也是不公平的。

法律明确规定了格式条款提供者的提示、说明的义务，提供格式条款的企业应当首先履行法律规定的义务，基于公平、诚信原则，依法、合理制定格式条款的内容，对与用户有重大利害关系的条款，进行提示或说明。其次，服务提供者应当承担起社会责任，尽量消除而非制造其与消费者之间的信息鸿沟，在服务过程中做到真正的“公平买卖”，保障消费者信息获取的公开透明、完

整清晰，从而维护交易稳定，平衡双方利益，促进行业发展。本案的裁判进一步厘清了网络服务提供者作为提供格式条款一方的责任，引导互联网交易模式更加符合契约自由和契约正义的精神，使格式条款在便利交易的同时，规避风险，发挥更长远作用。

“炒鞋”市场中可得利益的判断和审查

——宋某与上海某信息科技有限公司、刘某互联网买卖合同纠纷案[1]

刘书涵[*]　刘润瀛[**]

典型意义

在“炒鞋”的交易模式下，买家买鞋动机不明，交易模式存在不确定性，交易价格剧烈波动。创新的交易模式值得鼓励，但助推“炒鞋”效果，则有可能使普通消费者利益受损。本案对有可能引发市场风险、导致消费者利益受到损害的炒作行为表明了否定立场，坚定“鞋穿不炒”，推动潮流文化回归文化本身，助力互联网产业模式创新循法而行。

关键词　炒鞋交易　买卖合同关系　可得利益损失

案情介绍

原告宋某是“潮鞋”玩家，被告上海某信息科技有限公司（以下简称上海某公司）是经营二手球鞋交易为主的潮流商品鉴别交易平台（以下简称涉案 App）的运营主体，被告刘某是涉案 App 上的个人卖家，原告在涉案 App 上多次进行过买卖交易。其间，原告通过涉案 App 以 5299 元的价格抢到了一

---

[1] 一审裁判文书字号：北京互联网法院（2019）京 0491 民初 32283 号民事判决书（2021 年 4 月 30 日）。

一审合议庭组成人员：审判长刘书涵、人民陪审员段立宁、人民陪审员周桐林。

* 刘书涵，北京互联网法院综合审判二庭庭长。

** 刘润瀛，中国传媒大学文化产业管理学院法律系研究生。

双明星联名款限量运动鞋，卖家应该在原告付款后36小时内将商品寄到平台进行查验。但36小时后，卖家并没有发货，平台在发货时效届满后关闭了订单，并将价款退还给了原告，同时给付原告卖家预交的保证金119元。原告认为卖家没有按约定寄出运动鞋，违反了合同义务，导致其不能转卖获利，造成了可得利益损失，因此将卖家刘某和上海某公司起诉至法院，要求进行赔偿。[1]

原告宋某诉请：一是判令被告刘某继续履行买卖合同交付商品或赔偿原告损失5000元；二是判令被告上海某公司对上述赔偿承担连带责任。事实和理由：2019年5月11日，宋某在涉案App上求购了一双耐克球鞋（以下简称涉案商品），涉案App作为网络服务平台为宋某匹配了个人卖家刘某，价格为5299元，交易已完成且生成了订单号码，因此宋某与刘某之间的合同已经成立。刘某未在36小时的发货时效内寄出涉案商品，违反了合同约定，导致宋某不能出售涉案商品，产生可得利益损失，应承担违约责任。刘某未履行发货义务，上海某公司未向宋某提供任何刘某的信息，同时单方关闭订单，退回了宋某的购鞋款，此时商品价格已上涨至8000元。

被告上海某公司辩称：涉案App由其开发、运营、管理，是为个人卖家提供闲置物品交易场所的第三方电子商务平台。涉案App仅就用户展示物品或服务信息、寻找交易对象并完成商品交易提供技术服务，同时联合第三方鉴别服务商为用户提供商品鉴别服务，并非商品销售主体，与宋某和刘某是服务合同关系，不是买卖合同关系。上海某公司制定了平台规则约束个人卖家，即在个人卖家入驻平台时预交保证金，发生违约情形时扣除其保证金作为处罚。故本案订单因卖家超过36小时未发货，上海某公司依据授权关闭订单并向宋某支付了119元。上海某公司并非商品销售主体且根据宋某授权取消订单，请求驳回宋某的诉讼请求。

被告刘某辩称：其与上海某公司之间成立买卖合同关系，与宋某之间不存在法律关系。根据涉案App的交易规则，卖家的发货时效为36小时，如果确定出售，在36小时内将商品寄送给涉案App，向涉案App履行交付义务，涉案App向其履行付款义务。同时，涉案App允许其在决定出售的36小时内取

---

[1] 孙国明：《法官告诉你如何防范合同风险》，法律出版社2009年版，第134页。

消出售。整个过程中涉案 App 不会向其披露实际买家，其不知道是涉案 App 购买后再行出售还是存在其他买家。刘某认为宋某不认可涉案 App 交易规则导致的纠纷，与其无关。涉案商品已经自己穿用，无法继续履行合同，请求驳回原告的诉讼请求。

裁判内容

北京互联网法院经审理认为，本案主要的争议焦点包括：一是订立合同时，刘某能否预见到宋某主张的可得利益损失；二是宋某主张的可得利益损失是否具有一定的确定性；三是宋某是否能够证明其可得利益损失金额。

一、订立合同时，刘某不能预见到宋某的可得利益损失

按照可预见性规则，损失赔偿额不得超过违反合同一方订立合同时预见到或者应当预见到的因违反合同可能造成的损失。[1] 结合涉案交易模式，本案中，涉案 App 为个人二手闲置物品提供交易平台，鉴于商品的特殊性，平台用户可能同时具有买家和卖家两种身份，购买商品的目的可能是自用，[2] 也可能是转售，也存在最初为自用，后改为转售的情形。宋某自身也存在因为不喜欢相关商品而在涉案 App 中转售的情形。因此，对于刘某而言，在其订立涉案买卖合同时，并不必然能够预见宋某购买涉案商品的目的是用于转售，亦无法预见宋某主张的可得利益损失。

二、宋某主张的可得利益损失不具有一定的确定性

关于涉案订单的交易目的，宋某在起诉书中自称为消费者，但在案件审理过程中，又主张其损失为刘某未发货导致其不能出售涉案商品产生的可得利益损失。宋某在涉案 App 上还进行过多笔其他鞋类买卖交易，其 App 现金账户明细显示，在 2019 年 5 月至 10 月期间，有多次支付保证金费用和收到保证金退款记录，相关交易商品的码数并不相同。对于买入的目的，宋某陈述其为自

---

[1] 马强：《热点难点案例判解：民事类合同法总则》，法律出版社 2007 年版，第 56 页。

[2] 朱孝立，罗荷香：《新编电子商务教程》，中国科学技术大学出版社 2012 年版，第 201 页。

用，卖出原因为不喜欢。

本案中，宋某并未提交证明其转售行为具有一定的确定性的证据，如转售涉案商品的合同等。同时，涉案交易模式本身就合同的履行亦存在不确定性。本案的交易模式为，买家下单后，卖家需要把商品寄到涉案 App 的指定地点进行查验，查验通过后才会寄给买家。涉案商品为二手商品，即使品牌、货号、配色、码数相同，但每件商品的情况都可能存在较大差别，如包装缺失或破损，商品本身存在质量问题，存在问题的情况和程度也会有较大不同。也就是说，即使刘某按照约定寄出了涉案商品，也存在没有通过平台查验，宋某无法收到涉案商品的可能性。宋某在涉案 App 中有过多次购买或者出售的记录，对该交易模式应当知晓，对于涉案商品并不必然通过涉案 App 的查验以及其并不必然获得涉案商品进而能够转售应当有一定的预期，在此情况下，即使宋某确实存在转售交易行为，亦属于其自身应当承担的交易风险。

三、宋某不能够证明其可得利益损失金额

本案中，宋某并未提交证据证明涉案商品的公开市场价格，鉴定机构在回函中亦称已经无法查询到评估基准日时公开市场的价格信息。宋某主张参考涉案平台的成交价格，法院认为，从宋某提交的购买流程视频显示，与涉案商品相同品牌、货号、配色的商品发售日为 2019 年 5 月 11 日，发售价格仅为 1299 元，但在发售日当日，即宋某下单时，其支付的价格为 5299 元。涉案 App 的交易记录显示，仅在涉案订单关闭后的次日，涉案商品的成交价格波动区间已经接近千元，涉案订单下单当月，涉案 App 中涉案商品成交最低价和最高价之间相差近万元。对于属于消费品的鞋类商品，即使是对限量版等有一定的收藏需求，其价格仍应由价值决定，受供需影响在合理的范围内波动，涉案商品短期内的异常价格波动幅度已经超出该产品在正常市场供需状态下价格围绕价值受供需影响的波动范围，大大偏离了其消费品的属性，在这种交易环境下的价格不能作为确定可得利益损失的证据，不能以此计算宋某可得利益损失的金额。

综上所述，宋某所主张的可得利益损失不具有一定的确定性，刘某在订立合同时无法预见，宋某亦未证明其可得利益损失的金额，故在宋某已经收到涉

案商品的全额退款、运费及119元补偿金额的情况下，法院对其明确主张的可得利益损失不予支持。在刘某作为卖方并不承担赔偿责任的情况下，宋某要求上海某公司承担连带责任的主张没有事实和法律依据，[1] 法院不予支持。

裁判结果

依照《中华人民共和国合同法》第一百零七条、第一百一十三条，《中华人民共和国民事诉讼法》第一百四十四条，《最高人民法院关于适用〈中华人民共和国民事诉讼法〉的解释》第九十条之规定，判决如下：驳回原告宋某的全部诉讼请求。

一审宣判后，双方当事人均未上诉，判决已发生法律效力。

法官解读

近年来，以潮流单品尤其是运动鞋为主要交易商品的一些小众App平台，升级、创新服务和交易模式，通过增加“鉴别服务”“先鉴别，后发货”的交易流程吸引了大量用户，但同时因为交易模式的不完善、交易价格波动较大等因素，也引发了较多的纠纷。有业内人士认为，“炒鞋”不仅是一种投机行为，还是一种金融活动，如果在炒作过程中涉嫌非法集资、非法吸收公众存款等违法犯罪活动，其行为性质则更为恶劣。近年来，随着互联网金融、P2P网贷平台的迅猛发展，[2] “炒鞋”逐渐走进大众的视野。由于“炒鞋”这一方式门槛较低、利润可观，吸引了大量投资者涌入其中。

一、“炒鞋”引发法律问题

作为一种潮流单品，运动鞋主要以“供不应求”的饥饿营销方式成为价格炒作的起因。在市场的作用下，很多商家或个人都选择二手交易，将原价抢

---

[1] 最高人民法院，最高人民检察院《中国案例指导》编辑委员会：《中国案例指导2005年第1辑（总第1辑）民事卷》，法律出版社2005年版，第121页。

[2] 李婉瑶：《草根金融及其发展——互联网金融P2P网贷发展的当下问题及其对策探究》，载《科学大众（科学教育）》2016年第12期。

到的限量款运动鞋以高价转手卖给别的买家，2012 年二手鞋交易市场开始试水，而几年后则呈井喷式爆发，很多商家借此机会建立起二手交易平台，在网络上搭建起专门的炒鞋市场。

本案的涉案 App 则是一个专门用来交易二手商品的平台，作为一个炒鞋工具，涉案 App 的火爆来源于炒作潮鞋的天价利润，资本对于该 App 的青睐体现了年轻人的消费能力和消费理念，也有不少存在炒股心理的人利用该 App 进行产品交易，借此获得二次利润。从平台的角度来看，其为“炒鞋”行为推波助澜，通过买家卖家交易的过程收取手续费分得利润；从买家与卖家的角度来看，自己是“炒鞋”行为的得益者，通过反复多次交易的方式实现低成本高收益，因此“炒鞋”火爆的趋势没有得到遏制，反而愈演愈烈。

除此之外，还有一些“炒鞋客”在明知市场价格波动可能会带来风险的情况下仍不断买入球鞋并不断加价、倒卖，从中赚取差价。但目前我国尚未制定有关炒鞋交易行为的专门法律法规，这使得“炒鞋”交易行为存在着巨大的法律风险。例如，二手平台无法保证平台上的卖家卖出的商品都是正品，或者“黄牛”掌控价格，暗中哄抬运动鞋的市价，又比如卖家严重违约需要向消费者支付一定的赔偿。本案中，涉案订单采用的即是该类型 App 中较为典型的一种交易模式——现货交易，卖家在涉案 App 上提供商品的品牌、货号、配色、码数和价格等信息，在买家按照品牌、型号等信息搜索商品并确定码数后，该 App 会自动将卖家出售商品的信息作为实时最低报价与买家进行匹配，供其选择是否下单购买。综合考察涉案 App 的经营模式和涉案订单的交易流程，App 的运营者在涉案交易中提供商品信息发布、撮合交易等服务，应为平台经营者，而非涉案商品的销售者或购买者。[1] 卖家向涉案 App 提供涉案商品信息，买家确认下单购买并付款，整个交易过程系买卖双方的真实意思表示，买家和卖家之间构成网络购物合同关系，买家、卖家分别与涉案 App 的运营者构成服务合同关系。最终，卖家没有履行合同，向买家支付了一定的赔偿金，但买家认为由于卖家不发货的行为，导致运动鞋被炒至高价期间其产生可得利益损失，而卖家的补偿金不足以弥补其财产损失。

---

[1] 陈巧栋：《火热跨境电商带来司法争议》，载《中国检验检疫》2018 年第 8 期。

“炒鞋”市场本身存在不可预料性，在订立合同的同时，卖家无法预估买家的购买目的，同时也无法预估此产品的升值趋势。本身“炒鞋”行为的市场风险就需要由买家自己承担，因此很难以这个理由对卖家进行追讨。

二、基础分析：原告是否应当获得可得利益的赔偿

（一）请求权基础的寻找与解释

在交易的过程中，对于一方违约导致另一方产生损失，按照传统法律规定应该赔偿相应的损失。而如今出现了更为复杂的交易方式与买卖平台，对于这种新型的现货交易，应该如何评判买卖双方的盈利，以及违约后的赔偿是否要根据无法预估的市场价格而定。

在《中华人民共和国民法典》（以下简称《民法典》）第五百八十二条中，规定了“履行不符合约定的，应当按照当事人的约定承担违约责任。对违约责任没有约定或者约定不明确，依据本法第五百一十条的规定仍不能确定的，受损害方根据标的的性质以及损失的大小，可以合理选择请求对方承担修理、重作、更换、退货、减少价款或者报酬等违约责任”。在本案中，卖家没有按时发货，如果按照买家和卖家事先约定的金额，应当赔偿 119 元，实际上被告刘某已经进行全额退款并且赔付了 119 元。但原告指出，由于被告不发货，交易平台的涉案物品已经开始飞涨，造成了原告的严重损失。在现货交易这种新型交易模式下，被告确实没有履行合同中规定的义务，但被告并不知晓原告的标的性质。如果以炒作鞋价为目的，那么买家所受的损失是否要由卖家来承担？在本案中，法官并不认可原告的标的性质。网络“炒鞋”有着市场和法律双重风险，需要买家自己承担。

可见，可得利益损失作为一种法定的违约损害赔偿责任，在司法实践中适用范围较为广泛。对于可得利益的求偿不能任意扩大，放眼国际中的规定可以发现，早在 1980 年《联合国国际货物销售合同公约》中就规定，赔偿损失“不得超过违反合同一方在订立合同时依照他当时已知道或理应知道的事实和情况，对违反合同预料到或理应预料到的可能损失”。我国原《涉外经济合同法》第十九条也有类似的规定。其中预见性损失从主体、时间、内容三个方

面做出合理规定，同时，预见不到的损失不在赔偿范围之列。[1] 如果一方当事人需要另一方当事人赔偿相应的违约金，应该有另外的具体约定，而不是在没有约定的情况下主张违约赔偿请求权。

（二）违约赔付的适用路径

违约赔偿是合同救济体系中一种核心的救济方式，指的是在订立合同后，其中一方当事人无法根据约定履行合同规定，从而对另一方当事人造成了损失，对于损失部分应该依法进行赔偿。违约损害赔偿本质上是交换关系的反映。[2] 在违约赔偿的适用路径中，有以下两种情形：

其一是在当事人由于客观原因无法履行合同的情况下，例如在网络购物中，卖家手头的存货出现缺失或者买家提交定金后无法交付后续尾款，都会造成违约行为。在这种情境下，双方当事人不能随意违约，因为法律对于合同有一定强制性保护，所以合约履行有了强力的保护。但很多情况下，当事人会出现无法避免的违约行为，这种情况一旦发生，守约的那方需要从另一方当事人这里获取一定的利益，通常来说，违约金是常用的赔偿方式。

其二是当事人在权衡利益后，发现支付违约金造成的损失比履行合同造成的损失要小，因此故意违约以达到最大利益化的效果。这种行为是在考虑了合同所带来的后果之后，进行的利益衡量。虽然可能会取得相应的经济收益，但是违约行为同样需要承担相应的后果，也会变得更为被动。在二手交易平台中，由于短时间之内交易商品的价格波动难以预料，不乏商家不惜毁约从而取得更大的利益。

国内学界对于违约应赔偿的"可得利益"有不同的解读，一种看法认为，应当赔付的可得利益是按合同正常履行后守约方可获得的利益；另一种说法认为应该赔付"所失利益"，指若无侵害事由，未来预期可得的财产利益。对于《民法典》中提到的"可预见性"，学界也存在很多不同观点，应当综合违约方和另一方的视角，根据其动机来判断案件中应当预见的内容。

综上，违约赔偿的案件中，首先需要对违约人的行为进行定性，从其实际

---

[1] 刘波，田原：《浅议违约损害赔偿中的可得利益损失赔偿》，载《管理学家》2014 年第 15 期。

[2] 张莹：《违约损害赔偿的法律经济分析》，载《齐齐哈尔大学学报（哲学社会科学版）》2016 年第 8 期。

情况出发判定其目的是否存在“违约的激励诱惑”；其次要从违约赔偿的“可得利益”方面判断，在本案中，是依据正常履行合同后守约方可以获得的利益进行赔付。[1] 在实践中，违约赔付的适用路径需要考虑各种可能情况的发生，由于目前对于可预见性规则的表述比较笼统，因此在实践中需要保持谨慎的态度。为了适应各种新出现的交易模式，法律规定应该与司法实践紧密连接，进一步完善可得利益损失赔偿制度。

三、网络交易模式变化影响购买方式

在互联网的新型交易模式下，网络交易出现了新特点。首先，电子交易的相关信息都需要通过互联网上的数据和代码加以保存，包括签订的交易合同的要约与承诺。其次，无论是成立合同，还是变更或者撤销合同，都可以通过计算机网络进行，拥有极大的便利性。

创新交易模式本身值得鼓励，从潮流文化中挖掘商机也无可厚非，但是如果产生了助推“炒作”的效果，就可能有违公平、诚信的原则。此类平台上特定款运动鞋的实际成交价格往往远高于其发售价格，且短期内价格波动剧烈，不排除大幅涨跌的背后存在限量发售“饥饿营销”、暗中操盘线上交易等恶意炒作的因素，亦极有可能被利用而引发金融风险，最终导致普通消费者的利益受到损害。本案裁判提醒广大消费者，“潮鞋”虽热，但应始终保持消费理性，坚定“鞋穿不炒”，推动潮流文化回归文化本身，助力互联网产业模式创新遵循法律，健康发展。

---

[1] 孙林，汪红飞，等：《合同法律实用全书》，法律出版社2007年版，第57页。

第二编

合同履行问题

擅自更改“免单”结果，商家要承担违约责任

——张某与北京某科贸有限公司网络购物合同纠纷案[1]

郭 晟[*] 刘承祖[**] 赵英楠[***]

典型意义

限时免单活动中，结合现有证据无法区分原告与案外人参与限时免单活动排名的先后顺序，两人付款时间排名一致，根据公示的限时免单规则，应将原告亦视为免单人。本案是限时免单活动纠纷的典型案例，为限时免单类案件审理提供了审理思路，提示经营者在实施限时免单活动时应结合相关数据审慎地确定获奖者名单，以保护消费者权益及电子商务平台商誉信誉。

关键词 网络购物 限时免单 要约 欺诈

案情介绍

在某电商平台购物节期间，某网店开展了“限时免单”活动，规定在购物节当天，第一名付款购买商品的人可以享受“免单”优惠。活动开始后，张某按照活动规则迅速下单购买了一台电冰箱，并支付了款项。随后，某网店

---

[1] 一审裁判文书字号：北京互联网法院（2019）京0491民初19411号民事判决书（2020年1月9日）。

一审合议庭组成人员：审判长郭晟、审判员颜君、审判员赵晓畅。

[*] 郭晟，北京互联网法院综合审判一庭法官。

[**] 刘承祖，北京互联网法院综合审判一庭法官助理。

[***] 赵英楠，中国传媒大学文化产业管理学院法律系研究生。

公布“限时免单”活动的中奖人为张某。收到电冰箱后，张某要求网店履行免单约定，却被网店告知其并非中奖者，前面还有一位顾客，因此张某不符合“限时免单”的条件。张某认为该网店存在虚假宣传和欺诈行为，起诉至法院，要求该网店退还购物款并支付三倍惩罚性赔偿金。

原告张某诉称：2018 年6 月 18 日由被告公司运营的专卖店在京东平台举办活动，指定产品参加活动，6 月 18 日零点第一名购买海尔 BCD－328WDPT 冰箱者“免单”。后6 月21 号被告店铺首页公布中奖人名单为原告，但在原告确认收货后却被告知，有其他顾客购买时间更早，因此不再享受免单资格。截至送货时隔多日，被告并未有任何通知告知原告不是中奖人。而是等原告找被告免单，并按被告要求确认收货评价，冰箱拆封通电晒图，无法退货后，才电话告知原告不免单。北京某科贸有限公司的行为属于违约且具有明显的蓄意欺诈意图，请求法院判令北京某科贸有限公司退赔购物款 3199 元并且三倍赔偿 9597 元，并由北京某科贸有限公司承担诉讼费用。

被告北京某科贸有限公司辩称：经营网店于6 月 18 日前公布了 18 日当天的活动，其中零点抢免单是活动之一，付款时间第一名享受免单。网店在 6 月 18 日当天零点收到多个订单，20 日下午，网店在京东店铺后台查询到原告所下订单，随后在店铺首页公布了免单名单。后收到另一位订单客户曾某的纠纷单，经过技术升级，查询到曾某订单付款时间为 18 日零点 01 秒，且曾某订单早于原告订单，因此判断曾某订单为免单，同时公布了新的免单名单。

裁判内容

北京互联网法院经审理认为，本案主要的争议焦点包括：一是涉案限时免单规则的法律性质；二是被告北京某科贸有限公司之行为是否应当承担法律责任及应当承担什么法律责任。

一、涉案限时免单规则的法律性质

（一）免单规则系经营者向消费者做出要约的组成部分

首先，从电子商务平台中网络购物的交易过程考量，平台内经营者将其销售的商品信息发布在店铺内，如果该信息具备了商品名称、商品基本信息介绍、价格等内容，应视为符合《中华人民共和国合同法》（以下简称《合同法》，已废止）中关于要约的规定，当经营者举办限时免单活动并发布免单规则，对于符合免单规则的消费者给予免单优惠，此免单规则系经营者向消费者做出要约的组成部分。

（二）消费者购买商品的购物合同成立并生效

《中华人民共和国电子商务法》（以下简称《电子商务法》）第四十九条规定，电子商务经营者发布的商品或者服务信息符合要约条件的，用户选择该商品或者服务并提交订单成功，合同成立。根据《合同法》第四十四条的规定，依法成立的合同，自成立时生效。具体到本案，消费者可以享受免单待遇的前提是选择需要购买的商品提交并生成订单，此时销售者购买商品的购物合同已经成立并生效。原告张某在活动期间下单并付款，双方之间的购物合同成立并生效，免单规则即成为双方购物合同的约定条款，对双方当事人均具有约束力。

（三）限时免单约定条款属于附条件履行合同义务条款

当消费者符合免单规则的要求时即条件成就，则免除消费者该单货款是被告须履行的合同义务；反之，对于不符合免单规则的消费者，被告不负免单的合同义务。

综上，被告制定的涉案免单规则系双方购物合同内容的组成部分。

二、被告北京某科贸有限公司之行为是否应当承担法律责任及应当承担什么法律责任

（一）被告涉案行为属于违约行为

在涉案的限时免单活动中，结合现有证据，原告下单、付款时间与实际被免单人的下单、付款时间均一致，且被告店铺页面最初公示的免单订单确系原告所下订单，但在原告要求被告履行免单事宜时，被告才告知免单的并非原告。对此，北京互联网法院认为，被告在2018年6月18日限时免单活动中设定的规则以实际付款为准，即当天购买涉案冰箱的订单在零点完成付款的第一

名享免单资格。原告的下单、付款时间与实际被免单人一致，且经北京互联网法院向京东公司协查，京东公司向法院出具材料称订单号76913595209与订单76406793273在平台中留存的汇款时间均为2018年6月18日零时，无法区分先后付款顺序。据此，应认定上述两订单并列为在2018年6月18日零时付款成功的订单。

原告在购买涉案产品时参与被告的限时免单活动，符合免单条件，被告北京某科贸有限公司未按照规则认定其为被免单人，属于违约行为。

（二）被告涉案行为不构成欺诈

被告未按照涉案限时免单规则给予原告免单待遇的行为应视为被告未按照约定履行合同的违约行为，并不构成欺诈行为。其一，原告并未提交证据证明购买的涉案商品在质量、性能等方面存在问题或者被告存在引人误解的宣传等情形。其二，并无证据表明被告开展免单活动系以欺骗消费者为目的的虚假活动。虽被告公司曾对外公示原告所下订单系免单订单后又称免单的另有他人，但众所周知，京东“618”活动参与者众多，当天京东平台流量巨大确实可能存在数据错乱的情形，被告所作的京东后台系统发生变化的解释具有其合理性，故不能据此认定被告有欺诈的主观故意。其三，被告提交了实际免单者订单信息，并非虚构实际免单人。故被告之涉案行为不构成欺诈，原告的该项诉讼请求，法院不予支持。

裁判结果

北京互联网法院依照《中华人民共和国合同法》第十四条、第四十四条、第六十条、第一百零七条[1]，《中华人民共和国电子商务法》第四十九条第一款，《中华人民共和国消费者权益保护法》第五十五条之规定，判决如下：一、北京某科贸有限公司于本判决生效之日起十日内退回原告张某购货款3199元；二、驳回张某的其他诉讼请求。

---

[1] 现变更为《中华人民共和国民法典》第四百七十二条、第五百零二条、第五百零九条、第五百七十七条。

一审宣判后，各方当事人均未上诉，判决已生效。

法官解读

一、电子商务合同的成立

（一）B2C 模式下的要约与要约邀请

电子商务合同是与 5G"数字经济新引擎"相伴而生的，被认为是"应用计算机系统订立合同的制度"❶。在万物互联的时代，电子交易的模式与场所同样发生变更，其区别于传统交易方式的诸多新特点向现行法律应用提出挑战。电子商务合同具有新颖性、虚拟性、复杂性的特点，由此涌现批量电子商务合同中关于双方当事人权利、义务确定的法律疑难问题。根据签订主体不同，电子商务合同可以分为企业之间订立的 B2B 合同、企业与个人订立的 B2C 合同、个人与个人订立的 C2C 合同，发生于购物平台上的交易多数为 B2C 模式的合同，即消费者与商家在平台这一媒介上通过购物下单完成交易。

区分要约与要约邀请是《中华人民共和国民法典》（以下简称《民法典》）合同编中重要且基础的法律问题，对二者的区分会影响对相关合同成立与生效时间的确定，进而影响双方当事人之间权利义务边界的划分。要约是希望与他人订立合同的意思表示，《民法典》中确定要约应当符合内容具体确定、经受要约人承诺要约人即受该意思表示约束两个条件。英美合同法中的规定也采纳了此二要素说，即要约需具有约束性及合理的确定性描述。要约的约束性不考察要约人事实上的思想状态，而从接受意思表示的人会否合理相信这是一份要约的角度考虑，即参照正常环境中的理性人标准衡量。而要约邀请，又称要约引诱，是希望他人向自己发出要约的表示。要约邀请仅是合同订立的协商预备阶段，要约邀请中一般不表明要约内容与对价。有学者将要约视为对特定人的意思表示而将要约邀请视作对不特定大众所为的意思表示，❷ 但在商家与消费

---

❶ 陈吉栋：《智能合约的法律构造》，载《东方法学》2019 年第 3 期。

❷ 薛冰鑫，肖潇：《B2C 模式下电子商务合同中的要约与要约邀请》，载《上海商学院学报》2017 年第 3 期。

者的关系中，商家处于相对优势地位，如果仅因其商品展示面向不特定的社会公众将其视为要约邀请，而将消费者下单行为视为要约、商家发货行为视为承诺，则违背了买卖合同诺成合同的基本性质，这显然不合理。因此，要约的相对性不应构成其必要条件。

电子商务合同与传统合同存在诸多差异，其特殊性表现在订立环境、表现形式、成交速度和生效时间不同。因电子商务的虚拟性与快捷性，买卖双方不能像常规合同的当事人一样在线下当面讨论合同细节，当事人的真实意思表示在订立合同过程中尤为难以确定，若表意不真实，则会违背合同相对人订立合同的最初意愿。当事人达成合意之时，合同即告成立。互联网交易模式日渐复杂，实务界与学界关于电子商务合同要约与承诺的时间节点争议较多。

电子商务合同中经营者在网络购物平台上所发布的网页信息成为甄别的关键，如其发布的网页信息符合要约规定，则买家提交订单的行为构成承诺，反之买家提交订单被视作新要约而卖家确认订单则构成承诺。

2019 年 1 月《电子商务法》的正式实施完善了我国在电子商务领域关于合同订立的法律空白，该法第四十七条到第五十七条对电子商务合同的履行作出规定，使电子商务活动有法可依。本案中，根据法院认定事实可知，被告平台公示了商品的基本信息，包括商品名称与价格等内容，实质上已经满足了要约的构成要件，故而被认定为要约，而其中限时免单活动的免单规则则属于该要约的组成部分。

（二）电子商务合同的成立时间

按照买卖合同成立的一般要件，当买卖双方达成购买合意之时，一般即可宣告买卖合同已成立。[1] 但对于电子商务合同而言，其潜在购买者人数可能远远超过待售标的物的数量，这就导致极有可能出现买家下单卖家却无货可发的情况，所以司法实务的情况远比上述规则复杂。[2]

《电子商务法》第四十九条规定了电子商务合同的成立时间："电子商务经营者发布的商品或者服务信息符合要约条件的，用户选择该商品或者服务并

---

[1] 韩世远：《合同法总论（第四版）》，法律出版社 2018 年版，第 105 页。

[2] 魏亮：《网购合同成立时间：实证考察、现行立法及应然立场》，载《社会科学》2018 年第 12 期。

提交订单成功，合同成立。当事人另有约定的，从其约定。电子商务经营者不得以格式条款等方式约定消费者支付价款后合同不成立；格式条款等含有该内容的，其内容无效。"另外，《民法典》第四百九十一条第二款规定："当事人一方通过互联网等信息网络发布的商品或者服务信息符合要约条件的，对方选择该商品或者服务并提交订单成功时合同成立，但是当事人另有约定的除外。"该规定是对2019年《电子商务法》第四十九条的吸收与借鉴，但实践中因但书条款的存在，合同成立的确定标准仍旧存在待商榷之处。两条款中对"另有约定"均予以承认，即意思自治在电子商务合同的成立过程中存在适用情形，双方当事人可以通过协议约定合同的法律属性。

商业信息网页是否能构成法律意义上的要约，需要结合互联网电子商业的特点、信息流通的新形式加以评判，《民法典》第四百七十条规定了合同一般包括的条款，可以综合该规定判断网页所发布信息是否达到"内容具体确定"的标准，进而判断是否可以构成要约。一般而言，只要具备最基础的要素，包括交易当事人、交易标的、相关价款或报酬，即可以推定商家所发布的信息构成要约。前文对此已有详尽论述。

《电子商务法》第四十九条第二款关于格式条款的内容并未被《民法典》第四百九十一条所吸收，由此在法解释学层面引发诸多争论。有学者认为，《电子商务法》中的相关表述内涵含糊不清，扭曲了支付价款与合同成立之间的关系且无助于消费者保护的立法改革目标。[1] 如将该条狭义理解为当事人特别通过格式条款规定消费者支付款项后合同不成立，于实践中则无意义，因商家很难特意在格式条款中作出如上规定。而只可能理解为某种情况下尽管消费者已支付款项但合同依旧未成立。判断合同是否成立的基础逻辑应是当事人之间是否达成契约合意，而非当事人一方是否已实际支付价款。如电子商务活动中频发的商家标价错误问题，如强行将商家行为界定为要约，则其标价错误行为只能被界定为因存在意思表示瑕疵而造成重大误解，可以通过主张撤销之诉得到救济，但现实情况中，蜂拥而上的大批量"薅羊毛"买家可能因此给商家权益造成严重侵害，同时也会加重法院的诉讼负担。

《民法典》编纂过程中舍弃了《电子商务法》第四十九条第二款的表述，

---

[1] 薛军：《电子合同成立问题探析》，载《法律适用》2021年第3期。

形成了业界两种截然不同的解读方式，其一是从实施时间角度，《民法典》于2021年1月1日开始实施，原则上应以《民法典》条款为基准，《电子商务法》相关条款应被视为默示废止。同时，根据法律适用中新法优先于旧法的规定，不再适用《电子商务法》第四十九条第二款的规定。其二是从特别法与一般法的解释角度，认为《电子商务法》的该条款在立法目的上是对消费者权益保护的特别规定，应该优先于《民法典》适用。这两种法律规范适用的思路是《民法典》出台后较有普遍性的法律适用问题。《民法典》第四百九十一条与《电子商务法》第四十九条第二款的调和与衔接，还需要司法实践对理论层面的推动，以补益相关领域研究。司法实践中，应当探究商家与消费者的真实意思表示，综合电子商务交易的具体情况对当事人行为属于要约或要约邀请、电子商务合同何时成立加以判断，以实现对双方当事人法益的平衡保护。

二、消费欺诈行为的判定

民事欺诈是民事活动或商事交易中违反诚信原则的行为，对欺诈的相关立法可见于《中华人民共和国民法总则》（已废止）、《关于贯彻执行〈中华人民共和国民法通则〉若干问题的意见（试行）》（以下简称《民通意见》，已废止）、《合同法》、《民法典》，《民法典》第一百四十八条规定："一方以欺诈手段，使对方在违背真实意思的情况下实施的民事法律行为，受欺诈方有权请求人民法院或者仲裁机构予以撤销。"前述法条中，只有《民通意见》第六十八条曾对"欺诈"一词作出较为规范的解释，即"一方当事人故意告知对方虚假情况，或者故意隐瞒真实情况，诱使对方当事人作出错误意思表示的，可以认定为欺诈行为。"学界对"欺诈"的构成要件基本形成了"四要素说"的共识，首先，必须有欺诈行为；其次，欺诈人需为相对人或第三人；再次，欺诈行为与表意人陷入错误及作出意思表示存在因果关系；最后，欺诈人要有欺诈故意。

我国民事欺诈制度经历了从绝对无效模式到无效与可撤销并存的二元模式，再到可撤销一元模式的变迁，呈现出向传统民法回归的进步趋向。[1]《布

---

[1] 时明涛：《论我国民事欺诈制度的基本构成——以〈民法典〉第148、149条的解释为中心》，载《西部法学评论》2021年第1期。

莱克法律词典》将欺诈界定为：有不实陈述或隐瞒的事实，有信赖于此陈述而为某一行为，有因此而受有损害。德国民法采纳“行为人主观说”，判断行为人是否有欺诈事实的依据是其出现陈述不实或表达不真时的主观状态。法国民法则要求欺诈行为必须由一方当事人实施，且该欺诈行为必须对合同的订立发挥直接且至关重要的作用，即只有该行为是阻碍合同订立的必要条件，该行为才能被认定为欺诈。法国民法着重强调了欺诈行为于因果链条上的作用力。

《消费者权益保护法》是在原有立法的基础上加大消费者权利保护力度的专门法，为广大消费者维权提供法律依据。然而，该法并未对“消费欺诈”作出明确阐释，也未厘清其与传统民法中欺诈行为的区别。“欺诈行为”的大量混用，对司法实践造成困扰。对于民事一般欺诈与消费欺诈能否衔接的讨论，学界主要有两个观点，即“含义一致说”与“含义区别说”。持“含义区别说”的学者在消费欺诈的构成要件层面意见并不统一。

与《民法典》相比，《消费者权益保护法》对经营者苛以更严格的信息告知义务，《民法典》中合同的一般告知义务为合同设立阶段的前合同义务、合同履行阶段的附随义务和合同结束阶段的后告知义务。告知义务的范围应以动态系统论为基础，以“合同的性质”“当事人身份”“合同条款的形式与订立方式”“信息的重要性”作为判断要素。[1] 而《消费者权益保护法》第二章和第三章均对经营者义务加以规定，如第二章规定经营者具有真实全面的信息披露义务，第三章“经营者义务”明确规定了经营者关于可能危及人身财产安全的产品的说明和警示义务。由于《消费者权益保护法》需倾斜保护消费者，故而对经营者设定了范围更广的告知义务与更高的要求，以求最大限度保护消费者一方。然而，在实践中，经营者难以事无遗漏地向消费者传达商品的全部信息，因此根据交易类型与模式的不同设定不同程度的告知义务更为合理，而纵观诸要素，价格、质量、虚假宣传三个要素对影响欺诈行为的判断更为重要。

本案中，综合原告、被告提供的证据，原告所购商品在质量性能方面是达标合格的，商家不存在“知假售假”行为，在商品质量层面无欺诈故意与欺诈行为，其次并无证据能够证明限时免单的活动是虚构中奖者的虚假宣传行为，被告提交了实际免单者的个人信息，可以说明被告在拒绝为原告提供免单

[1] 刘勇：《论缔约前的信息提供义务》，南京大学博士学位论文，2012 年，第 95 页。

服务的同时，也并未从此活动中盈利，与欺诈的主观心态不符。且京东“618”期间活动的参与者众多，被告难以在第一时间确定最终免单人是情有可原的，故而被告欺诈的主观故意并不存在。从《消费者权益保护法》对经营者规定的告知义务角度来看，被告亦不构成对交易前告知义务的疏忽，根据民事诉讼的证明标准与举证责任，原告主张被告涉案行为系欺诈消费者不能得到支持。

电子商务平台内经营者不按照限时免单规则履行合同义务应承担违约责任

——张某某与周某某、第三人浙江某网络有限公司网络购物合同纠纷案❶

张连勇* 郑成凤**

典型意义

本案明确了限时免单规则的法律性质，认定平台内经营者在网上店铺中公示的限时免单规则属于向消费者做出的要约，在购物合同成立后属于合同的组成部分且属于附条件履行合同义务的约定条款，对双方当事人具有约束力。本案厘清了平台内经营者不履行免单规则应承担的法律责任，对规范平台内经营者优惠活动的规则制定和纠纷处理具有重要指导及借鉴意义。本案入选《中国法院2021年度案例》。

关键词 优惠规则 要约 附条件履行

案情介绍

2017年12月12日，被告周某某在第三人浙江某网络有限公司（以下简

❶ 一审裁判文书字号：北京互联网法院（2019）京0491民初3463号民事判决书（2019年8月29日）。

一审合议庭成员：审判长张连勇、审判员刘更超、审判员贺诚。

* 张连勇，北京互联网法院综合审判一庭庭长。

** 郑成凤，原北京互联网法院政治部法官助理。

称浙江某公司）平台上经营的店铺举办限时免单活动，店铺网页显示0点、10点、22点三个时间节点对“整点第一位免单”。因认为店铺活动规则表述不明确，张某某在当晚21点16分28秒时将店铺网页截图给该店铺客服，询问活动规则，客服回复表示整点下单后付款，付款在先者为免单者。2017年12月12日22点，张某某从周某某经营的涉案网店购买价值898元品牌女鞋一双。12月19日，周某某公布被免单人名单，被免单人不是张某某，张某某要求查看被免单人详细订单信息截图，截图显示被免单人是22点00秒下单，22点03秒付款，而张某某的订单截图显示张某某是在22点00秒拍下，22点01秒付款。

原告张某某诉称：周某某在活动前规则为“以付款时间为准”，活动后改为“以下单时间为准”，系利用店铺页面的广告宣传形式对商品作引人误解的虚假宣传、欺诈活动，严重误导和欺骗消费者，构成了事实上的欺诈。请求法院判令周某某退赔购鞋款898元，并且3倍赔偿货款2694元。

被告周某某辩称：双方的网络购物合同依法应当认定为有效合同，且双方基于网络购物合同而产生的义务均履行完毕。在签订合同的过程中，周某某并不存在欺诈行为，未有过虚假宣传的行为。周某某根据淘宝后台显示的订单顺序结合“整点下单免单”的活动规则进行活动操作，张某某因不符合相应的免单条件，不给予其相应的免单政策是符合法律和规则的。因此，请求驳回张某某的诉讼请求。

第三人浙江某公司述称：其平台禁止卖家自行的“免单”行为，在《商品临时下架删除规则与实施细则》中增加了专门针对卖家“免单”行为的管理条款，除了使用官方免单工具的商品或信息，其他的卖家“免单”行为是被禁止的。本案中，平台官方未参加卖家的“双12”整点免单活动，也未制定本案的免单活动规则及政策。

裁判内容

北京互联网法院经审理认为，本案争议焦点包括：一是涉案限时免单规则的法律性质；二是如何认定本案被告周某某制定的限时免单规则；三是被告周某某之行为是否应当承担法律责任及应当承担什么法律责任。

一、涉案限时免单规则的法律性质

被告周某某制定的涉案免单规则系双方购物合同内容的组成部分。首先，从电子商务平台中网络购物的交易过程考量，平台内经营者将其销售的商品信息发布在店铺内，如果该信息具备了商品名称、商品基本信息介绍、价格等内容，应视为符合《中华人民共和国合同法》（以下简称《合同法》，已废止）中关于要约的规定，当经营者举办限时免单活动并发布免单规则，对于符合免单规则的消费者给予免单优惠，此免单规则系经营者向消费者做出的要约的组成部分。其次，《中华人民共和国电子商务法》（以下简称《电子商务法》）第四十九条规定，电子商务经营者发布的商品或者服务信息符合要约条件的，用户选择该商品或者服务并提交订单成功，合同成立。根据《合同法》第四十四条的规定，依法成立的合同，自成立时生效。

具体到本案，消费者可以享受免单待遇的前提是选择需要购买的商品提交并生成订单，此时销售者购买商品的购物合同已经成立并生效。原告张某某在活动期间下单并付款，双方之间的购物合同成立并生效，免单规则成为双方购物合同的约定条款，对双方当事人具有约束力。最后，限时免单的约定条款属于附条件履行合同义务的条款，当消费者符合免单规则的要求时即条件成就，则免除消费者该单货款是被告周某某须履行的合同义务；反之，对于不符合免单规则的消费者，被告周某某不负免单的合同义务。

二、如何认定本案被告周某某制定的限时免单规则

涉案限时免单活动时的规则应为：在整点起下单的消费者中，付款在先者为被免单者。一方面，根据原告张某某提交的限时免单活动的公示截图，其中并未标识下单优先还是付款优先，其询问被告客服以后，得知为付款优先，此时被告客服的答复应视为代表被告周某某对消费者进行的答复，对原告张某某已经完成初步举证责任。被告周某某虽然提交了带有“整点下单第一位”免单字样的网页截图，但原告张某某不认可该截图的真实性且无法确认是原告张某某参与涉案免单活动时被告周某某公示规则的截图，被告周某某应承担举证不能的责任。另一方面，被告周某某辩称其涉案的限时免单活动系根据第三人平台的计算数据得出的排名确定的免单资格，但第三人明确表示并未参与涉案

活动，故被告周某某并无证据证明原告张某某的下单时间晚于实际被免单者。

三、被告周某某之行为是否应当承担法律责任以及应当承担何种法律责任

原告张某某在购买涉案产品时参与被告周某某的限时免单活动，在原告张某某付款时间在先的情况下，被告周某某未按照规则认定其为被免单人，属于违约行为，故原告张某某要求被告周某某退还货款的行为，于法有据，应予以支持。

被告周某某未按照涉案限时免单规则给予原告张某某免单待遇的行为不构成欺诈，对原告张某某主张三倍赔偿的诉讼请求不予支持。其一，原告张某某并未提交证据证明购买的涉案商品在质量、性能等方面存在问题或者被告周某某存在引人误解的宣传等情形。其二，并无证据表明被告周某某开展的免单活动系以欺骗消费者为目的的虚假活动，被告周某某并无欺诈的主观故意。其三，被告周某某提交了实际免单者订单信息，显示发货、退款真实存在，并非虚构实际免单人。

需要强调的是，被告周某某涉案行为虽不构成欺诈，但其作为经营者，在经营的网上店铺中举办限时免单活动，消费者基于对经营者商誉的信赖参与活动，经营者应坚持公平、透明、诚信的原则制定并公布规则，对于符合活动规则的消费者积极履行合同义务。若制定的规则存在歧义或者不按照规则履行，则会严重影响消费者的切身利益和交易安全，损害经营者及所依托的电子商务平台的商誉和信誉，动摇诚信社会的根基。

裁判结果

北京互联网法院依照《中华人民共和国合同法》第十四条、第四十四条、第六十条[1]，《中华人民共和国电子商务法》第四十九条第一款，《中华人民共和国消费者权益保护法》第五十五条之规定，判决如下：一、本判决生效之日起十日内，被告周某某退回原告张某某购货款898元；二、驳回原告的其他诉讼请求。

---

[1] 现变更为《中华人民共和国民法典》第四百七十二条、第五百零二条、第五百零九条。

一审判决后，各当事人均未上诉，判决已发生法律效力。

法官解读

近年来，电子商务平台发展迅速，网络购物已经成为消费者购买生活消费品的主要渠道之一，深刻影响着人民的生活和社会经济。为加强宣传和推广，吸引消费者，电商平台内经营者推出“优惠券”“限时免单”“折扣”等各种优惠或促销活动。但实践中，存在个别商家以“优惠活动”“折扣”“免单”“低价”等字眼吸引消费者，事后却以“价格标错”“库存不足”“合同未成立”“不符合规则”等各种理由取消订单或拒绝履行，消费者与平台内经营者及电子商务平台之间关于此类活动的纠纷层出不穷。为了保护消费者的合法权益，推动电子商务行业健康发展，有必要规范平台内经营者的此类行为。基于此，电子商务平台内经营者制定的优惠规则的法律性质认定和法律解释尤为重要。

一、优惠规则的法律性质

在电子商务合同中，经营者是否有权单方面取消订单或拒绝履行的关键在于合同是否成立。目前，电子商务平台往往通过格式条款来约定电子商务合同成立的要件，而关于陈列商品信息的性质、消费者下单性质的认定却不尽相同。从京东的用户协议❶来看，其将网站销售商展示的商品和价格等信息认定为要约邀请，消费者下单为要约，而商品出库视为建立合同关系。从当当网的交易条款❷来看，其明确商品图片展示、说明及价格构成要约邀请，通过网站订购产品的订单为购买产品的申请或要约，下单并支付货款后，双方合同即成立。从亚马逊的使用条件❸来看，其明确陈列商品信息系要约邀请，订单为要约，下单并付款视为合同成立。淘宝网未对此进行明确，但规定商家与购买者

❶ 参见《京东用户注册协议》，载京东网，https：//in. m. jd. com/help/app/register_info. html，最后访问时间：2020 年 7 月 19 日。

❷ 参见《当当网交易条款》，载当当网，http：//help. dangdang. com/details/page12，最后访问时间：2020 年 7 月 19 日。

❸ 参见《亚马逊法律政策》，载亚马逊官网，https：//www. amazon. cn/gp/help/chtml/ref = ap_desktop_footer_cou？ ie = UTF8&nodeId = 200347160，最后访问时间：2020 年 7 月 19 日。

可以自行约定。

通常而言，寄送的价目表、拍卖公告、招标公告、招股说明书、商业广告等为常见的要约邀请，商业广告的内容符合要约规定的，视为要约。那么，对于经营者在商品陈列界面中所展示的优惠规则，是否属于上述电子商务平台所约定的“要约邀请”呢？根据《电子商务法》第四十九条的规定，电子商务经营者发布的商品或者服务信息符合要约条件的，用户选择该商品或者服务并提交订单成功，合同成立。当事人另有约定的，从其约定。可见，优惠规则若能够符合要约条件，则应当视为要约的一部分。具体来说，要约内容应具体确定，且表明经受要约人承诺，要约人即受该意思表示约束。从电子商务合同来看，在无其他约定的情况下，如果平台内经营者所陈列的商品信息具备了名称、基本信息介绍、价格等具体内容，应视为符合要约的规定。优惠规则如符合上述要约的条件，则构成要约的组成部分。

事实上，网络购物模式下催生的多样销售策略给司法实践带来了一些新的问题，但剖析之后不难发现，这些新的问题仍然可以在传统的法律框架内加以解决。本案中，平台内经营者在网上店铺中制定并公布限时免单规则，在网络购物合同成立并生效前，属于平台内经营者要约的组成部分。在双方购物合同成立并生效后，限时免单规则成为双方购物合同的约定条款，系双方购物合同的组成部分，对当事人双方具有约束力。关于限时免单的约定条款属于附条件履行合同义务的条款，一旦消费者符合免单规则的要求即条件成就，则免除消费者该单货款是销售者须履行的合同义务，不履行合同义务则应承担违约责任。

此外，关于商品陈列界面展示的优惠规则法律性质的认定，在《中华人民共和国民法典》（以下简称《民法典》）合同编中亦得到了体现，其中第四百七十三条第二款规定，商业广告和宣传的内容符合要约条件的，构成要约。与《合同法》相比，《民法典》中增加了“宣传”内容符合要约条件的构成要约的条款。这一规定，明确了优惠规则等商品陈列界面展示信息的法律性质，限制了经营者随意取消订单、不履行合同义务的行为，强化了对消费者的保护，具有重要意义。

二、优惠规则的法律解释

本案还涉及优惠规则的法律解释问题。优惠活动、促销活动是经营者吸引消费者的重要方式，经营者应当明确规则所适用的范围与条件，不应进行价格欺诈、虚假打折。目前，经营者设置的优惠规则往往纷繁复杂，规则适用及排除性条款等表述模糊不清，甚至前后矛盾，与消费者权利密切相关的条款较为隐蔽，容易因买卖双方理解存在分歧引发纠纷，严重者可能涉及价格欺诈。

合同的条款确立了合同双方的权利与义务，应当明确、肯定、完整，而且条款之间不能相互矛盾，否则将影响合同成立、生效和履行以及实现订立合同的目的。在限时免单案例中，涉及限时免单规则应当以下单优先还是付款优先的问题，系从举证责任角度确立了该活动规则为以付款优先。事实上，当对优惠规则的理解产生分歧时，对这一规则的解释就显得十分重要。

根据我国《合同法》第一百二十五条的规定，当事人对合同条款的理解有争议的，应当按照合同所使用的词句、合同的有关条款、合同的目的、交易习惯以及诚实信用原则，确定条款的真实意思。这一条对合同条款发生争议或者词句不一致的解释进行了规定，具体来说：第一，合同条款用语言文字构成，解释合同须先从词句的含义入手，探究当事人订立合同的真实意思；第二，合同条款作为合同整体的一部分，不能孤立看待，也需要与合同中相关条款联系起来分析判断；第三，当事人签订合同是为了达到一定目的，合同中的各个条款也是为了达到合同目的，因此，对合同条款的解释还应当从符合合同目的的角度剖析；第四，习惯是在人们长期反复实践基础上形成的，是某一地域、某一行业在经济交往中普遍采用的做法、方法或规则，对有争议条款的解释有必要考虑当事人签订合同时所知悉或认可的生活习惯或交易习惯；第五，诚实信用原则作为民法的一项基本原则，也应当贯穿合同从订立到终止的整个过程，合同条款解释自然也应当遵循这一原则。

同样，《民法典》第四百九十八条规定："对格式条款的理解发生争议的，应当按照通常理解予以解释。对格式条款有两种以上解释的，应当作出不利于提供格式条款一方的解释。格式条款和非格式条款不一致的，应当采用非格式条款。"此条款更是肯定了这一思路。即便不从举证责任的角度，按照《民法典》第四百九十八条，对于"整点第一位免单"这一格式条款的解释，也应当以有利于消费者的方式进行，也就是解释为以付款优先。本案最终以消费者主张的付款时间而非下单时间作为判断"第一位免单"的依据，体现了此等解释原则。

三、小结

随着电子商务平台及经营者的竞争愈发激烈，网络购物中，各种优惠促销活动频出，商家的促销手段令人眼花缭乱。其中，不乏利用复杂模糊的规则设置来掌握规则适用的解释权，借助信息和技术优势，损害消费者利益的行为，对此，相关经营活动的开展者、格式条款的拟定者以及网络空间的管理者应当负有公平、透明、诚信的义务，并采取一切必要措施保障消费者权益。经营者应秉持公平、透明、诚信的原则制定并公布规则，对于符合活动规则的消费者积极履行合同义务。若制定的规则存在歧义或者不按照规则履行，则会严重影响消费者的切身利益和交易安全，损害经营者及所依托的电子商务平台的商誉和信誉，动摇诚信社会的根基，经营者自身也需要承担不利其解释的后果。作为消费者，要提高理性消费能力，详细了解促销规则、商品详情和真实价格，仔细确认优惠规则适用条件并及时留存证据，谨慎下单，理性购物。对于电子商务平台经营者，则需要进一步通过加强平台规则建设及经营者自律，规范平台交易和经营行为。一方面，积极帮助协商解决平台内出现的此类消费者纠纷；另一方面，对于平台内经营者自行开展的类似活动应当进一步加强监管，督促其遵守法律和商业道德，营造公平参与的市场竞争环境，切实履行消费者权益保护等方面的义务。

商业推广短信退订费用约定不明时由平台负担

——王某与北京某电子商务有限公司网络服务合同纠纷案[1]

李文超[*]　李昕豫[**]　赵英楠[***]

典型意义

针对平台向用户推送商业推广短信的行为，本案肯定了在事前明确告知、合理提示的情况下，互联网平台将信息推送等个性化、差异化服务纳入“一揽子”平台的格式协议中，再根据不同用户需要提供有效的拒绝（取消授权）方式的合理性，平衡了隐私权保护和行业发展需要。本案首次明确了商业推广短信退订费用的负担规则，进一步确立了《中华人民共和国民法典》（以下简称《民法典》）第五百一十一条“履行费用的负担不明确的”适用规则。

本案例先后入选中国消费者协会2019—2020年“全国消费维权十大典型司法案例”、2020年最高人民法院司法案例研究院典型案例、2020年中国互联网法治大会普法案例，被《人民法院报》《法治日报》《中国审判》等数十家权威媒体刊载报道，开庭宣判登上微博热搜，取得良好社会效果。

关键词　格式合同效力　推广短信　退订费用　负担规则

---

[1] 一审裁判文书字号：北京互联网法院（2020）京0491民初9057号民事判决书（2020年9月28日）。

一审审判员：李文超。

* 李文超，北京互联网法院审管办（研究室）负责人。

** 李昕豫，北京互联网法院执行局法官助理。

*** 赵英楠，中国传媒大学文化产业管理学院法律系研究生。

案情介绍

王某于2019年5月下载并注册被告北京某电子商务有限公司（以下简称北京某公司）运营的手机应用程序，并使用该平台购物。被告北京某公司分别于2019年11月1日、2019年11月11日、2019年11月15日向用户王某推送商业广告短信，王某对三条短信均予以退订。北京某公司在收到王某发送的退订申请后，对其手机号码进行了屏蔽处理。

原告王某诉称：其注册App时需要点击同意《用户协议》《隐私政策》，《用户协议》第5.2条和《隐私政策》中的内容直接约定了其可以向用户发送商业广告信息，属于典型的格式条款，排除了消费者主要权利，应当认定为无效条款。被告北京某公司三次发送商业广告短信，王某在第一次收到短信时就对其予以退订，因退订短信额外支付了0.1元短信资费。北京某公司继续向其发送商业短信的行为构成违约，根据《中华人民共和国消费者权益保护法》、《中华人民共和国电子商务法》、《中华人民共和国广告法》（以下简称《广告法》）的相关规定，请求法院判令：确认《用户协议》第5.2条及《隐私政策》第2条内容无效；被告北京某公司修改《用户协议》及《隐私政策》并增加用户拒绝其发送商业广告的选项；被告北京某公司提供有效的商业广告信息拒绝途径；被告北京某公司承担王某因拒绝商业广告信息而产生的0.1元短信资费。

被告北京某公司辩称：《用户协议》及《隐私政策》系经王某同意而适用。根据《广告法》第四十三条第二款"以电子信息方式发送广告的，应当明示发送者的真实身份和联系方式，并向接收者提供拒绝继续接收的方式"的规定，北京某公司向王某发送广告的同时提供了拒绝接收的方式，并未排除、限制消费者的权利，因此该条款符合法律规定，不存在无效情形。北京某公司根据《用户协议》《隐私政策》的相关规定，及时将王某的手机号码导入黑名单。王某主张其已发送了退订短信，但公司后台系统显示并未收到该条短信，且根据王某提供的短彩信详单显示亦没有该时间段的短信发出记录，可见该条退订短信未发出。王某因自己未成功发送短信原因而导致再次收到推送信息，北京某公司不存在任何过错。

裁判内容

北京互联网法院经审理认为，本案主要的争议焦点包括：一是《用户协议》第5.2条及《隐私政策》第2条争议内容的效力；二是被告北京某公司提供的商业广告信息拒绝途径是否有效；三是被告北京某公司向原告王某发送商业广告的行为是否构成违约及退订短信资费由谁承担。

一、《用户协议》第5.2条及《隐私政策》第2条争议内容效力

格式条款是当事人为了重复使用而预先拟定并在订立合同时未与对方协商的条款，具有事先拟好、反复使用、未经协商的特征。为提高交易效率，由网络平台统一制定协议，用户通过在线点击同意的方式签约已经成为互联网经济模式下的缔约惯例。本案中，《用户协议》及《隐私政策》是被告北京某公司基于“一对众”的网络购物平台模式，预先拟定并面向众多会员重复使用的条款，属于格式条款。《中华人民共和国合同法》（以下简称《合同法》，已废止）第四十条规定：“格式条款具有本法第五十二条和第五十三条规定情形的，或者提供格式条款一方免除其责任、加重对方责任、排除对方主要权利的，该条款无效。”结合《用户协议》第5.2条规定及《隐私政策》内容[1]可知，上述两条款对被告北京某公司发送“订单信息、配送服务信息等与交易配送密切相关的信息”的内容进行了明确告知和提示，也提供了不想接收上述信息“退阅或设置拒绝”“不希望继续接收”的方式。条款内容本身亦未免除被告责任、加重用户责任、排除用户主要权利，并均以加粗或加下划线方式进行了合理提示，履行了提示义务，上述两条款亦不属于合同法规定的应属无

---

[1] 《用户协议》第5.2条规定：“为便于用户及时了解订单信息、配送服务信息等与交易配送密切相关的信息，提升用户使用每日优鲜服务的体验，用户理解每日优鲜在尊重用户隐私保护条款的前提下，以本软件推送、邮件、短信、电话等方式向您提供每日优鲜相关信息。如果用户不想接收上述信息，用户有权办理退阅或设置拒绝接收消息。”

《隐私政策》“一、我们如何收集和使用您的个人信息”中“2、为您提供商品或服务信息展示”中规定：“如您不希望继续接收我们推送的消息，您可要求我们停止推送，或根据短信退订指引要求我们停止发送推广短信，或在移动端设备中进行设置，不再接收我们推送的消息等；但我们依法律规定或单项服务的服务协议约定发送消息的情形除外。”

效的情形。

二、被告北京某公司提供的商业广告信息拒绝途径有效

根据《隐私政策》的规定，被告北京某公司为用户提供了三种信息拒绝途径：一是要求公司停止推送；二是根据短信退订指引要求公司停止发送推广信息；三是在移动端设备中进行设置，不再接收推送消息。王某有多种信息拒绝途径和方式可以选择。王某于2019年11月10日16点31分回复“N”退订短信后，被告北京某公司未对王某手机号码进行屏蔽是因其后台系统并未收到该条退订短信。从短彩信收费详单看，中国移动通信亦未收取该条短信费用，被告北京某公司抗辩理由有事实根据。王某后于2019年11月15日再次回复“N”退订短信后，被告北京某公司后台系统即自动将其手机号码屏蔽，标签为“短信黑名单”，立即停止了商业广告短信推送，故应当认定被告北京某公司提供的商业广告信息拒绝途径有效。

三、被告北京某公司向王某发送商业广告行为不构成违约

（一）《用户协议》第5.2条有关推送商业广告约定的理解

从通常理解看，虽根据《用户协议》第5.2条的规定，被告北京某公司可通过短信方式向王某发送“相关信息”，但在信息限定中，明确为“订单信息、配送服务信息等与交易配送密切相关的信息”，并不包含商业推广短信。从格式条款的制定者来看，该条款系被告北京某公司提供的格式条款。因此，在格式条款具有两种以上的理解时，应当作出不利于提供格式条款一方的解释，即在本案中宜将上述格式条款解释为被告北京某公司只可发送与订单信息、配送服务信息等交易配送密切相关的信息，不包括商业广告短信。因此，《用户协议》第5.2条规定并未赋予被告北京某公司向王某发送商业广告短信的权利。

（二）《隐私政策》中有关推送商业广告约定的理解及效力

被告北京某公司以加下划线方式对《隐私政策》第2条争议内容进行了提示。故被告北京某公司可以向王某推送商业广告。如王某不希望继续接收该

公司推送的信息，则可以通过要求停止推送、短信退订以及移动端设备接收设置等三种途径拒绝推送。

格式条款以双方合意为基础，除违反法律、法规强制性规定外，格式条款一旦成立，对双方当事人均产生拘束力。被告北京某公司对约定内容进行合理提示且约定了三种拒绝推送的途径，该条款应认定为有效。

（三）被告北京某公司向王某发送商业广告行为不构成违约

行为人实施了违反合同义务的行为，是其承担违约责任的前提条件。结合上文所述，被告北京某公司有权向王某发送商业广告信息，该行为不构成违约。且被告北京某公司在收到王某退订短信后，及时屏蔽了其手机号码，未再向其推送商业广告短信，亦不存在迟延履行、不完全履行、拒绝履行等违反合同义务的行为，不构成违约。

（四）王某的 0.1 元短信资费损失由被告承担

根据《合同法》第六十一条、第六十二条的规定，本案中《用户协议》《隐私政策》均未对退订商业推广短信所产生费用负担进行约定，属于合同内容没有约定，可以适用“履行费用的负担不明确的，由履行义务一方负担”。由《隐私政策》内容可知，为用户提供可选择的停止推送推广消息的服务是被告北京某公司的一项合同义务，被告是履行义务的一方。王某按照短信退订指引，发送退订短信属于拒绝接收的权利行使行为，并非义务履行行为。因此，王某因此产生的 0.1 元短信资费应由被告负担。

综上所述，《用户协议》第 5.2 条及《隐私政策》第 2 条约定内容有效。被告北京某公司有权依据协议推送商业广告信息，且协议中就商业广告信息的退订方式有效。被告北京某公司在向王某推送商业广告短信及退订短信过程中不存在违约行为。王某发送退订商业短信的行为属于行使拒绝接收的权利的行为，并非义务履行行为。因此，退订商业短信的费用，应当由合同义务一方负担。

裁判结果

北京互联网法院依照《中华人民共和国合同法》第三十九条、第四十条、

第六十一条、第六十二条、第一百零七条[1]，判决如下：一、被告北京某公司于本判决生效之日起十日内，赔偿原告王某短信资费损失 0.1 元；二、驳回原告王某的其他诉讼请求。

判决后，双方均未上诉，被告北京某公司收到判决书即积极主动向法院履行了判决义务，并针对法院提出的司法建议，进一步调整优化了 App 后台短信系统。

判决生效后，被告北京某公司于 2020 年 12 月 4 日生效的用户协议中，增加了新条款规定“由消费者自行承担退阅的电信资费”，引发了社会舆论的持续关注和广泛讨论。

法官解读

一、违约责任与侵权责任竞合下的请求权选择

本案涉及合同违约与侵权责任的竞合关系，二者的不同表现在构成要件及法律效果方面。民事主体如何分析、构建请求权基础规范体系，基于何种法律关系就何种损害向加害人主张赔偿，实现其自身权益最大化，同时兼顾诉讼经济成本，这些问题至关重要。在违约请求权与侵权请求权竞合的情况下，当事人根据《合同法》（已废止）第一百二十二条关于“因当事人一方的违约行为，侵害对方人身、财产权益的，受损害方有权选择依照本法要求其承担违约责任或者依照其他法律要求其承担侵权责任”的规定，选择侵权损害赔偿案由诉至法院，将取得较违约之诉更有利的判决结果。因此，一般情况下，法院会尊重当事人采取何种请求权基础维权，以期符合诉讼目的。

本案中，被告北京某公司仅向王某推送了 3 条商业推广短信，即在王某回复退订短信后，屏蔽了其手机号码，停止继续推送商业短信行为。因此，在《民法典》尚未正式实施、3 条短信是否构成对王某生活安宁权的侵犯尚不确定的情况下，原告王某在本案中选择了以网络服务合同为案由起诉，主张被告

---

[1] 现变更为《中华人民共和国民法典》第四百九十六条、第四百九十七条、第五百一十条、第五百一十一条、第五百七十七条。

公司存在违约行为。

二、格式合同与互联网平台经营模式的平衡

法理上，格式合同条款具有三个特征：一是事先拟好，二是反复使用，三是未经协商。在“一对众”的平台经济模式下，鉴于网络平台往往存在海量用户，客观上无法与每个用户就协议条款进行一对一磋商，此种情境下可重复使用的格式条款呈现明显优势。为提高交易效率，由网络平台统一制定协议，用户通过在线点击同意的方式签约已经成为互联网经济模式下的缔约惯例。

实践中，由于互联网产品的多元性和丰富性以及用户的广泛性和差异性，不同用户对互联网平台服务体验的期待也可能存在差异。如在购物应用软件中，有用户反感基于用户画像的产品信息推送，有用户则享受该推送带来的便捷。为满足不同用户需求、提高交易效率，在事前明确告知、合理提示的情况下，互联网平台将信息推送等个性化、差异化的服务纳入“一揽子”平台的授权协议中，再根据不同用户需要提供有效的拒绝（取消授权）方式，更符合此类互联网平台的特征，更有利于互联网平台经济的发展。如果要求互联网平台就每一项服务均单独提示用户进行选择，不仅增加交易成本，造成程序烦琐，也不利于提升用户体验。

本案中原告王某要求确认《用户协议》《隐私政策》涉案条款内容无效，要求被告北京某公司修改《用户协议》及《隐私政策》，并增加用户拒绝其发送商业广告的选项，提供有效的商业广告信息拒绝途径。法院认定，格式条款仍以双方合意为基础，除违反法律、法规强制性规定，否则格式条款一旦成立，对双方当事人均产生拘束力。如上文所述，被告北京某公司对该约定内容进行了合理提示，并约定了三种拒绝推送的途径，该条款应认定为有效。

三、格式合同条款的审查与规制

伴随互联网成为国家基建资源，我国网络用户规模逐步庞大。网络用户是互联网经济中消费者类型的具体化，用户权益也成为公共利益的重要表现形式。[1] 然而，资本具有天然的逐利性，在掌握缔约主动权的情况下，其不可避

[1] 《中华人民共和国消费者权益保护法》第四十七条规定了消费民事权益公益诉讼。

免地预设利益分配、规避交易风险，排除用户的处分权利。在互联网经济中表现为，基于“一对众”的网络服务模式，由网络服务提供者预先拟定面向众多会员重复使用的条款，注册会员对于“用户服务协议”只能“接受或走开”，不能与互联网平台进行协商，用户通过在线点击同意的方式签约已经成为互联网经济模式下的缔约惯例。特别是约定权利义务不对等条款，仅确认合同的单方变更权，排除适用合同变更时“禁止缩减已承诺于用户权益”等义务。

互联网平台在智识、经济上与网络用户不均衡的强势地位，为避免出现不利于对方、违背契约争议的条款，司法应当遵循“形式规制－实质规制”对格式条款的内容进行审查与规制。

形式规制是对格式条款的效力第一层级的司法认定，是通过运用若干程序性事项以确定格式条款内容的过程，主要包括：格式条款的纳入规则，即哪些尽到合理提示义务的格式条款可以成为合同的一部分；特殊内容的解释规则，即按照有利于格式条款接受者的解释将条款订入合同，即使存在模糊标准，也应作出对消费者有利的倾向性解释；透明性原则❶，即将内容清晰易懂的格式条款纳入合同，否则会被直接认定为有违公平原则而无需进行下一阶段的实质审查。❷ 鉴于此，《民法典》第四百九十六条规定了格式条款提供人的主动提示、被动说明义务，第四百九十八条规定了格式合同的解释规则。

实质规制是对格式条款的效力第二层级的司法认定，是条款效力的决定性审查。我国在立法上对格式条款进行必要的干预，为确保格式条例的实质公平性，合同条款应当符合“均衡给付”标准❸与“公平性”内核，不得不合理地免除或减轻自身责任、加重用户责任、限制或排除用户主要权利，还应对修改条款的概念、内容及法律后果等向用户作出积极的、明确的解释，使用户理解该条款的真实含义和法律后果。对网络用户不利的欺压性的条款宣布为无效或

❶ 欧盟《关于消费者合同中不公平条款的指令》第5条第1句关于“合同语言要求”明确规定：“如果向消费者发出邀约的所有或部分合同条款是书面的，则必须总是使用明白易懂的语言。”

❷ 张良：《论不公平格式条款的形式性规制》，载《河南大学学报（社会科学版）》2013年第3期。

❸ 欧盟《关于消费者合同中不公平条款的指令》规定，以“给付失衡”为标准，对引起合同项下权利义务极度失衡，不利于消费者的条款，法院可宣布无效。参见［德］海因·克茨：《欧洲合同法》（上卷），周忠海，李居迁，宫立云译，法律出版社2001年版，第202页。

可撤销。

本案中，《用户协议》所涉商业广告短信推送问题并非新兴话题，以社群经济、粉丝经济为代表的互联网经济离不开用户集群、用户黏性，通过广告推介增加与用户亲密感与连接度，仍是商业营销的基础方式。在格式条款对商业广告短信约定不明时，商业广告短信的推广无法绕开对私人生活的“侵扰”之问。

笔者在裁判文书网中以“商业短信”为关键词、以民事为案由进行检索，共得到41篇判决书，其中，与本案相关的有效文书10份（见表1）。通过分析，涉诉平台包括中国工商银行、中国移动、中国电信等，商业短信条数从14条至500条不等，判决结果均指向被诉主体无须承担损害赔偿责任。在侵权责任纠纷案件中，法院以“正当性基础—被诉行为—损害后果—因果关系”的逻辑说理方式判断被诉主体是否构成侵权，即便认定发送商业短信构成侵权，也以发送短信行为未超过必要的合理限度、未造成严重损害后果以及应当容忍轻微瑕疵的行为、符合商业发展规律为由，阻断了被诉商事主体承担赔偿责任。例如，刘某与中国工商银行股份有限公司上海市分行侵权责任纠纷案[1]被誉为国内首例商业性电子信息推送案，一审法院与二审法院作出了截然相反的裁判结果。在该合同纠纷案件中，二审法院以具有事先约定的内容具有合理性，驳回了原告关于损害赔偿的诉求。

表1　以“商业短信”为争诉焦点的相关民事案件

序号	案号	案件名称	原告诉称	裁判依据	裁判结果
1	（2012）深福法民一初字第2518号	欧某与中国移动通信集团广东有限公司深圳分公司、广州钜讯网络科技有限公司电信服务合同纠纷	2007年6月以来，被告中国移动公司在没有履行提前告知义务也未得到原告同意或授权的情况下，持续向原告发送垃圾短信	1. 被告钜迅公司未经原告同意擅自向原告发送短信确属不当。2. 但短信内容为公益短信，给原告生活造成影响并不严重，不会造成精神损害。3. 原告提出后，被告钜迅公司已经停止向原告发送信息	驳回原告全部诉讼请求

[1] 参见（2015）沪一中民六（商）终字第107号民事判决书。

续表

序号	案号	案件名称	原告诉称	裁判依据	裁判结果
2	(2014) 大民一终字第1570号	吕某与中国电信股份有限公司大连分公司侵权责任纠纷	原告多次收到被告强行发送的商业广告类信息，原告进行投诉后，被告口头保证不会再发送类似短信，但在2013年11月5日，原告再次收到被告发送的商业广告信息，内容涉及旅行社的旅游信息推广	1. 被告在2013年内向原告发送了2条广告信息，尚未达到对原告个人生活宁静权、个人活动自由权、私有领域的侵害程度。2. 被告发送的商业广告信息，内容涉及旅行社的旅游信息推广，显然不符合双方的约定，已经对原告进行赔礼道歉	驳回原告全部诉讼请求
3	(2015) 沪一中民六（商）终字第107号	刘某与中国工商银行股份有限公司上海市分行侵权责任纠纷	原告多次收到被告发送的商业短信，其回复短信要求停止发送商业短信无果	一审法院：1. 双方约定“与牡丹信用卡有关的信息”存在狭义与广义两种解释，在格式条款具有两种以上解释时，应当作出不利于格式条款提供者一方的解释。因此，被告没有向持卡客户发送商业信息的权利。2. 原告在收到信息后手动删除，势必会对正常生活造成困扰，打扰原告的个人生活安宁。3. 被告超出合理限度利用掌握的号码向原告发送商业广告，但并未造成严重不安宁，也未造成严重的精神痛苦	被告停止侵权、赔礼道歉、赔偿公证费

续表

序号	案号	案件名称	原告诉称	裁判依据	裁判结果
3	（2015）沪一中民六（商）终字第107号	刘某与中国工商银行股份有限公司上海市分行侵权责任纠纷	原告多次收到被告发送的商业短信，其回复短信要求停止发送商业短信无果	二审法院：1. 原告在领卡后四个月内对被告发送商业短信的行为并未表示异议，属于以默示方式表达其意思表示。2. 原告拒绝接收商业短信的行为属于合同约定的变更，但其并未按照办理指示手续变更，其意思表示未送达被告，故被告继续发送的行为无过错。3. 简短信息占用移动设备空间小，不构成价值贬损，且平均每个月两三条对原告不构成精神痛苦，信息内容不违反公序良俗	驳回上诉人全部诉讼请求
4	（2018）川01民终14654号	何某与上海合合信息科技发展有限公司网络侵权责任纠纷	原告收到“早稻”App发送的商业短信，原告并未注册早稻App，曾下载了“扫描全能王”App，被告是两款App的开发者。要求被告披露获取原告信息的方式，并判令其停止发送商业短信，并赔偿损失	被告从原告使用本公司产品注册时获得信息，获得方式没有违法性，从涉案短信内容看，是原告好友在早稻网评价并推荐，不能证明被告发送了商业短信	驳回原告全部诉讼请求

续表

序号	案号	案件名称	原告诉称	裁判依据	裁判结果
5	(2020)粤1971民初9683号	黄某与中国移动通信集团广东有限公司、中国移动通信集团广东有限公司东莞分公司服务合同纠纷	被告在禁用原告短信功能后自己向原告以及允许第三方向原告发送商业短信	《客户服务协议》中约定了可以推荐最新优惠服务等信息，也明确了用户可以拒绝接收商业短信。原告明确表示拒绝后，被告应该停止发送	被告不得再向原告发送商业性信息
6	(2016)沪0115民初2998号	赵某与纽海电子商务（上海）有限公司其他侵权责任纠纷	原告在1号店用合作网站登录方式，在1号店进行购物，被告在未取得原告请求和同意的情况下，给原告发送商业短信14条。被告是一号店的运营方	《服务协议》中约定了发送短信的依据，且在原告发送的商业短信中均约定了退订短信的方式。相应短信未违反公序良俗	驳回原告全部诉讼请求
7	(2021)京02民终3800号	张某与中国移动通信集团北京有限公司侵权责任纠纷	原告多次收到以“1069”开头的商业性短信	原告证据不能证明短信系被告发送，短信内容没有明显违法、违规内容	驳回原告全部诉讼请求
8	(2020)沪01民终10879号	华某与上海银行股份有限公司侵权责任纠纷	被告未经消费者同意或许可，利用其掌握的手机号码向原告发送商业短信，侵犯了原告个人信息保护的权利	一审法院：从时间看，原告在接收商业短信2年内，未表示异议，平均每月两三条的频次较低，短信内容无违反法律法规及公序良俗之嫌。对原告权利的损害程度极其微弱，并未达到构成侵害的程度，亦难认定对原告非财产权利进行侵害的程度	驳回原告全部诉讼请求

续表

序号	案号	案件名称	原告诉称	裁判依据	裁判结果
8	（2020）沪01民终10879号	华某与上海银行股份有限公司侵权责任纠纷	被告未经消费者同意或许可，利用其掌握的手机号码向原告发送商业短信，侵犯了原告个人信息保护的权利	二审法院：合约已经约定了原告同意接收发送相关产品服务的信息，合约虽为格式条款，但未违反法律法规，未违反公序良俗，没有显失公平	驳回原告全部诉讼请求
9	（2016）苏0506民初1557号	赵某与苏州健生源医药连锁有限公司消费者权益保障纠纷	原告在被告处办理会员卡后，被告未经同意向其发送商业性广告短信，该广告也未提供拒绝接收的方式	被告通过手机短信形式向原告推销商品，属于商业性广告，且未提供拒绝接收的方式，违反了广告法的相关规定。但原告未能举证证明被告发送商业性广告对其造成的损害	被告不得再向原告发送商业性信息
10	（2019）粤1402民初3074号	黄某与中国移动通信集团广东有限公司梅州分公司电信服务合同纠纷	被告在格式条款中排除消费者依法变更或解除合同的权利，未经原告许可向其发送商业性短信，应向原告赔礼道歉	原告请求被告就诉请依据行为向其赔礼道歉，上述被告行为已由工商行政管理局对被告作出行政处罚	驳回该项诉讼请求

如前文所述，王某可选择侵权之诉或违约之诉，根据其主张的请求权基础的不同，人民法院采纳不同的司法审查规则（见图1）。

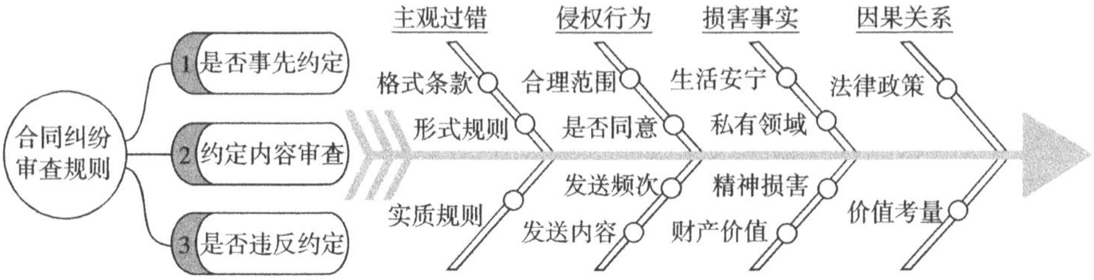

图1　违约之诉与侵权之诉纠纷司法审查规则

本案中，王某选择合同违约之诉，法院在审查时对合同条款的效力进行先行评价。首先，涉案条款本身亦未免除被告责任、加重用户责任、排除用户主要权利，不违背公平规则。其次，依据“均衡给付”理论，条款的权利义务一致性也在审视范围。涉案条款“一揽子”授权约定了被告北京某公司有权利推送商业广告短信，同时为用户提供了取消授权方式，即三种信息拒绝途径：一是要求被告北京某公司停止推送；二是根据短信退订指引要求被告北京某公司停止发送推广信息；三是在移动端设备中进行设置，不再接收被告北京某公司推送的消息，可以推定该条款达到了“共通真意”。

法院注意到，“点击即同意”、在“用户服务协议”中使用加粗、下划线的方式提请用户注意与之有重大利害关系的条款，几乎成为互联网行业惯例，也是审视条款有效与否的司法共识，这是基于经济成本与行为理性的选择。对消费者来说，寻找缔约的可替代模式与享受价格低廉的网络服务的成本呈负相关。互联网平台不可避免地将技术植入用户的移动终端，技术问题专业繁杂，一般理性消费者也会被信息成本与认知能力所限。统一固化的授权模式能否接受条款的“显著性”的评价，值得在司法实践中进一步探讨。

四、格式合同条款的填补规则

互联网平台如淘宝、京东、拼多多、盒马等均推出多种推送商业性信息的形式，但针对短信推送形式，均未明确表明退订短信费用由谁承担。社会生活中，由回复退订信息的用户承担短信退订费用司空见惯，但该惯性行为仍然应当受到司法的合规性审查。

一般情况下，用户面对短信推送，退订形式均为回复相关退订的信息。工业和信息化部2020年8月31日发布了《通信短信息和语音呼叫服务管理规定(征求意见稿)》，其中规定任何组织和个人未经用户同意或请求，或者在用户已经明确表示拒绝的情况下，不得向其发送商业性短信息或拨打商业性电话。2021年11月1日施行的《中华人民共和国个人信息保护法》第二十四条规定，通过自动化决策方式向个人进行信息推送、商业营销，应当同时提供不针对其个人特征的选项，或者向个人提供便捷的拒绝方式。通过自动化决策方式作出对个人权益有重大影响的决定，个人有权要求个人信息处理者予以说明，并有权拒绝个人信息处理者仅通过自动化决策的方式作出决定。可以说，针对商业推广的短信，商家有义务为用户提供具有个性化特征的选项，为用户提供可选择的停止推送推广消息的服务是一项合同义务，而是否接收商业短信是用户选择的权利。权利义务是法律关系的基础架构，“权利是私法的核心概念，同时也是对法律生活多样性的最后抽象”[1]。义务是权利的相对概念。实体法体系中，按照合同约定或依照法律的规定，在当事人之间产生的特定的权利和义务关系，合同义务无论是积极的作为，还是消极的不作为，本质上都是负担和约束。北京互联网法院认为，《隐私政策》在未约定或约定不明确的情况下，双方当事人未能达成补充协议，或按照交易习惯仍不能确定，合同履行费用由履行义务方负担，即由被告北京某公司负担。

本案宣判后，被告北京某公司于2020年12月4日生效的用户协议中，在条款中增加了“如用户选择通过电话或短信方式办理退阅，请自行承担相应电信资费”，引发了社会舆论的广泛关注。在单方变更与用户有重大利害关系的格式合同条款时，更应持审慎与谦抑的态度，关注用户体验，尊重用户权益。

习近平总书记在全国网络安全和信息化工作座谈会上的讲话中指出：“只有富有爱心的财富才是真正有意义的财富，只有积极承担社会责任的企业才是最有竞争力和生命力的企业。”互联网企业兼具促进经济进步与发展社会福祉双重属性，只有积极回应用户需求、主动参与技术进步、适时调整商业模式、自觉遵守行业自律，才能实现有利于互联网产业的创新，实现良性循环的经济发展生态。

---

[1] 转引自姚辉：《权利的民法典表达》，载《中国政法大学学报》2017年第2期。

配送费“前后有别”，外卖平台对预估配送费信息负有提示义务

——陈某某与北京某科技公司网络服务合同纠纷案[1]

刘　邢[*]　欧　婧[**]

典型意义

外卖订餐平台通过特定算法向消费者提供预估配送费信息时，基于诚实信用原则，平台负有对该费用并非实际配送费进行提示的义务。外卖平台未履行该义务，导致消费者在订立合同时产生损失的，须承担缔约过失责任。外卖订餐作为如今常见的生活消费方式，已具有极其庞大的用户基数，每日将产生数以百万计与本案法律问题相类似的订单，法院以案件审理为切入点，通过司法裁判方式促进外卖平台改进订餐流程界面，履行提示义务，切实保障消费者知情权。本案生效后，CCTV13《法治在线》、CCTV12《法治深壹度》节目对本案进行了深度报道。

关键词　外卖订餐平台　网络服务合同提示义务　缔约过失责任

---

[1] 一审裁判文书字号：北京互联网法院（2020）京0491民初7999号民事判决书（2021年5月25日）；二审裁判文书字号：北京市第四中级人民法院（2021）京04民终407号民事判决书（2021年9月2日）。

一审合议庭组成人员：审判长赵长新，审判员刘邢，审判员赵晓畅。

* 刘邢，原北京互联网法院立案庭法官。

** 欧婧，中国传媒大学文化产业管理学院法律系研究生。

案情介绍

2019 年 10 月 29 日，陈某某通过某外卖平台 App（以下简称外卖平台）订餐。在下单过程中，陈某某选定菜品后，页面下方显示“另需配送费￥7 ￥6”；点击“去结算”，在“订单确认”页面显示：“配送费￥8 ￥7，已减 1 元配送费”；点击“提交订单”并支付价款后，“订单已完成”页面显示：“配送费￥8 ￥7”。陈某某认为该外卖平台的运营商北京某科技公司存在价格欺诈，如果不构成欺诈，亦应承担缔约过失责任。请求法院判令北京某科技公司承认欺诈事实，并向陈某某赔礼道歉，赔偿陈某某 500 元。

被告北京某科技公司辩称：第一，被告只提供网络平台，并非合同的相对方。被告系网站和 App 的经营主体，系网络平台经营者，仅为商户和用户提供平台及技术服务，并不参与实际商业行为。第二，原告与外卖商户之间存在外卖合同关系，根据合同相对性，无权向被告及被告关联公司主张权利。原告的餐品费、包装费、配送费均已支付给外卖商户。从法律关系上，与原告建立外卖合同关系的是该商户，而非被告及被告的关联公司。第三，被告认可上述页面配送费存在金额不一致的可能性，但认为系因其采用不同定位技术所致。用户在进入外卖平台后，外卖平台会根据用户授权，通过基站或 Wi－Fi 获取用户当前经纬度坐标定位，即首页定位。用户选定商品后，外卖平台会根据用户定位与商户位置估算配送费；在用户点击“去结算”后，用户会选择已保存地址或新建地址作为外卖送达地址。外卖平台根据用户输入地址调用高德地图获取送达地址定位，计算实际配送费。通过比对涉案订单后台日志的坐标，本案首页定位后的配送距离大于收货地址定位配送距离。因此，北京某科技公司认为其既不构成欺诈，也不构成缔约过失。

为核实北京某科技公司证据及所述情况，法官赴北京某科技公司现场勘验涉案订单后台日志记录，与其证据显示的内容一致。同时，根据法官指定时间、地点，在北京某科技公司后台当场随机调取 10 个外卖配送订单。经统计，订单中首页定位经纬度与收货地址定位经纬度一致的共计 6 单，首页定位经纬度与收货地址定位经纬度不一致的共计 4 单。其中 3 单，首页定位配送距离小于收货地址定位配送距离，另有 1 单首页定位配送距离大于收货地址定位配送距离。

裁判内容

北京互联网法院经审理认为，本案主要的争议焦点包括：第一，被告是否系涉案外卖配送服务的法律关系主体；第二，外卖平台在订立配送服务合同时是否构成欺诈；第三，如果外卖平台不构成欺诈，是否应当承担缔约过失责任。

一、被告是否系涉案外卖配送服务的法律关系主体

法院认为，民事主体享有缔约自由。缔约自由既包括是否缔约的自由，也包括与何人缔约的自由。在本案中，原告通过某外卖平台订餐，为获取餐品必然需要同时签订外卖配送服务合同，即原告为实现外卖订餐目的需要配送人提供配送服务，通过查明部分有关配送服务相关事实的归纳，对原告关于配送服务提供主体为被告的主张，法院予以采信，理由如下：首先，从合同订立过程来看，配送服务要约由被告发出。在外卖订单生成过程中，被告根据用户定位或指定送达地址确定配送距离并计算配送费金额，与配送地址、配送方式、送出时间及预计送达时间等要约内容一并向原告展示，而涉案餐饮服务的商户在客观上缺乏提供上述要约内容的能力。其次，从配送服务形象展示来看，被告为配送服务提供者。合同订立过程中，配送费旁显示的卡通配送员形象以及实际配送人员着装，均明显展示出有别于平台外卖商户的商业特征，这些设计的目的与配送服务提供者的服务定位相一致。从这些设计的实际效果来看，也足以使一般消费者确信配送服务的提供主体为被告，并产生对被告专业服务能力的信赖。再次，外卖商户没有与原告订立配送服务合同的意思表示。无论从原告提交的订单页面展示信息，还是从被告提交的与外卖商户签署的《商户入驻服务框架协议》附件《配送服务合同》等，未见外卖商户有委托被告或者其关联公司代理配送服务的意思表示。最后，从配送费的收取来看，被告是配送服务价款的实际获得者。被告认可配送费由其代收，但主张其因负责协调配送资源不再向商户返还。本案中，被告既未提交其主张负责协调配送资源时已对配送费进行抵扣的证据，也未提交其与商户之间的账单流水记录，法院对其主张不予采纳。综上所述，本案配送服务提供主体应为被告。

二、外卖平台在订立配送服务合同时是否构成欺诈

民事活动中的欺诈通常是指，一方当事人通过故意告知对方虚假情况，或者故意隐瞒真实情况，诱使对方当事人做出错误意思表示的行为。根据本案已查明的事实，不宜认定外卖平台构成欺诈。

第一，根据外卖平台提交的订单后台日志和法院勘验情况，可以认定外卖平台在“选择商品”页面采用首页定位技术调取用户地址定位，并预估配送费用。该预估的配送费用具有对消费者进行参考提示的作用，不属于意欲产生相应法律效果的表意行为，亦非要约邀请；第二，外卖平台在“选择商品”页面和“订单确认”页面分别采取不同定位技术，在客观上配送金额的计算获取，有相应的事实依据，不存在虚假或对真实情况的隐瞒，在主观上不存在故意告知虚假情况或隐瞒真实情况，诱使对方做出错误意思表示的意图；第三，据原告诉称，原告在返回查看且多次刷新的情况下，前后页面显示的差异均没有变化。可见，原告在订餐时已经注意到了不同页面中配送费金额出现了差异，原告知悉本单配送费可能为6元或者7元，不足以认定原告做出了错误的意思表示。综合以上分析，法院认为原告主张外卖平台构成欺诈的理由并不充分，不予支持。

三、如果外卖平台不构成欺诈，是否应当承担缔约过失责任

《中华人民共和国合同法》（以下简称《合同法》，已废止）第六条规定，当事人行使权利、履行义务应当遵循诚实信用原则。法院认为，外卖平台作为网络服务技术的开发者和使用者，通过首页定位技术为消费者提供预估配送费信息时，负有对该费用并非要约内容进行提示的义务。

（一）外卖平台对预估配送费用进行提示具有必要性

根据现有证据及现场勘验情况可知，在一次订餐过程中，采用不同定位技术，算法不变且影响配送费的其他因素（例如配送时段）不变的情况下，先后两次配送费金额的显示可能产生以下三种情况：其一，首页定位的配送距离与送达地址定位配送距离一致，配送费显示不会存在差异；其二，首页定位的配送距离大于送达地址定位配送距离，“选择商品”页面配送费将高于“订单

确认”页面配送费；其三，首页定位的配送距离小于送达地址定位配送距离，“选择商品”页面配送费将低于“订单确认”页面配送费。对于前两种情况，消费者实际支付的配送费金额不会高于首页定位后显示的预估配送费金额；对于第三种即本案所涉情况，消费者实际支付的配送费金额高于首页定位的配送费金额，如果没有提示消费者“选择商品”页面显示的仅为参考性的预估配送费用，注意到该差异并完成支付的消费者将产生权益受损的认识。因此，对预估配送费用进行提示具有必要性。

（二）外卖平台对预估配送费用进行提示具有可能性

配送费信息有赖于北京某科技公司通过专业技术提供，普通消费者不具有对预估配送费的识别能力。外卖平台北京某科技公司作为网络服务技术的开发者和使用者，采用不同的定位技术时，一方面有能力预见上述三种定位结果可能造成配送费显示的差异，另一方面亦可以通过大量订单数据的积累对该情况予以验证，故外卖平台具备识别该问题的注意能力。有且仅有外卖平台可能对首页定位后显示的配送费性质进行提示。

（三）对预估配送费进行提示，不会显著增加外卖平台的交易成本

在外卖平台订餐流程中，页面显示内容由外卖平台设置，提示“选择商品”页面配送费用并非实际配送费用，仅需针对该页面配送费的表达方式进行适当调整，达到足以使消费者认识到该配送费信息仅具有参考作用，而非订单结算金额即可，该提示并不会显著增加外卖平台的交易成本。

综上所述，外卖平台通过首页定位技术为消费者提供预估配送费信息时，应负有对该费用并非要约内容进行提示的义务。虽然该义务并非由法律明确设定，但是却基于该类民事活动中应当遵循的诚实信用原则而产生。于本案而言，外卖平台北京某科技公司未尽该提示义务，其在缔约过程中存在过错。

《中华人民共和国消费者权益保护法》第二十条第一款规定，经营者向消费者提供有关商品或者服务的质量、性能、用途、有效期限等信息，应当真实、全面，不得作虚假或者引人误解的宣传。本案中存在差异的配送费金额已经通过电子数据形式到达消费者，外卖平台在未向原告进行提示的情况下，消费者难以识别 6 元配送费用仅为预估费用，原告选择相信较低金额作为其最终

配送费用，符合一般消费者的合理期待，并对6元配送费用可能产生的缔约机会形成信赖利益，对于因外卖平台过错而导致原告形成的此等信赖利益，基于消费者权益保护的基本原则，应当予以保护。据此，法院认定原告主张的6元为本案配送费金额，原告陈某某为订立该合同额外支付的1元，系原告之损失，外卖平台北京某科技公司应承担相应的缔约过失责任，对该损失予以赔偿。

裁判结果

北京互联网法院根据《中华人民共和国合同法》第六条、第十三条、第十五条第一款、第四十二条第（三）项，《中华人民共和国电子商务法》第四十九条第一款，《中华人民共和国消费者权益保护法》第二十六条第一款，《中华人民共和国民事诉讼法》第六十四条第一款，《最高人民法院关于适用〈中华人民共和国民事诉讼法〉的解释》第九十条之规定，判决：一、本判决生效之日起七日内，被告北京某科技公司向原告陈某某赔偿配送费损失1元；二、驳回原告陈某某的其他诉讼请求。

一审判决后，陈某某和北京某科技公司均不服，提起上诉。北京市第四中级人民法院二审判决：驳回上诉，维持原判。[1] 目前，该案判决已生效。

法官解读

《中华人民共和国消费者权益保护法》（以下简称《消费者权益保护法》）第二十条第一款规定，经营者向消费者提供有关商品或者服务的质量、性能、用途、有效期限等信息，应当真实、全面，不得作虚假或者引人误解的宣传。外卖平台作为行业内具有一定规模的互联网企业，具有对本案中发生的预估外卖配送费和实际配送费不一致问题的识别能力，基于诚实守信民法原则和经营者应真实、全面向消费者告知相关信息的要求，外卖平台负有通过技术手段和

[1] 二审法院对于裁判理由的认定相较于一审有所调整：原告应支出外卖费用与实际支出相同，故1元赔偿金额并非配送费赔偿，而是原告在主张维权时的其他实际损失。

措施对预估外卖配送费和实际配送费不一致的情形进行必要提示的义务，故本案中外卖平台存在一定过错。

本案系配送服务合同订立过程中，因前后页面配送费显示存在差异而产生的纠纷。由于配送费计算缺乏透明度、配送费金额不具有可协商性等特征，消费者有权利提出疑问，但诉讼主张能否成立，需要法院在查明事实的情况下，依法进行判断。

一、要约邀请、欺诈行为及其认定

（一）要约与要约邀请

要约指一方当事人为缔结合同的目的，向另一方当事人提出合同条件，希望对方当事人接收的意思表示。[1] 其构成要件需要包含特定的意思表示，即要约发出者向相对人作出的含有合同条件的意思表示。

根据《中华人民共和国民法典》（以下简称《民法典》）第四百七十三条，要约邀请是希望他人向自己发出要约的表示。其目的不是订立合同，而是邀请相对人向其为要约的意思表示。[2] 要约邀请仅是一种合同订立的预备行为，本身并不发生法律效果。

要约邀请与要约也有所不同，要约邀请有更为明确的合同目的、内容、意思表示等。相对人如无法因表述内容取得合意，则不应认定为要约，至多可认为是要约邀请。

本案中，外卖平台在“选择商品”页面和“订单确认”页面采取了不同的定位技术，导致预估配送费与实际配送费并不一致。在外卖平台未尽提示义务的情形下，消费者结合“选择商品”页面具体明确的表示内容与金额，易将此识别为要约。而“订单确认”页面的要约或要约邀请对原有的价格内容进行了实质性变更，此时消费者对其产生混淆，致使消费者造成误解。

（二）外卖平台不构成欺诈行为

《民法典》第一百四十八条对以欺诈手段实施的民事法律行为效力进行规

[1] 崔建远：《合同法》，法律出版社 2016 年版，第 28 页。

[2] 崔建远：《合同法》，法律出版社 2016 年版，第 29 页。

定：一方以欺诈手段，使对方在违背真实意思的情况下实施的民事法律行为，受欺诈方有权请求人民法院或者仲裁机构予以撤销。本条承袭于《中华人民共和国民法通则》（已废止）第五十八条，根据最高人民法院《关于贯彻执行〈中华人民共和国民法通则〉若干问题的意见（试行）》（已废止）第六十八条对该条的解释，欺诈是指“一方当事人故意告知对方虚假情况，或者故意隐瞒真实情况，诱使对方当事人作出错误意思表示”的行为。欺诈行为的认定，应当符合以下构成要件：行为人具有欺诈故意，实施了欺诈行为，受欺诈者因此陷入错误认识，并由此作出了错误的意思表示。

2022 年，国家市场监督管理总局发布的第 56 号令《明码标价和禁止价格欺诈规定》也在第二十一条中规定了三种排除第十九条所定义的价格欺诈行为的情形，其中第一种即为经营者有证据足以证明没有主观故意。可见，经营者的主观故意是界定是否为价格欺诈的必要条件，如果经营者并非故意，即使行为后果上对消费者实际造成了误导，致使消费者订立非真实意思表示的合同，也不宜因此认定为欺诈。

本案中，经查明，北京某科技公司在“选择商品”页面采用首页定位技术预估配送费用，展示该预估配送费实际是供消费者进行参考，不属于表意行为，也不构成要约邀请，因此北京某科技公司在此缺乏欺诈的故意，也未实施诱使对方陷入错误意思表示的欺诈行为，消费者主张平台构成欺诈，不能成立。

二、平台应承担缔约过失责任

我国《合同法》第四十二条[1]规定了缔约过失承担损害赔偿责任的情形，即假借订立合同，恶意进行磋商和故意隐瞒与订立合同有关的重要事实或者提供虚假情况两种典型的缔约过失情形和一条兜底条款。本案纠纷类型较为新颖，在查明基本事实后，本案中双方当事人既非恶意进行磋商，也非外卖平台故意隐瞒或提供虚假情况，故法律列举的两种典型情况在本案中无法适用。因此，法院结合缔约过失责任的构成要件综合判定北京某科技公司的行为构成其他违背诚信原则的行为。一般认为，缔约过失责任的成立须具备下列条件：

---

[1] 现变更为《中华人民共和国民法典》第五百条。

（1）缔约人在缔约过程中违反先合同义务；（2）缔约相对方受有损害；（3）违反先合同义务与损害有因果关系；（4）违反先合同义务方存在过错。

本案中，法院根据配送费显示前后有别已经给消费者造成误解这一事实，通过对平台特征、配送费计算方式、出现配送费偏差的可验证性、成本因素等进行分析，提出平台对预估配送费用进行提示具有必要性和可能性，以及对预估配送费进行提示，平台不会显著增加交易成本的观点。基于上述分析，法院认为，基于诚实信用原则，北京某科技公司应负有对预估配送费并非要约内容进行提示的义务。根据《消费者权益保护法》第二十条第一款的规定，经营者向消费者提供有关商品或者服务的质量、性能、用途、有效期限等信息，应当真实、全面，不得作虚假或者引人误解的宣传。北京某科技公司作为行业内具有一定规模的互联网企业，具有对本案中发生的预估外卖配送费和实际配送费不一致问题的识别能力，基于诚实守信民法原则和经营者应真实、全面向消费者告知相关信息的要求，北京某科技公司负有通过技术手段和措施对预估外卖配送费和实际配送费不一致的情形进行必要提示的义务，故本案中北京某科技公司存在一定过错。因此，外卖平台应承担缔约过失责任。

于消费者而言，其难以识别6元配送费用仅为预估费用，消费者选择相信较低金额作为其最终配送费用，符合一般消费者的合理期待，因此形成的信赖利益，应当予以保护。消费者为订立该合同额外支付价款以及为维权产生的合理费用，为消费者的实际损失，北京某科技公司须向消费者进行赔偿。

三、本案的裁判意义

随着算法技术的升级与广泛应用，越来越多的互联网企业将技术应用于生产生活的诸多方面，“外卖”这一产业借助互联网平台越发蓬勃发展，为现代人的日常生活提供了便利。如今，外卖已经成为日常生活中常见的消费方式，然而在平台基于不同逻辑产生的各类算法应用中，不断涌现出一系列新兴问题，向传统法律规制作出挑战，需要法院依据新情况作出裁判。

面对互联网平台算法纠纷时，普通消费者一般由于缺少互联网领域专业知识背景，往往不具备相应举证能力。法院为核实个案事实的真实性和平台算法的实际运行情况，进行了充分的调查，通过实地勘验平台数据库和后台页面信息，确认其是否存在欺诈行为或未履行法律义务的情况。同时，通过案件裁判的示范效应，促进平台规范经营，减少此类“算法”纠纷。

本案虽然以个案的形式出现，然而基于外卖平台庞大的用户群体和预估信息显示技术的广泛应用，案件中所反映的问题已具有普遍性，存在同类问题的电子商务平台如果不对其系统及时进行改进，或将因此产生更多类似纠纷，即应有举轻以明重之作用。该案判决对涉案互联网平台以及行业作出启示，在提供服务时，面对广大消费者，平台需注重履行相应的提示义务。本案判决后，北京某科技公司已对涉案外卖 App 订餐流程界面进行整改，在“选择商品”界面配送费用显示字样前添加“预估”二字，对消费者实现提示作用，表明该界面配送费用仅为预估而非实际，从而保障了广大消费者知情权等合法权益，也使消费者在使用外卖 App 时更加透明、便利。本案判决有效规范了企业经营行为与行业秩序，在一定程度上避免了电商平台此类纠纷的再次发生。

关于网络用户是否符合集挂饰活动的兑奖条件的认定

——胡某与北京某新媒体信息技术有限公司等网络服务合同纠纷案❶

李文超* 孟丹阳** 赵英楠***

典型意义

网络用户参与涉案 App 上发布的集挂饰活动，其与活动主办方之间的网络服务合同成立并生效，应遵循相应的活动规则。涉案网络服务合同性质为射幸合同，合同的法律效果即能否获得奖品在合同缔约时并不能确定，需要结合活动规则及用户行为进行具体分析。对于算法录屏的证据真实性应结合其他证据综合认定，对录屏真实性有异议的，应提供相关的证据加以证明。本案获全国法院系统 2021 年度优秀案例分析商事类优秀奖。

关键词 射幸合同 数据算法 录屏证据 真实性

案情介绍

原告胡某使用手机号 178 × × × ×3846 注册“狐友 App”，用户名为

❶ 一审裁判文书字号：北京互联网法院（2020）京 0491 民初 9013 号民事判决书（2020 年 10 月 30 日）；二审裁判文书字号：北京市第四中级人民法院（2020）京 04 民终 552 号民事判决书（2020 年 12 月 25 日）。

一审审判员：李文超。

* 李文超，北京互联网法院审管办（研究室）负责人。

** 孟丹阳，北京互联网法院立案庭法官助理。

*** 赵英楠，中国传媒大学文化产业管理学院法律系研究生。

“hi2020”，其于2020年1月参加“狐友App”组织的集挂饰活动。活动规则载明：“1月17日—1月30日，活动期间发送有关新年的动态，如果你在动态中提到了狐友藏起来的‘挂饰关键词’就可以获得狐友特制卡片挂饰！按照集齐不同挂饰的数量进行兑奖，逢6有奖”，“幸运大奖（限3份）集齐66个挂饰，可获得价值2000元小狗吸尘器一台；终极大奖（限1份）集齐70个挂饰，可获得iPhone手机一部”“时间轴1已开始（小年1/17-1/18）—2已开始（准备新年1/19-1/23）—3已开始（团圆夜1/24-1/25）—4（走亲戚去1/26-1/30）”“注：活动公平公正，禁止恶意刷票，所有奖品每位用户限领一份，按照集齐对应挂件数量的时间顺序发奖”“本活动最终解释权归狐友团队所有”。胡某未在“狐友App”公布的活动中奖名单中。

原告胡某诉称：其在被告某新媒体信息技术有限公司（以下简称某新媒体公司）旗下的“狐友App”参加“鼠你最好看集挂饰兑大奖”活动（以下简称集挂饰活动），注册手机号178××××3846，注册用户名“hi2020”，按照活动规则要求，胡某最早集满“终极大奖”要求的70个挂饰。但被告某新媒体公司、某信息服务公司在公布的中奖名单中并无自己，原告认为两公司内定中奖人员，组织具有欺骗性的中奖活动，违反了《关于禁止有奖销售活动中不正当竞争行为的若干规定》第三条第（一）项、第（二）项、第（四）项，《中华人民共和国消费者权益保护法》第八条、第四十五条、五十五条，《网络交易管理办法》（已废止）第四条、《中华人民共和国合同法》（以下简称《合同法》，已废止）第十三条、第一百零七条、第一百一十三条之规定。故请求法院判令：被告某新媒体公司、某信息服务公司按照集挂饰活动规则（以下简称活动规则）兑现1部iPhone手机和3台小狗吸尘器或等值现金10000元；被告某新媒体公司、某信息服务公司按照活动规则，出具获得终极大奖和幸运大奖共4名人员的集挂饰明细。

被告某新媒体公司辩称：其不是本案适格的被告，按照《狐友服务协议》第一条第2款的约定，《狐友服务协议》是用户与某信息服务公司订立的权利义务规范，与其无关。被告某信息服务公司与某新媒体公司是不同的民事主体，依法独立享有民事权利、承担民事义务，胡某依据《狐友服务协议》起诉某新媒体公司无事实及法律依据；胡某并非第一个集齐70个不同狐友挂饰的用户，不符合获得奖品的条件。根据某新媒体公司查询的后台信息与胡某提交的证据，狐友用户“hi2020”在2020年1月26日集齐70个不同狐友挂饰，而获奖者账号“这只是一个”在2020年1月24日19时19分34秒集齐70个狐友挂饰，且用户“过敏的苏打”同样在2020年1月24日集齐70个狐友挂饰，均早于胡某集齐挂饰的时间；本案中，集挂饰活动系免费活动，胡某未受到任何经济损失，且某新媒体公司按照活动规则开奖，不存在任何违规行为。

被告某信息服务公司辩称：其系上述活动规则的制定者，其余答辩、质证意见同某新媒体公司一致。

裁判内容

北京互联网法院经审理认为，本案主要的争议焦点包括：一是某新媒体公司是否为本案适格被告；二是胡某是否达到了集挂饰活动的兑奖条件。

一、某新媒体公司是否为本案适格被告

《合同法》第四十四条规定，依法成立的合同自成立时生效，当事人受生效合同的拘束。本案中，《狐友服务协议》系某信息服务公司预先拟定并面向众多用户重复使用的服务条款，用户在注册“狐友App”时，通过阅读合同条款的形式，对合同作出承诺，系双方真实意思表示，不存在合同无效的情况，法院确认《狐友服务协议》有效。其中第一条第2款约定“狐友服务协议是用户与某信息服务公司订立的权利义务规范”，可以确认本案中《狐友服务协议》合同订立者系胡某与某信息服务公司，故某信息服务公司系本案适格被告。胡某提供狐友微信公众号信息载明：“账号名称：狐友、账号主体：某新媒体公司、2018年12月13日注册狐友”，某新媒体公司系“狐友”公众号运营主体。某新媒体公司辩称，其与某信息服务公司仅为关联公司，并未参与“狐友App”的运营，但未提供相应证据加以佐证，故法院不予采纳。本案被告为某新媒体公司与某信息服务公司。

二、胡某是否达到了集挂饰活动的兑奖条件

依据胡某提交的用户名“hi2020”的挂饰页面截图与某新媒体公司提交的活动规则与用户收集挂饰统计录屏可知，活动时间为1月17日至1月30日，终极大奖为集齐70个挂饰，获1部iPhone手机，按照集齐数量的时间顺序发

奖。胡某提供的用户“hi2020”在“鼠你最好看集挂饰兑大奖”活动页面手机截图显示，截至1月24日，胡某收集43个不同挂饰。某新媒体公司提交的用户收集挂饰统计表显示，截至1月24日，胡某收集了49个不同挂饰。用户“这只是一个”在2020年1月24日即集齐70个不同挂饰。按照集齐数量的时间顺序发奖的活动规则，用户“这只是一个”早于胡某集满70个挂饰，原告不是获奖用户。因此，根据胡某提供的用户“hi2020”参与集挂饰活动的手机截图、某新媒体公司、某信息服务公司提交的系统后台录屏，按照集齐对应挂件数量的时间顺序发奖的活动规则，原告胡某不是集挂饰活动终极大奖的获得者。

裁判结果

北京互联网法院依照《中华人民共和国合同法》第四十四条[1]，《最高人民法院关于适用〈中华人民共和国民事诉讼法〉的解释》第九十条，判决如下：驳回原告胡某的全部诉讼请求。

原告胡某不服原审判决，提起上诉。北京市第四中级人民法院依照《中华人民共和国民事诉讼法》第一百七十条第一款第（一）项，《最高人民法院关于适用〈中华人民共和国民事诉讼法〉的解释》第三百三十四条的规定，判决如下：驳回上诉，维持原判。

法官解读

案件的争议焦点在于胡某是否符合集挂饰活动的兑奖条件。其中可以从集挂饰活动规则、中奖用户的数据是否可信、后台算法是否透明公正、算法视频的真实性认定等方面分析。

一、对集挂饰活动规则的认定

（一）对于胡某与某新媒体公司、某信息服务公司之间的网络服务合同的性质认定

本案争议的网络服务合同性质为射幸合同，合同的效果在缔约时不能确

[1] 现变更为《中华人民共和国民法典》第五百零二条。

定，所存在的只是获得合同标的物的或然性。射幸合同不适用等价有偿的原则，活动参与人通过支付一定的代价有获得合同标的物的可能性，也有空手而归的可能性，是否满足合同约定的条件要根据相应的规则来具体认定。与附条件的合同不同，射幸合同一经成立即生效，当事人不能因为合同标的物未出现而撤销合同或请求赔偿损失。本案中某新媒体公司、某信息服务公司在涉案App上发布了活动规则，胡某作为网络用户参与该活动，即表示双方具有成立射幸合同的真实意思表示，双方之间的射幸合同成立并生效。

（二）活动主办方是否违反事先拟定的集挂饰活动规则

根据活动规则，挂饰在1月17日至1月30日之间分四个批次进行发放，第一个集齐70个不同挂饰的人获奖。原告胡某认为，明星拜年挂饰不属于活动规则里的挂饰，法院认为明星拜年挂饰并非活动主办方公布的话题分类标准的一种，是胡某自己按人物主体作出的分类，不能由此认定活动主办方违反事先拟定的活动规则。

二、中奖用户的数据及后台算法是否可信

本案中，被告某新媒体公司提交了从系统后台导出的“狐友App”用户“hi2020”“这只是一个”所获挂饰的录屏和统计表，来证明用户“这只是一个”早于“hi2020”集齐挂饰。胡某认为，中奖用户的证据不具有真实性，“狐友App”由被告两公司运营，其提交的录屏仅为执行命令的操作视频，并未提交后台数据库记录，且录屏中出现了三个无关时间，统计表中的信息存在被编辑、篡改的可能性。

（一）后台算法是否透明、公正

“算法是一种有限、确定、有效的并适合用计算机程序来实现的解决问题的方法。”[1] 算法应用则是对数据的改造和再生产。因此，基于算法的技术逻辑和推理规则，在算法诞生之初人们就期待通过算法的技术中立获得数字正

[1] ［美］罗伯特·塞奇威克，凯文·韦恩：《算法》，谢路云译，人民邮电出版社2012年版，第1页。

义。但随着社会实践的深入，我们发现，基于数据分析的互联网平台算法常常带来算法黑箱、算法歧视以及算法权力异化的风险。

“算法黑箱”的核心问题在于信息的不对称和不公开，“黑箱”遮盖了算法对数据的利用过程，用户不可能得知算法目的和意图，难以得知算法设计者、控制使用者以及内容责任归属等信息，更不可能实现对算法的评判监督。以个人信息保护为例，在互联网平台企业对利益的追求和算法技术的广泛应用面前，处于弱势地位的用户在进入算法社会的开始，就已经在互联网平台算法面前毫无隐私可言，用户被迫使授权自身的信息和数据被收集、筛选、加工、使用，但却毫不了解算法操作下的收集、筛选、加工、使用等方式。

算法歧视以“大数据杀熟”表现最为普遍，平台通过搜集日常消费者的承受能力、选择偏好、家庭信息等内容，形成对消费者的区别化的用户画像，进而根据用户画像输出个性化的销售与服务定价。[1] 相较于传统的价格歧视，“大数据杀熟”是更为隐蔽的利用数据与算法优势侵害消费者隐私权、知情权的行为，其高度的隐蔽性、单体性、连锁性等特征使得实践中举证困难现象屡见不鲜，严重侵蚀了数字经济发展的基础。[2]

在新的数字社会权力格局逐渐形成的当下，以互联网平台为代表的信息巨头们占有海量数据并拥有数据主权（Data Sovereignty），而算法权力（Algorithmic Power）就根源于此。[3] 与传统权力不同，算法权力本质上控制着算法设计、研发、应用等全过程，其更为客观、理性、高效，并具有分散化、无边界的特点。在算法权力下，算法控制者与社会公众形成了“观察与被观察”“可见与不可见”的关系，并借助其信息优势隐秘地实现对服务对象的影响或控制，法国思想家福柯（Foucault）将其称为“规训权力”（Disciplinary Power），指出此种权力“是通过自己的不可见性来施展的。同时，它却把一种被迫可见原则强加给它的对象”[4]。学者瓦尔德曼（Waldman）则称之为“民主社会中的非法权力来源”。

---

[1] 孟勤国：《治理算法歧视侵害消费者权益的关键问题——以大数据杀熟为视角》，载《法律适用》2023 年第 3 期。

[2] 成曼丽：《大数据时代算法歧视的协同治理》，载《中国流通经济》2022 年第 1 期。

[3] 胡凌：《网络法的政治经济起源》，上海财经大学出版社 2016 年版，第 230 页。

[4] ［法］米歇尔·福柯：《规训与惩罚》，刘北成，杨远婴译，生活·读书·新知三联书店 2012 年版，第 112 页。

算法黑箱、算法歧视与算法权力异化这三种风险之间并非完全并列区别，而是相互交织、彼此作用的关系。算法黑箱的不透明性助长了算法歧视的发展，算法歧视则进一步强化了算法权威，而算法权威的扩张致使算法权力走向异化并反向推动了算法的不可知和不可信。

本案中，根据活动规则，在动态中提到“挂饰关键词”就可以获得卡片挂饰，这是被告公司设计的算法程序。由于算法自动决策的“自动”特征，其决策结果便被认为具有客观性。[1] 对于在数据的收集、处理过程中可能存在的人为控制，欧盟最新的《一般数据保护条例》（以下简称 GDPR）进行了相应的法律规制，从第 15 条到第 22 条都涉及对算法自动决策的规制，尤其第 22 条不仅规定了数据主体有权反对算法的自动决策所造成的法律影响或严重影响，还规定数据主体有权要求数据控制者对自动决策过程进行解释，“以‘解释权’形式出现的透明已经成为一种极具吸引力的补救措施，因为它直观地提供了一种‘打开黑箱’的方式”。[2]

在算法自动决策中透明并非归宿，公正才是落脚点。退一步讲，算法自动决策即使实现了透明，很多人也未必感兴趣，相反他们会更关注这种决策的公正。[3] 法院正是通过举证责任的分配，在算法无法做到完全透明可视化的基础上，实现算法的公正。

本案中，通过举证责任的分配，由设计程序的被告公司对相关算法进行举证和解释，让系统后台算法黑箱中的算法相对透明。对于录屏中出现的 2019 年 8 月 9 日、2020 年 5 月 19 日、2020 年 2 月 13 日 3 个无关时间，被告出具了一份情况说明，证明上述 3 个日期为系统维护自动加载的时间，并不存在修改。胡某虽不认可该组证据的真实性，但未提供证据加以证明。为证明集齐 70 个不同挂饰数量的时间顺序，被告公司提供了系统数据，通过录屏的方式展示了数据导出的过程。

---

[1] 伊卫风：《算法自动决策中的人为歧视及规制》，载《南大法学》2021 年第 3 期。

[2] 转引自伊卫风：《算法自动决策中的人为歧视及规制》，载《南大法学》2021 年第 3 期。Lilian Edwards & Michael Veale, *Slave to the Algorithm? Why a ‘Right to an Explanation’ Is Probably Not the Remedy You Are Looking For*, Duke Law and Technology Review, Vol. 16, No. 1 (2017) p. 81.

[3] 伊卫风：《算法自动决策中的人为歧视及规制》，载《南大法学》2021 年第 3 期。

（二）算法视频的录屏证据的真实性认定

胡某对于被告提供的从系统后台导出的用户“hi2020”“这只是一个”所获挂饰的录屏有争议，不认可证据的真实性。法院认为，对于系统后台数据真实性的认定要结合录屏证据与其他证据综合判断。原告提交的用户“hi2020”参与集挂饰活动的手机截图显示内容，与被告通过录屏显示的内容能够相互印证，胡某虽然提出异议，但未能提供相关证据加以佐证，因此法院认定被告提供的录屏证据的真实性。

实践中，数据用户对于算法程序中的数据无法掌握，相比较之下，一些信息技术公司掌握大量的数据资源和算法程序，对于相关算法的问题的争议具有证明责任，因此法院会充分考量双方的举证能力，进行举证责任的合理分配。不过，对于被告公司已经承担了相应的举证责任，并且证据之间有所印证，原告提出异议则应提交相应的证据加以佐证，否则要承担举证不力的后果。

（三）对算法风险规制的可能

1. 算法权利：配置个体权利对抗算法滥用

考虑到算法“强者权利”与个体力量对比之悬殊，应当从法律制度设计上给予数据主体相应的权利，以增加算法滥用的难度，使数据主体免受算法的侵害。[1] 算法解释权就是通过赋予个人对算法决策的解释权利，以实现对“算法权力”之滥用的适度制约，平衡算法控制者与行为对象不对称的权力关系，同时合理分配风险负担。[2] 从域外立法实践来看，GDPR 在明确数据主体“算法知情权”的基础上，第 13 条第 2 款（f）项、第 14 条第 2 款（g）项之规定明确了算法控制者的“事前解释义务”，那么 GDPR 第 15 条第 1 款（h）项之规定内含了针对具体算法决策的事后“解释权”。GDPR 第 22 条第 3 款还赋予相对人与算法解释权相配套的算法异议权（见表 1）。

与欧盟综合式立法不同，美国算法规制立法虽呈现“碎片化”特点，但在金融领域信用评分与量刑领域风险评估方面也明确了算法决策的解释问题。对此，我国相关立法虽未涉及算法解释权，但有关个人信息处理的相关规定也

---

[1] 李牧翰：《数字时代下算法滥用法律治理之完善》，载《云南社会科学》2021 年第 3 期。

[2] 张凌寒：《商业自动化决策的算法解释权研究》，载《法律科学》2018 年第 3 期。

有所体现。[1] 综上所述，涉及互联网平台算法的“解释权”权利主体为遭受算法决策不利影响的相对人，义务主体则为算法研发者或算法实际控制者——大多情况下为互联网平台企业自身。从解释的标准与内容来看，正如 GDPR 第 12 条之规定，“控制者应当以一种简洁、透明、易懂和容易获取的形式，以清晰和平白的语言来提供”。

表 1　欧盟《一般数据保护条例》（GDPR）相关条款分析

第 12 条：信息、交流与模式的透明性 ——保证数据主体权利的行使	第 1 款：对于和个人信息处理相关的第 13 条和第 14 条规定的所有信息，或者第 15 条至第 22 条以及第 34 条所规定的所有交流。控制者应当以一种简洁、透明、易懂和容易获取的形式，以清晰和平白的语言来提供；对于针对儿童的所有信息，尤其应当如此。信息应当以书面形式或其他形式提供，包括在合适的情况下通过电子方式提供。若数据主体的身份可通过其他途径得到证实，那么控制者可依主体申请以口头方式提供相关信息	
第 13 条：收集数据主体个人数据时应当提供的信息	第 2 款：除了第 1 款所规定的信息，控制者应当在获取个人数据时为数据主体提供确保合理与透明处理所必要的进一步信息	（f）项：存在自动化的决策，包括第 22（1）和（4）条所规定的用户画像，以及在此类情形下，对于相关逻辑，包括此类处理对于数据主体的预期后果的有效信息
第 14 条：未获得数据主体个人数据的情形下，应当提供的信息	第 2 款：除了第 1 款所规定的信息，控制者应当向数据主体提供如下确保涉及数据主体的处理是合理与透明的必要信息	（g）项：存在自动化的决策，包括第 22（1）和（4）条所规定的用户画像，以及在此类情形下，对于相关逻辑，包括此类处理对于数据主体的预期后果的有效信息
第 15 条：数据主体的访问权	第 1 款：数据主体应当有权从控制者那里得知，关于其的个人数据是否正在被处理，如果正在被处理的话，其应当有权访问个人数据和获知如下信息	（h）项：存在自动化的决策，包括第 22（1）和（4）条所规定的数据分析，以及在此类情形下，对于相关逻辑，包括此类处理对于数据主体的预期后果的有效信息
第 22 条：自动化的个人决策，包括用户画像	第 3 款：在第 2 款所规定的（a）和（c）点的情形中，数据控制者应当采取适当措施保障数据主体的权利、自由、正当利益，以及数据主体对控制者进行人工干涉，以便表达其观点和对决策进行异议的基本权利	

[1] 2020 年 10 月 1 日实施的《信息安全技术 个人信息安全规范》第七条第七款规定，“信息系统具备自动决策机制且能对个人信息主体权益造成显著影响的”应在首次使用前与使用中定期开展个人信息安全影响评估，向个人信息主体提供投诉渠道，支持决策结果人工复核。我国 2019 年施行的《电子商务法》对立法者直接算法的设计和部署进行规制，要求电商平台的算法能够为消费者提供自然搜索结果。

2. 追责机制：明确算法主体责任承担

从算法规制意义上来看，算法责任应为严格责任，即一旦算法在实践应用过程中产生风险或造成损害，算法研发者和应用者都应承担算法责任，不论事先是否已获得用户知情同意或是否仅为纯粹技术缺陷。[1] 一方面，通过对算法决策结果进行评判可以初步判断是否存在算法责任；另一方面，可以通过算法进行技术审查并结合侵权规则以最终明确算法责任分配。[2] 虽然当前我国并未明确算法侵权责任的承担问题，但可以参照《中华人民共和国民法典》第七编侵权责任编中关于产品责任规则逻辑分配算法责任（见图1）。

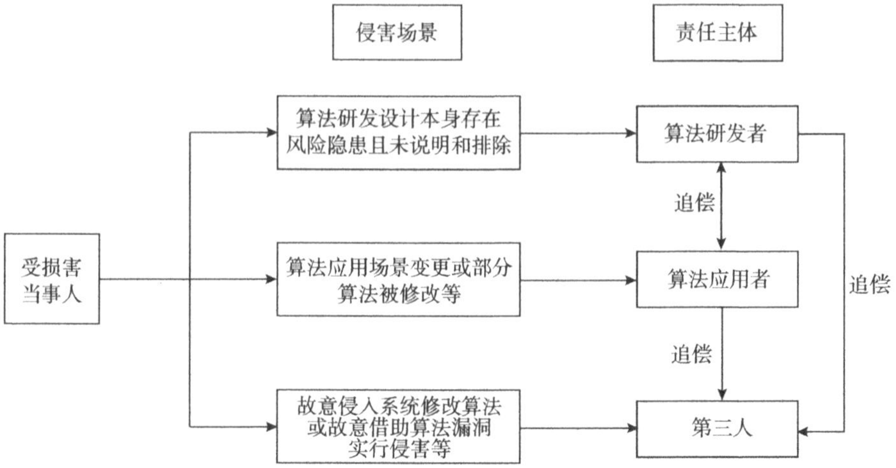

图1　算法侵权追责机制

如果侵权主体为算法研发者或算法应用者，受损害当事人既可向前者也可向后者主张算法责任。如果算法风险是由研发者造成的，算法应用者赔偿后可向其追偿，反之亦然。但如果因第三人过错而造成算法损害后果的，算法的研发者、应用者赔偿后，有权向第三人追偿。

---

[1] 孙清白：《人工智能算法的“公共性”应用风险及其二元规制》，载《行政法学研究》2020年第4期。

[2] 卜素：《人工智能中的“算法歧视”问题及其审查标准》，载《山西大学学报》（哲学社会科学版）2019年第4期。

三、平台公司对用户数据的保密义务及数据公开的必要限度

《中华人民共和国数据安全法（草案)》（以下简称《数据安全法（草案)》）第4章专章列出了数据的安全保护义务，目的在于“保障数据安全，关键是要落实开展数据活动的组织、个人的主体责任”[1]。根据《数据安全法（草案)》，平台需履行个人信息权利保护义务，开展数据活动必须遵守法律法规，尊重社会公德和伦理，有利于促进经济社会发展，增进人民福祉，不得违法收集、使用数据，不得危害国家安全、公共利益，不得损害公民、组织的合法权益。强调平台数据的收集方式、目的和使用范围，并且不得超过必要的限度。[2]

（一）平台公司对用户数据的保密义务

信息技术公司一般掌握不同数据用户的大量数据，由于数据用户与数据存储的弱关联性，用户对于个人数据几乎不具有可掌控性。这就对于数据主体提出了保护数据安全的要求，包括数据主体对于数据在收集、存储过程中的安全及对数据用户的隐私权等相关权益的保护。本案中，被告两家公司通过集挂饰活动，收集了网络用户的相关数据，做到了合理审慎的使用和尽到了保密义务。

（二）对网络用户数据公开的必要限度

在司法审查中，为查明案件事实，法院可要求平台公司公开必要的数据，此时的数据公开有其正当性基础。法院对于可公开的数据范围进行了限定，只需要公开与案件事实相关的数据，未公开用户的身份信息等个人信息，并未违反用户数据的自身权益。本案中，对于胡某要求公布终极大奖和幸运大奖共4名用户的集挂饰明细，某新媒体公司、某信息服务公司提供了获得终极大奖用户“这只是一个”的集挂饰统计表。对于胡某要求公布终极大奖和幸运大奖4名用户集挂饰明细的请求，因没有事实与法律依据，法院不予支持。法院对于网络用户的数据秉持了必要限度的公开理念，对于与案件事实审理无必要关联的用户数据法院不支持公开。

---

[1] 参见《数据安全法（草案)》起草说明。

[2] 参见《数据安全法（草案)》第八条、第二十六条、第二十九条。

游戏公司对违规使用“外挂”用户“封号”行为非违约性之论证

——马某与趣游公司、星辉公司网络服务合同纠纷案❶

封　瑜*　赵　玲**

典型意义

本案认为游戏公司后台数据分析足以证实玩家游戏时间曲线严重不符合人类“生理规律”、运行规律更近似由自动化脚本执行完成时，在无相反证据时，可予认定玩家使用了外挂软件。游戏公司根据事先告知并已充分提示的协议规则对玩家实施“封号”措施具有合理性与必要性，该格式条款应属有效。对违背诚实信用原则和破坏公平交易的行为施以必要约束，对维护整个网络游戏领域的良好秩序具有必要性，亦符合社会主义核心价值观的导向。

关键词　游戏外挂　格式条款　诚实信用原则　社会主义核心价值观

案情介绍

2020年1月，原告马某注册了北京某信息技术有限公司代理的某知名网游游戏账号，之后通过充值及任务升级等方式获取了一定数量的稀有游戏道

---

❶ 一审裁判文书字号：北京互联网法院（2021）京0491民初22503号民事判决书（2021年12月10日）。

一审审判员：封瑜。

* 封瑜，北京互联网法院综合审判二庭法官。

** 赵玲，中国传媒大学文化产业管理学院法律系研究生。

具。2020 年，该游戏国内代理商由北京某信息技术有限公司变更为趣游公司和星辉公司（以下简称二被告），2020 年 9 月 4 日该游戏网站的公告栏中发布了《〈坦克世界〉使用脚本惩罚机制》，告知玩家使用脚本的处罚措施，并在实施前给予了最后一次的“7 天封禁”缓冲措施，之后于 2021 年 3 月以原告使用非法脚本为由永久封禁原告游戏账号，并拒绝了原告要求退赔账号余额的申请。

原告马某诉称：2020 年 2 月，原告注册了《坦克世界》游戏账号，陆续充值购买了游戏装备，并通过游戏升级积累大量武器。被告于 2021 年 4 月在未提前核实并通知原告的情况下，以原告使用非法脚本为由永久封禁原告账号。原告提出：（1）被告协议采用格式条款的不平等条约占有原告的游戏账号，管辖条款不公平、不合理，应认定为无效条款；（2）被告封停原告游戏账号的行为存在违约责任和侵权责任竞合，被告应解封原告游戏账号，并保证解封后账号内原有的游戏账号数据等虚拟财产与封号前的状态一致，能够正常使用；（3）游戏账号中的物品为原告合法购买，被告不能证明原告有使用脚本工具的行为，直接永久封号行为侵害了原告虚拟财产权利；（4）游戏账号中的金币坦克、金币等物品属于原告玩家的合法网络虚拟财产，被告公司采用永久封停游戏账号的方式，且原告多次申诉不予归还，属非法侵占原告的网络虚拟财产。故请求判令被告赔偿原告账号价值 10000 元。

二被告辩称：趣游公司负责网站建设及游戏推广，收款方为星辉公司。《坦克世界》游戏为真人对战，使用脚本获得对局奖励，对其他用户不公平并破坏游戏规则。星辉公司永久封禁脚本玩家具有必要性。被告证据足以证明原告有使用脚本行为，无须向玩家退款或补偿。

裁判内容

北京互联网法院经审理认为，本案主要的争议焦点包括：一是涉案《360 游戏服务及许可协议》及其补充协议的效力问题；二是原告是否存在使用脚本的违规行为；三是二被告对原告的处罚是否合理。

一、涉案《360游戏服务及许可协议》及其补充协议有效

（一）原被告之间签订《360游戏服务及许可协议》及其补充协议，建立网络服务合同关系

原告选择二被告作为网络服务纠纷诉讼当事人，又主张涉案游戏的著作权人系原经营主体北京某信息技术有限公司，在未进一步掌握新旧经营主体之间具体协议内容的前提下，仅就现有表象证据而言，用户购买游戏服务的发票中载明的出售方为星辉公司、游戏网站页面公示版权所有人为趣游公司，同时原告亦承认其在原经营主体北京某信息技术有限公司网站上的游戏账号经过360平台数据继承后，一直正常使用至被封号为止，根据前述事实查明情况，可以认定二被告共同为原告马某提供了网络游戏服务，原告与二被告就涉案游戏成立了网络服务合同关系。

（二）《360游戏服务及许可协议》及其补充协议有效

《360游戏服务及许可协议》及其补充协议为格式合同，由于互联网商业模式特性，此类格式合同的存在及面向用户的非差异性使用确有存在必要，对其中涉及用户重要权利的条款，应就合法性及合理性进行审查。本案中，被告主张其封停原告账号的依据，见于《360游戏服务及许可协议》第1.6条、第1.7条、第6.23条、第6.24条、第6.30条、第6.31条、第10.1条、第10.4条，以及游戏规则第4.07条、第5.06条、第5.07条等条款，二被告在用户协议中规定用户使用脚本游戏将被永久封停并不予退款，且在贯彻该规则时尽到提前告知义务并设置缓冲警示等措施，属于企业基于维护公平交易和诚实信用原则而设置的平台管理措施，具有合法及合理性，并不属于免除己方责任、加重对方责任、排除对方主要权利的情形，且未违反法律、法规的强制性规定，即应基于合同意思自治的原则，对条款效力予以认可。

二、原告存在使用脚本的违规行为

被告提交了游戏战斗后台数据，证明原告存在昼夜连续长时间游戏、坦克移动符合脚本使用的特点。被告的证据具有"高度盖然性"，在原告无相反证

据的情况下，应支持被告抗辩。首先，被告提供的证据能够证明原告的游戏行为不可能由普通人类正常操作完成，时间曲线严重不符合人类的“生理规律”，更近似由某种自动化脚本执行完成。从后台数据随机选取的几段严重可疑时间段分析来看，只有2月12日至15日为春节假期期间，其他时间均远未到春节假期，且其中有休息日之后的工作日时间。其次，被告作为游戏运营商，鼓励用户在自身运营的游戏上合规进行游戏行为符合其逐利本性，原被告在此利益是一致的，被告“修改后台数据、封禁用户消费”并不合常理，法院对原告无证据支持的此项质疑不予认可。

三、二被告对原告的处罚合理

（一）原告游戏违规行为属于违约行为

原告存在违规游戏行为且双方通过服务协议约定了游戏违规行为的处罚措施——“封号”，该协议对原被告双方具有约束力。

（二）原告行为有违诚信原则

《中华人民共和国民法典》第七条规定，民事主体从事民事活动，应当遵循诚信原则，秉持诚实，恪守承诺；第八条规定，民事主体从事民事活动，不得违反法律，不得违背公序良俗。如前所述，诚信是社会主义核心价值观对新时代公民的道德素质要求，也是民事实体法、程序法的基本原则，贯穿整个民事交易活动的始终。在本案中，一方面原告与被告签订了用户协议，就应当依据合同严守原则，杜绝使用脚本等违规的游戏操作行为，与众多玩家和服务商共同维护公平公正的网络游戏环境；另一方面，原告在游戏过程中采取了不诚信的游戏方式，无视被告方发布的封禁公告，损害了其他玩家和游戏经营者的利益，原告作为完全民事行为能力人，对于其欺骗行为将导致的封号并不予退还充值费用的不利结果应属知情，因存在侥幸心理，继续进行不诚信游戏行为，并最终导致了封号结果，可见其损失从根本上是由其自身行为所导致的。游戏运营方对违规用户封号并不予退还充值费用，显示出游戏运营商具有一定的管理职能，其措施带有惩戒意味，有利于震慑违规游戏行为，营造公平、诚信的网络游戏环境，提升玩家游戏体验，促进游戏行业健康发展。

（三）被告对原告的处罚有利于发挥震慑作用，弘扬社会主义核心价值观

作为公民，每个人在网络活动中都应遵守网络道德和社会公德，结合双方提交的证据，在涉案游戏公众号公布封号措施的文章下，评论区内持赞成拥护态度的游戏用户居多，也从侧面反映出广大网民的价值取舍，在民事关系调整中，法律制定及法律适用应适应中国特色社会主义发展要求，弘扬社会主义核心价值观，对于不诚信行为须加以必要且合理的惩戒，故法院对二被告封停原告账号的行为不予反对。

裁判结果

北京互联网法院依据《中华人民共和国民法典》第一条、第七条、第八条、第四百九十六条，《中华人民共和国民事诉讼法》第六十四条第一款[1]之规定，判决如下：驳回原告马某全部诉讼请求。

马某服从原审判决，未提起上诉，一审判决已经生效。

法官解读

根据《2022年中国游戏产业报告》，从2014年到2022年，中国游戏市场销售数额总体呈上升趋势，产业规模不断扩大，2022年，中国游戏市场实际销售收入为2658.84亿元，游戏用户规模达6.64亿人。[2]游戏产业已成为我国文化产业和信息产业高质量发展的新引擎，但巨大经济利益的背后"游戏外挂"等违规行为不断滋生和蔓延。明确"游戏外挂"的内涵与认定，厘清游戏平台与游戏玩家的权利义务关系，弘扬诚信原则是规范游戏行业持续健康发展的必要路径。

---

[1] 现变更为《中华人民共和国民事诉讼法（2021年修正）》第六十七条。

[2] 中国音像与数字出版协会游戏出版工作委员会、中国游戏产业研究院，《2022年中国游戏产业报告》。

一、“游戏外挂”的概念及特点

2003 年，国家新闻出版署、原信息产业部、原国家工商行政管理总局、国家版权局、全国“扫黄”“打非”工作小组办公室决定在全国开展打击“私服”“外挂”的专项治理行动，发布了《关于开展对“私服”、“外挂”专项治理的通知》，对“私服”和“外挂”进行定义：“私服”“外挂”违法行为是指未经许可或授权，破坏合法出版、他人享有著作权的互联网游戏作品的技术保护措施、修改作品数据、私自架设服务器、制作游戏充值卡（点卡），运营或挂接运营合法出版、他人享有著作权的互联网游戏作品，从而谋取利益、侵害他人利益。“私服”“外挂”违法行为属于非法互联网出版活动，依法应予以严厉打击。这是我国对游戏私服较早的，也是较权威的官方解释。另外，也有一些研究学者和司法实践领域的专家对“游戏外挂”进行定义，较为主流的观点是：“游戏外挂”通过修改服务器端程序、客户端程序和修改客户端程序与服务器端程序之间传送的数据的方法作弊，以增强游戏的效果，具有自动挂机、加速游戏升级、复制虚拟物品、强迫交易、修改封包等功能。[1]

“游戏外挂”具有以下三个特点：一是一种通过破坏网络游戏保护措施来复制游戏源代码，修改、伪造游戏数据封包的计算机程序，影响网络游戏进程和游戏体验，破坏游戏公平；二是具有一定的依附性，依附于网络游戏才能发挥作用和价值；三是具有一定的独立性，不属于网络游戏的组成部分。[2]

二、玩家使用“游戏外挂”的法律评价

（一）使用“游戏外挂”是一种违约行为

游戏用户在使用游戏运营商提供的服务之前需要签订平台拟定的服务协议，以达到运营商规范游戏用户平台行为，维护平台秩序的目的。游戏运营商与游戏玩家双方基于真实的意思表示签订协议的，协议内容对双方具有约束力。若在服务协议中明确规定禁止游戏用户使用“游戏外挂”及使用后的惩

---

[1] 于同志：《网络游戏“外挂”的认定与处罚》，载《政法论丛》2008 年第 6 期。

[2] 张弛：《互联网背景下财产概念的流变及对刑法适用的影响》，上海交通大学博士学位论文，2019 年，第 282 页。

戒措施的，在服务协议有效的情况下，游戏用户擅自使用的行为构成违约，并应该按照协议内容承担相应的违约责任。本案通过事实查明，可以认定二被告共同为原告马某提供了网络游戏服务，原告与二被告就涉案游戏成立了网络服务合同关系，二被告主张其依据与原告之间根据有效的《360 游戏服务及许可协议》及游戏规则约定而对原告做出封号措施的行为并无不当。

（二）使用“游戏外挂”是一种侵权行为

1. 侵害游戏开发商的著作权

《中华人民共和国著作权法》（以下简称《著作权法》）规定，作者享有保护作品完整权，即保护作品不受歪曲、篡改的权利。具有独创性的游戏程序属于《著作权法》保护的计算机软件作品。“游戏外挂”具有依附性和独立性，当“游戏外挂”软件独立存在时，静态的程序并不构成对游戏的保护作品完整权的侵犯，但“游戏外挂”依附于游戏使用时，其运行过程和处理程序都将影响游戏软件的正常运行，游戏玩家使用外挂程序可能构成破坏游戏作品保护作品完整权的侵权行为。[1]

2. 侵害游戏运营商的与债权相关的权益

从民法角度来看，游戏运营商在与游戏玩家的服务合同中享有债权，“游戏外挂”致使运营商享有的与债权相关的权益受到损害。另外，游戏私服的肆虐使得游戏经营者面临的投资风险大大提高，盈利情况不容乐观，投资意愿降低，甚至影响整个游戏行业的发展。

三、玩家使用“游戏外挂”行为的司法认定

（一）玩家使用“游戏外挂”行为事实推定

“游戏外挂”具有虚拟性、隐匿性等特点，对其认定往往不能直接进行，可以根据游戏玩家使用游戏的时间、方式等要素来推定游戏行为是否存在异常情况。在本案中，被告提交了后台数据，证明原告存在 70～80 小时以上从未间断，甚至 7 天或 9 天几乎不间断连续在线游戏行为，能够证明原告的游戏行

[1] 李迪明：《网络游戏外挂侵权研究》，西南政法大学硕士学位论文，2011 年，第 7 页。

为不可能由普通人类正常操作完成，时间曲线严重不符合人类的“生理规律”，其在非正常时间段里同步表现出来的游戏轨迹也更近似于由某种自动化脚本执行完成，因而可以对原告存在“游戏外挂”行为事实进行推定。

（二）玩家使用“游戏外挂”行为举证责任及证明标准

在民事举证责任体系内，双方各执一词是必然情况。在“游戏外挂”合同服务纠纷中，被告欲证明自己处罚无过错，则需首先证明原告确有使用“游戏外挂”行为。实际生活中，在原告居家游戏具有极高私密和隐蔽场景的前提下，游戏中的操作又是一过性行为，被告的举证责任不可谓不高；但游戏操作既然在被告经营的游戏软件运行框架内发生，则被告可以依托于后台保存的用户使用痕迹，动用其技术分析和数据采集能力，及时固定证据并予以分析解构，在能合理说明用户数据外观呈现的可疑行为时，举证责任则分配给原告方，其需对该明显不合常理的行为痕迹给出能自圆其说的解释，否则就要承担举证不能的法律后果。本案中采用了“高度盖然性”的证明标准，在被告的证据和解释更具有“高度盖然性”且原告无相反证据的情况下，采纳了被告的主张。

四、游戏格式条款有效性的审查标准

（一）外在程序表现层面，游戏平台已经尽到充分的注意和通知义务，且符合比例原则

用户在继承游戏数据前，需对用户协议点击确认阅读后才能进入游戏。本案原告长期使用涉案游戏账号，多次进入游戏，应对前述协议内容知悉；涉案条款“有使用脚本进行游戏进行封号并不予退款”规定明确、表达清晰，即不存在导致误解的情形；此外，被告在采取封号措施之前，已经发布预警告知全体游戏用户，并采取了 7 天封号的缓冲期措施加以警戒，只有在此后仍然继续使用脚本进行游戏的，才会受到永久封停的处罚。在封禁原告账号之前，被告也已多次对其他用户采取查封措施并进行公告，即，并非针对原告个人单独出台的封停措施，且原告长期使用涉案游戏账号，多次进入游戏，对使用脚本将会导致被封号的处罚措施更应有多次机会知情。

（二）内在秩序衡平层面，游戏平台采取封禁账号的措施具有合理性和必要性

被告不仅是网络游戏运营的服务者，也是网络游戏环境的管理者和维护者，提供并保持网络游戏的正常运行是每一个网络服务者的责任。个别用户如果大量使用脚本，一方面将获得对局后的奖励，对其他玩家不公平，另一方面将大大降低“真人对战”游戏模式的乐趣，破坏其他玩家的游戏体验和整体游戏环境，有损涉案游戏的商业价值和美评度。对于一个面向互联网公开的网络游戏，平台服务商架构的游戏平台是由全体游戏用户以实际游戏行为共同参与并建设的虚拟社区，平台服务商对此社区的经营和内部秩序管理具有一定程度的职责，故而也应有制定合理规则并实施合理惩戒措施的权利。

（三）社会价值导向层面，对违背诚实信用原则和破坏公平交易的行为施以必要约束，对维护整个网络游戏领域的良好秩序具有必要性

诚实信用原则是商业领域里通行的基础原则，也是我国社会主义核心价值观一直推崇并被全社会一致认可的核心价值性原则。网络游戏世界里，因人与人之间不能直接接触，对方行为真假无从感知，因而更需提倡诚信原则。如果放任个别用户借助脚本，借“机器”之力碾压他人并赢取奖励，则无异于鼓励作弊、损害诚信人士的切身利益，最终劣币驱逐良币将引发整个游戏产业的不良风气，故而应予制止。

五、诚信原则与社会主义核心价值观的导向作用

本案中，原告虽辩称自己并未有作弊行为，但后台提取的数据显示，原告有多次自己无法合理解释的超出人类正常生理健康规律的游戏行为，且游戏中反映出的行为模式也与“纯人工操作”的轨迹不符合，根据证据“高度盖然性”原则，认定其有不诚信游戏行为。

《民法典》第一条规定了民法典的立法目的之一即适应中国特色社会主义发展要求，弘扬社会主义核心价值观；第七条规定民事主体从事民事活动，应当遵循诚信原则，秉持诚实，恪守承诺；第八条规定民事主体从事民事活动，不得违反法律，不得违背公序良俗。在本案中，一方面，原告与被告签订了用

户协议，就应当依据合同严守原则，杜绝使用脚本等违规的游戏操作行为，与众多玩家和服务商共同维护公平公正的网络游戏环境；另一方面，原告在游戏过程中采取了不诚信的游戏方式，无视被告方发布的封禁公告，损害了其他玩家和游戏经营者的利益，原告作为完全民事行为能力人，对于其欺骗行为将导致的封号并不予退还充值费用的不利结果应属知情，因存在侥幸心理，继续进行不诚信游戏行为，并最终导致了封号结果，可见其损失从根本上是由其自身行为所导致的。

如前所述，诚信是社会主义核心价值观对新时代公民的道德素质要求，在当下“元宇宙”、人工智能、虚拟世界愈发流行的现在，本案旨在从一个小小的网络游戏作为切入口，将社会主义核心价值观与民事法律规范深度融合，从衡平互联网经济主体各方利益角度出发，倡导公平公正，要求虚拟世界中依然要诚信言行，从而彰显我们在网络治理中的司法态度。

主播私下带货行为应承担经营者责任

——王某与许某、北京某科技有限公司网络购物合同纠纷案[1]

郭 晟* 刘承祖** 赵英楠***

典型意义

网络主播的直播带货行为满足法律规定的经营者从事以营利为目的的经营行为时，应承担相应的法律责任。只提供网络服务并已尽到合理监管义务的平台，无需为平台使用者的违法行为承担连带责任。本案对于厘清直播带货行为主体责任认定问题进行了有益探索，有助于推动直播带货行业的健康发展。

关键词 网络购物 直播带货 经营者认定 欺诈行为

案情介绍

被告许某在某直播平台直播时称其有部闲置的二手手机（以下简称涉案手机）欲转让，王某当时正在许某的直播间观看直播，随即通过其留下的微信号与其联系。许某称涉案手机已使用数月，功能完备，并应王某要求拍摄涉

---

[1] 一审裁判文书字号：北京互联网法院（2020）京0491民初7972号民事判决书（2020年9月21日）。

一审合议庭组成人员：审判长郭晟、审判员颜君、审判员龚嫣。

* 郭晟，北京互联网法院综合审判一庭法官。

** 刘承祖，北京互联网法院综合审判一庭法官助理。

*** 赵英楠，中国传媒大学文化产业管理学院法律系研究生。

案手机“关于本机”页面信息发送给王某，双方约定转让价格为4000元，通过微信转账后快递发货。王某签收后认为涉案手机为假冒产品，要求退款退货，被许某拉黑。王某遂将相关情况投诉至直播平台，直播平台接到投诉后对许某的账号进行封禁处理。在案件审理过程中，经协查，涉案手机为仿冒产品。另查明，许某在直播过程中直播画面的右下方持续显示有“购物车”标志，销售模式为在其中设置第三方跳转链接将用户导流至其他电商平台进行销售。

原告王某诉称：主播许某在直播平台直播时所出售的手机为仿冒iPhone的“山寨”机，与正版同型号苹果手机存在较大出入，且许某拒绝退货退款后将自己拉黑。其后向北京某科技有限公司（以下简称北京某公司）投诉，该平台依照平台处罚规范对许某作出处罚，但许某仍然在平台直播。根据《中华人民共和国消费者权益保护法》（以下简称《消费者权益保护法》），请求法院判令解除网络购物合同，被告许某退还货款并赔偿货款的三倍，共计16000元；被告许某与被告北京某公司赔偿合理开支2924.89元（含误工费905.89元、交通费1307元、住宿费672元、快递费40元）；诉讼费用由许某承担。

被告许某辩称：其出售手机的行为并非经常、持续、连续多次，不符合经营者的经营行为。故而其仅出卖闲置物品不应该被界定为“经营者”，不能依照《消费者权益保护法》承担三倍赔偿的法律责任；王某不能提供误工相关证明及酒店出具的税收发票，维权费用没有法律依据；其误将手机认作真机，愿意退还购买手机的费用4000元，但双方间民事行为不应当适用消费者权益保护法的相关规定。

被告北京某公司辩称：王某与许某间的交易行为并非发生在平台内部，公司对站外行为无法进行监管；公司方一直多次积极协助原告联系被告许某并在第一时间对被告许某的账号作出封禁十五日的处理，直至最终将被告许某永久封号；公司制定的直播规范中明令禁止主播在直播中引导用户通过加微信或者其他站外行为进行交易并持续打击私下交易等违规行为，已充分尽到平台义务。

裁判内容

北京互联网法院经审理认为，本案主要的争议焦点包括：一是许某直播带货行为的性质认定及责任承担；二是北京某公司作为直播平台应否承担法律责任。

一、许某直播带货行为的性质认定及责任承担

（一）被告许某具有经营者身份

被告许某在直播平台发布过向第三方平台商品的跳转链接且在涉案直播时间段内直播间内持续挂有“小黄车”，属于利用主播身份为商家导流提供推广活动的行为，具有对外出售商品以获利的主观意图。《中华人民共和国电子商务法》（以下简称《电子商务法》）将通过互联网等信息网络从事销售商品或者提供服务的经营活动的自然人、法人和非法人组织界定为电子商务经营者，同时《消费者权益保护法》与《电子商务法》均规定经营者要具备销售商品或提供服务这一要素。被告许某因在信息网络上出售商品，可以被认定为是上述两部法律所规制的经营者，具有经营者身份。

（二）被告许某的涉案带货行为构成经营行为

被告许某通过直播将购机者引流至直播平台外的社交平台进行私下交易，利用主播身份导流进行流量变现，其满足主播与商品销售者的双重身份，此次直播带货行为应被认定为经营行为。《网络直播营销行为规范》与平台《直播规范》中均明确禁止主播实施引导用户私下交易的行为，本案中将主播许某私下交易的直播带货行为认定为经营行为有利于实施有效监管、保护消费者权益并促进直播带货行业健康发展。

（三）被告许某出售手机的行为构成欺诈

涉案手机外观与实际使用情况存在明显差距，使用体验较差，被告许某在将手机转让前已实际使用该手机半个月，依常理应该对产品质量较为了解。然而许某在交易过程中明确告知原告王某涉案手机功能不存在问题，属隐瞒事实向原告王某告知虚假情况，王某因此陷入错误认识并支付相应价款。被告许某出售手机的行为符合欺诈行为的构成要件。

（四）被告许某应承担的法律后果

被告许某提供的涉案手机并非正品，导致合同目的落空，双方合同解除，

被告许某应当承担退还购机款并赔偿三倍购机款的责任。同时，原告为维护自身权益而产生误工费、交通费、住宿费等财产损失，系被告许某的违约行为及事后恶意逃避责任所致，应由被告许某一并予以承担。

二、直播带货中直播平台的责任认定

直播带货作为新业态，其组织方式在快速演变发展之中，直播平台的生态也在不断演进的过程中，表现形式灵活多变。不同的直播带货模式下，直播平台所扮演的法律角色亦不相同，故不宜将直播平台一刀切地定性为电子商务平台或非电子商务平台，而应依据具体情况进行深入分析。

被告北京某公司应从其作为提供直播服务的网络服务提供者的视角来确定其应承担的法律责任。当消费者从下单到完成交易均是在该平台内闭环完成时，该模式下直播平台应视为电子商务法意义上的电子商务平台经营者，适用电子商务法有关电子商务平台经营者的相关规定，承担诸如身份核验、信息保存、安全保障等一系列的平台保障责任。

本案中，被告许某通过平台提供的直播服务引流宣传，进而通过私下交易的方式出售涉案手机，该出售行为并非发生在平台内。此情况下，如要求该平台承担电子商务平台经营者责任，则明显违背责、权、利相匹配的法律责任配置逻辑。故而，本案中被告仅作为提供直播服务的网络服务提供者承担相应责任。

根据已查明的事实，被告北京某公司在平台直播规范中对外明文公示，直播中出现引导消费者加微信站外交易的行为属于程度较重的干扰直播平台秩序的违规行为，并明确了相应的处罚规则。被告北京某公司接到原告王某举报后，及时对被告许某的账号进行封停处理，尽到了事前提示和事后监督义务，且现无证据证明直播平台知晓涉案交易行为存在，综上，北京某公司不应承担相关责任。

裁判结果

北京互联网法院依照《中华人民共和国合同法》第九十四条、第九十七条、第一百一十三条第二款[1]，《中华人民共和国消费者权益保护法》第五十五条之规定，判决如下：一、原告王某与被告许某订立的网络购物合同于二〇二〇年四月四日解除；二、被告许某于本判决生效之日起十日内，向原告王某退还购机款4000元，并赔偿原告王某12000元；三、被告许某于本判决生效之日起十日内，赔偿原告王某合理支出2924.89元；四、驳回原告王某的其他诉讼请求。

一审宣判后，各方当事人均未上诉，判决已发生法律效力。

法官解读

当前我国直播行业正处于高速发展阶段，尽管政府部门出台了系列监管措施，但方兴未艾的行业发展仍然为法律规范的合理适用带来冲击与挑战。本案中，许某利用主播身份为商家导流，利用直播间粉丝的信任进行私下交易，其售卖假货的行为对消费者权益构成损害。本案通过裁判明晰了主播与直播平台承担法律责任的界限，亮明司法对直播带货行为包容审慎的司法态度，受到社会各界的广泛关注，同时有力地促进了直播带货这一新型业态持续健康发展。

一、主播私下直播带货行为的性质认定及责任承担

直播带货是主播通过直播平台，使用直播技术对要出售的商品以现场讲解、试用等方式进行引流导购的新型销售模式，涉及销售、宣传、代言、引流，是社交、娱乐和电子商务的结合体，更融合了“直播”和“带货”两种形式。直播带货的影响力往往与主播个人知名度、受关注度、粉丝量、人脉以及在直播中呈现的个性与表达方式紧密相关。[2] 在直播带货的不同场景下，主播在直播中单纯以主播身份或以主播及销售者的双重身份从事带货行为，其法律地位和法律责任具有显著差别。

在一般的网络直播带货过程中，网络主播会在其直播间设置特殊链接入口进行导流，观看直播的网络用户通过该链接可直接进入商品销售平台，该销售

---

[1] 现变更为《中华人民共和国民法典》第五百六十三条、第五百六十六条、第五百八十四条。

[2] 殷晓晨：《“直播带货”相关法律问题研究》，载《现代商贸工业》2020年第19期。

平台可能属于直播平台本身，也可能是传统的电商平台如淘宝、京东等，这种情况下，一般会根据《中华人民共和国广告法》（以下简称《广告法》）等相关规定结合个案具体确认主播身份。但在一些特殊情况下，主播与商品销售者为同一主体，或销售者的员工作为主播进行产品宣传，此时网络主播兼具主播与电子商务经营者双重身份，主播应当承担法律规定的经营者的相关责任。

（一）主播经营者身份的判定

《消费者权益保护法》第三条规定："经营者为消费者提供其生产、销售的商品或者提供服务，应当遵守本法；本法未作规定的，应当遵守其他有关法律、法规。"该法中对于经营者这一概念并未进行明确界定。而《电子商务法》第九条第一款规定："本法所称电子商务经营者，是指通过互联网等信息网络从事销售商品或者提供服务的经营活动的自然人、法人和非法人组织。"通过对比上述法律规定，两部法律都规定了经营者要具备销售商品或者提供服务这一要素，且《电子商务法》特别限定销售商品或者提供服务的渠道为信息网络，可见《电子商务法》是在《消费者权益保护法》规定的基础上，立足于信息网络的特殊性进行了细化规定。因此，如主播因在信息网络上出售商品而被认定为电子商务经营者，则其当然也应被认定为《消费者权益保护法》所规制的经营者，应承担相对应的法律责任。

本案中，被告许某在直播时段内持续挂有"小黄车"标识，导流销售成功即可获得相应提成收入，其凭借主播身份为商家导流提供宣传推广服务，具有对外出售商品以获利的主观意图。因此，法院认定被告许某具有电子商务经营者身份。

（二）主播带货行为是否构成经营行为的认定

经营行为是指以营利为目的的持续性业务活动。在直播带货分类下，"小黄车"直播带货行为模式可分为直接销售类和第三方跳转类。

所谓直接销售类，是指消费者在"小黄车"内购物从下单到完成交易均是在某直播平台内闭环完成。所谓第三方跳转类，是指消费者在"小黄车"内选购商品会以跳转第三方的方式将消费者引流至传统电商平台，交易流程均是在跳转后的电商平台完成。以上两种直播带货行为与消费者直接登录传统电子商务平台购买商品的方式相比，最明显的区别就是主播直播带货实施了引流行为。其主要受众群体是持续观看其直播的粉丝群体，也就是网友所戏称的“双击六六六”的“老铁”们。在涉案某直播平台此类短视频直播平台中，粉丝们之所以会购买主播带货的商品，往往并非仅是看中商品本身，更重要的还是建立在对相关主播的认同和信赖的基础上，这也是主播进行流量变现的一种体现。同时，以上两种直播带货行为均是通过网络销售商品的经营活动，因此应认定为经营行为。

本案中，被告许某通过不同于上述两类带货行为模式的私下交易这一非典型直播带货形式出售涉案手机，许某的涉案带货行为亦可视为利用其主播身份导流并实现流量变现，与上述直接销售类、第三方跳转类直播带货行为在经营模式上并无本质区别，且被告许某具有主播和商品销售者的双重身份，故法院认定涉案直播带货行为是经营行为。

（三）主播私下带货行为的行业规范

行业规范对于推动行业治理具有重要作用。2020 年 6 月 24 日，中国广告协会发布《网络直播营销行为规范》，该规范第二十七条规定“主播在网络直播营销活动中不得以任何形式导流用户私下交易，或者从事其他谋取非法利益的行为”。实践中，由于主播引导用户私下交易行为脱离平台监管，易引发纠纷，在行业规范中明确禁止主播实施引导用户私下交易的行为。因此，本案中将许某实施的此次私下交易直播带货行为认定为经营行为，既利于对该行为进行有效监管，亦利于有效地保护消费者权益，最终促进直播带货行业的健康发展。

二、直播带货中直播平台的责任认定

（一）网络直播平台的发展阶段及规范过程

网络直播平台的发展大致可以分为三个阶段。

一是初探期。自 2016 年开始，随着网络购物的逐步风靡，互联网技术的革新，以及电子用户移动端口的普及，各大电商平台相继开放直播带货入口。初探期是指 2016 年至 2017 年直播带货刚刚兴起的阶段。在此阶段，淘宝、京东等头部电商平台纷纷开启直播功能。除开放直播入口、孵化与培育带货达人外，平台还积极试水综艺与直播营销的跨界融合。二是加速期。于2018年开始，伴随快手、抖音等短视频、社交内容平台的加入，直播带货出现了以直播撬动流量变现的新型思路。三是规范期。高歌猛进的同时，其在发展过程中也显现出不少亟待解决的问题。尽管政府部门出台了诸多监管措施，行业监管也在逐步完善，但网络直播带货行业仍对既有法律规范带来了较大的冲击和挑战。

相比作为单一平台的传统购物平台，网络直播带货平台成为提供不同领域服务的复合平台。社交媒体平台跨界经营的情况越来越明显，呈现出商业模式灵活、应用场景多元的发展态势，形成了庞大的新型平台经济生态。如抖音、快手等平台发挥用户规模优势，推动“直播带货”向电子商务跨界转型，导致平台性质混同和责任交叉，实现社交链、内容链、金融链融合重组，意味着将在法律上承担更高的资质审核、内容监管和数据安全保障义务。

2021年4月，国家互联网信息办公室、公安部、商务部等七部门联合发布《网络直播营销管理办法（试行）》，该办法中首次使用了网络直播营销平台概念，并规定：“直播营销平台，是指在网络直播营销中提供直播服务的各类平台，包括互联网直播服务平台、互联网音视频服务平台、电子商务平台等。”此概念体现了平台经济跨界、混同、融合的特点。网络直播营销平台已经包括了《电子商务法》中的电子商务平台，同样适用《电子商务法》关于电子商务平台经营者的相关责任和义务，或适用法律法规关于网络服务提供者的责任和义务。这对直播带货网络平台的责任认定问题，给出了适用法律的指引。2022年3月，最高人民法院发布的《关于审理网络消费纠纷案件适用法律若干问题的规定（一）》中沿用了网络直播营销平台这一概念。

（二）网络直播平台的法律责任及规则原则

1. 直播带货销售模式辨析

（1）自营式直播（图1）。

自营式直播带货活动中，仅有商家、平台、消费者三方主体参加，带货主播是商家内部工作人员，基于职务行为从事直播带货活动。[1] 这种情况在淘宝、京东等电子商务平台较为常见。该情形下，主播影响力较弱，通常无法为

---

[1] 梅傲，侯之帅：《“直播+”时代电商直播的规范治理》，载《电子政务》2021年第3期。

商家创收，其实施的职务行为所产生的法律后果应由雇主承担。

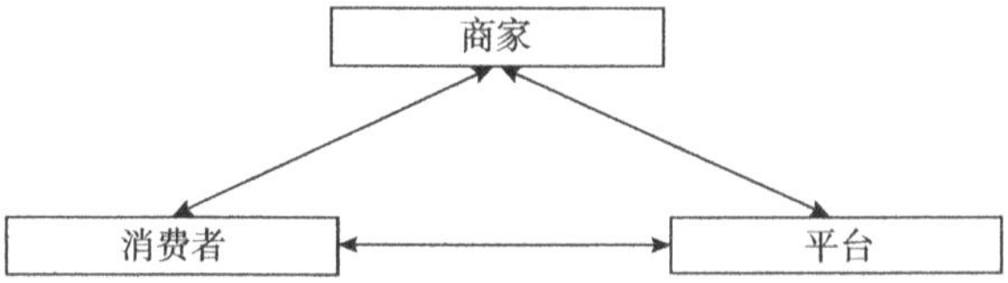

图1　自营式关系

（2）助营式直播（图2）。

助营式直播中，存在主播、商家、消费者、平台四个主体。主播与商家签订委托合同，通过主播的讲解推荐商品，商家支付一定的报酬或从销售额中抽取一定比例利润作为报酬。这种行为模式是比较普遍的助营式直播，即商家借助主播的网络热度与影响力而委托其代为推销商品，带货主播利用已有的影响力助推商品卖出。

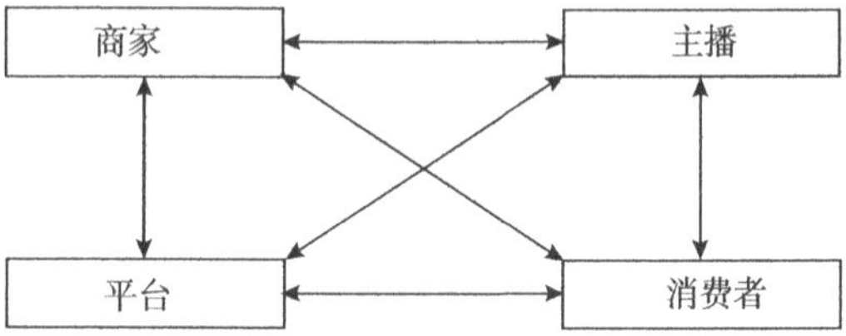

图2　助营式关系

此外，当主播兼具带货主播和商家的角色时，即网店店主为自家商品进行直播销售时，其行为受到《电子商务法》《广告法》《消费者权益保护法》的约束。

2. 归责依据与归责原则

《网络直播营销管理办法（试行）》中明确直播间运营者、直播营销人员不得虚构或篡改交易量、关注度、浏览量、点赞量等数据，在明确商家、主播责任的基础上着重强调平台责任。《关于审理网络消费纠纷案件适用法律若干问题的规定（一）》中提出了直播间运营者民事责任认定、直播间食品经营资质法定审核义务等问题。

平台在直播带货环节所起的作用不同，其承担的法律责任亦不同。在直播活动中，直播平台的作用可以归为以下三点：一是为直播活动提供场所，提供主播和用户交流的渠道，如商品信息的发布、交易撮合等；二是为主播及直播间提供流量支持和宣传、推荐，利用大平台所具有的影响力对消费者进行引导，例如在首页推荐和宣传；三是为直播活动提供技术支持，如跳转购买链接的服务、音视频播放服务等，完成“直播—购买”的迅速切换。此外，当直播平台提供直播内容，满足“通过互联网向用户提供信息”的特质，即具有网络服务提供者的身份。当前，互联网产业多元化发展趋势明显，直播行业与电商平台深度融合的特性也得到增强，就本质而言，直播带货平台的法律规制需根据直播平台与电子商务平台的不同属性进行辨析。

(1) 作为网络服务提供者的认定与责任。

网络服务提供者既包括提供接入、缓存、信息存储空间、搜索以及链接等服务类型的技术服务提供者，也包括主动向网络用户提供内容的内容服务提供者，还包括在电子商务中为交易双方或者多方提供网络经营场所、交易撮合、信息发布等服务，供交易双方或者多方独立开展交易活动的电子商务平台经营者。司法实践中，平台网络侵权责任纠纷通常情形是原告主张被告特定行为侵权，主张其不符合“避风港”的免责条件。被告在答辩时提出已经履行“避风港”抗辩。法院在判定原告主张的侵权行为成立，且被告主张的“避风港”不成立时，即追究被告的侵权责任。

《中华人民共和国民法典》（以下简称《民法典》）第一千一百六十五条第一款所确定的过错归责原则是统摄所有侵权行为类型的一般条款。无论行为人侵犯何种民事权益，以何种方式实施侵权行为（通过网络实施侵权行为也包括在内），原则上都应该基于《民法典》第一千一百六十五条所确定的过错责任的归责原则来承担责任。《民法典》第一千一百九十七条规定，网络服务提供者知道或者应当知道网络用户利用其网络服务侵害他人民事权益，未采取必要措施的，与该网络用户承担连带责任。基于以上规定，在网络侵权中，针对网络服务提供者的归责原则，仍然适用过错责任原则。

司法案例中，双方争议的焦点问题往往集中在对“明知”或者“应当知道”的认定上。“明知”系被告明确知晓用户行为侵权，它是一种主观认知状态，必须通过客观化的方式才能得到证明。在大多数的案件中，证明网络服务提供者实际“知道”第三方侵权很困难，因此法院通常依赖“应当知道”这一标准来认定网络服务提供者的过错。法院要探究的并非网络服务提供者事实上的主观心理状态，而是网络服务提供者在履行了所谓“正常合理人”在相同情况下的注意义务之后，是否“应当知道”第三方侵权行为的存在。

（2）电子商务法下网络直播平台的责任。

网络直播平台需履行核验登记与信息报送、提示义务和电子商务交易安全保障义务。《电子商务法》第二十七条规定，直播带货平台经营者的核验登记义务由以下三个方面构成：一是平台内经营者或非经营用户进入平台时的核验义务；二是对核验信息建立登记档案的义务；三是定期核验更新义务。《电子商务法》第二十八条规定了平台经营者“向市场监督管理部门报送平台内经营者的身份信息”“向税务部门报送平台内经营者的身份信息和与纳税有关的信息”的报送义务与“提示未办理市场主体登记的经营者依法办理登记”“提示依照本法第十条规定不需要办理市场主体登记的电子商务经营者依照本法第十一条第二款的规定办理税务登记”的提示义务。电子商务交易安全保障义务则要求对网络交易系统的安全与平台内经营者提供的商品和服务的人身与财产安全加以保障。此外，判断网络平台应否承担责任还可以通过分析平台方对平台内经营者和用户的合规监督措施，及平台依托大数据算法诞生的配套监管措施。以网络直播营销平台为例，平台惩戒处分措施从性质上分为声誉罚、财产罚、行为限制和资格罚四类。

如果直播平台与商品销售者产生了一种入驻或依托的合作关系，在直播平台中直接开设店铺，消费者从下单到完成交易均在该平台内闭环完成，或者直播平台下设子公司或关联公司专门运营电商平台，平台之间信息互通且直播平台具备对其管控的条件，那么这种模式下直播平台应视为电子商务法意义上的电子商务平台经营者，适用电子商务法有关电子商务平台经营者的相关规定，承担诸如身份核验、信息保存、安全保障等一系列的平台保障责任。

（3）作为广告发布者的认定。

直播带货平台为商品经营者或网络直播者提供付费导流服务，对网络直播带货活动进行宣传推广时，可能构成广告发布者或经营者。

3. 平台责任认定的审查原则

涉及互联网平台类案件审理时还需要将其放到促进数字经济发展的大背景中进行价值选择和判断。一般会从以下三方面考量。（1）以做强做优做大我国数字经济引领审判理念：对于涉及业态创新与新经济模式的案件，不仅要考虑案件主体的利益保护，也要考虑案件审理规则对数字经济的发展影响。（2）以保护人民群众利益作为价值判断标准：规范平台运营、划定平台责任边界是促进平台发展的应有之义。(3) 以动态发展的眼光聚焦场景作为分析问题的规则：互联网产品的创新和迭代较传统领域要更加迅速、多样，很难以统一的标准来划定互联网平台的责任，但可以抽象出一些基本的考察要素，比如业态发展、产品样态、盈利模式、技术水平等，具体到场景中进行考察是否具有侵权的主客观表现。

原号主 VS 买号人，游戏账号数据谁来“继承”

——胡某与趣游公司、星辉公司等网络服务合同纠纷案❶

李文超* 武一帆** 李凌锐***

典型意义

作为现代人休闲娱乐的重要方式，电子游戏已经成为许多人生活中不可或缺的组成部分。玩家在进行游戏时，会通过与游戏公司/运行方达成协议的方式获取登录游戏进行游玩的电子凭证——游戏账号。在如今的数字社会之中，游戏账号等网络虚拟财产形成了新的个人财产形式。而在这个全新的领域中，新技术为社会带来巨大变革的同时也带来了诸多全新的法律问题，对司法的空白领域发出新的挑战。

本判决明确了游戏账号等网络虚拟财产的归属权问题。《中华人民共和国民法典》（以下简称《民法典》）第一百二十七条规定，法律对数据、网络虚拟财产的保护有规定的，依照其规定。这是网络虚拟财产的概念第一次写入民事基本法律，也宣告了法律对数据、网络虚拟财产的保护，为之后相关法律的规定提供了法律基础。但同时也要注意到民法典并未对具体的保护细节进行规定，后续的相关保护仍需进一步完善相关法律。

---

❶ 一审裁判文书字号：北京互联网法院（2021）京0491民初44088号民事判决书（2022年7月30日）。

一审合议庭组成人员：审判长李文超、人民陪审员肖树新、人民陪审员张淑敏。

* 李文超，北京互联网法院审管办（研究室）负责人。

** 武一帆，北京互联网法院综合办公室法官助理。

*** 李凌锐，中国传媒大学文化产业管理学院法律系研究生。

关键词　网络虚拟财产　虚拟财产保护　所有权归属

案情介绍

涉案游戏原系K公司在线运营的一款网络游戏。原告和第三人均为该游戏的玩家。原告曾在K公司运营的网站注册涉案A账号，并绑定其实名认证的手机号码和邮箱，后原告因自身原因，有一段时间未登录涉案游戏。第三人于2019年12月通过第三方网站购买了该涉案A账号，并将账号绑定的身份证号变更为本人身份证号，但未变更该账号绑定的手机号码和邮箱。

2020年7月起，被告趣游公司和星辉公司从K公司取得授权，正式开始运营该游戏。涉案游戏运营主体变更后，二被告在登录页面公示了《甲服务器玩家账号数据继承至乙服务器数据继承规则》，根据规定，用户如果想继续在乙服务器上使用涉案游戏账号及相关服务，并且保留在甲服务器现有账号中的所有游戏进度和成就，需要将现有的甲服务器上的账号数据继承至乙服务器的账号中。

涉案游戏运营主体变更后，原告根据二被告开放的数据继承通道试图将在甲服务器上的A账号的数据继承到其在乙服务器上的B账号中，在操作未成功后提起了“数据迁移账号争议申诉”。经平台判定申诉成功后，原告将涉案A账号数据继承到其B账号。后第三人也向平台提交了数据迁移账号争议申诉，要求找回涉案A账号数据，平台又判定第三人申诉成功，故封停原告的B账号。

因此，原告向法院提出诉讼，称不认识玩家第三人，对自己涉案账号被买卖不知情，要求趣游公司和星辉公司将原告的B账号解封由原告使用，并承担本案的诉讼费用。

被告趣游公司和星辉公司表示，原告在先继承了原账号中的数据，第三人随后提出申诉，并提交了与涉案账号一致的实名信息和近期的充值消费记录，平台基于实名认证信息判定账号数据归属于第三人并无不当且已经尽到了平台的应尽义务，封禁原告账号的行为也具有充分的法律事实依据。

第三人表示，其与原告并不相识，但自己并不存在盗号行为。第三人

2019 年通过第三方网站购买涉案 A 账号，花费了 1000 余元。购买账号后同时获得了该账号中原告认证时的身份证号、姓名、手机号、邮箱等信息，此后，其将账号中的姓名和身份证等信息变更为本人的信息，并一直使用该账号进行游戏和充值，游戏账号继承数据和使用权应当归其所有。

裁判内容

北京互联网法院认为，本案的争议焦点如下：一是涉案账号使用权是否归属原告，原告是否有权将涉案账号数据继承至乙服务器账号；二是被告封停原告乙服务器账号的行为是否构成违约。

一、涉案账号使用权是否归属原告，原告是否有权将涉案账号数据继承至乙服务器账号

（一）涉案账号使用权是否归属原告

网络用户与平台之间签订有网络服务协议，系网络服务合同关系。用户因签订协议而取得授权使用，并要在使用过程中遵守相关规则。原告和第三人作为涉案游戏玩家，在注册、登录游戏账号时，应遵守 K 公司公示的《〈坦克世界〉网络游戏用户协议》，上述协议涉案条款内容是原告与 K 公司之间、第三人与 K 公司之间关于网络服务合同权利义务的约定，相关条款内容以下划线方式进行了提示，未违反法律法规的强制性规定，应属于合法有效，对双方当事人具有约束力。K 公司公示的《〈坦克世界〉网络游戏用户协议》第 7.4 条规定：“登录账号使用权仅属于初始申请注册人，禁止赠予、分配、转让、继受或售卖。”第 7.5 条规定：“空中网禁止用户私下有偿或无偿转让登录账号，以免因登录账号问题产生纠纷，您应当自行承担因违反此要求而遭致的任何损失，同时空中网保留追究上述行为人法律责任的权利。”上述条款明确了账号权利人的唯一性，且不支持账号进行售卖。原告和第三人作为 K 公司的游戏玩家，均应在注册时注意并知晓该约定。

法院认为，涉案账号绑定的手机号码和个人邮箱均为原告实名注册持有且长期使用，而且，原告的充值记录最早于 2016 年开始。在涉案游戏账号数据

继承发生争议时，虽然涉案账号绑定的身份证号与原告身份证号不同，但第三人述称其在购买账号后将涉案账号绑定姓名、身份证号进行了更改。综上，结合现有证据，可以认定原告为涉案账号的初始申请注册人，享有涉案账号使用权。

本案中，第三人于第三方网站购买了涉案账号，同时获得该账号所认证的账号、密码等信息。该行为发生于K公司运营《坦克世界》游戏期间，应当适用K公司公示的《〈坦克世界〉网络游戏用户协议》。虽然第三人购买涉案账号并支付了一定对价，但本案原告和空中网平台均并非出卖方，且《〈坦克世界〉网络游戏用户协议》明确约定账号使用权禁止售卖，因此，涉案账号使用权主体不因第三人购买账号行为发生变更。故，涉案账号使用权仍归属原告。

（二）原告是否有权将涉案账号数据继承至乙服务器账号

2020年7月20日起，二被告从K公司取得授权，正式开始运营该游戏，并从K公司处获得原甲服务器中的账号的数据及信息，并为玩家提供甲服务器玩家账号数据继承至乙服务器的数据继承服务。原告根据《360用户服务协议》规定在360用户中心申请注册了乙服务器账号，与二被告订立了网络服务合同，其与二被告之间关于网络服务合同权利义务的涉案条款内容约定，以加黑字体方式进行了提示，且未违反法律法规的强制性规定，应属于合法有效，对双方当事人具有约束力。其中二被告在涉案游戏网站页面公示的《甲服务器玩家账号数据继承至乙服务器数据继承规则》第1条规定，“如果您想继续在乙服务器上使用《坦克世界》及相关服务，并且保留您在甲服务器现有账号中的所有游戏进度和成就，您需要将现有的涉案账号数据继承至乙服务器的账号中，遵循以下规则（下称‘数据继承规则’）”。原告按照与二被告的约定进行了游戏账号注册，原告在同时拥有涉案账号（39××××3@qq.com）和乙服务器账号（“188××××58”）使用权的情况下，有权按照数据继承流程将涉案账号数据继承至乙服务器账号中。

二、被告封停原告乙服务器账号的行为是否构成违约

根据《民法典》第一百一十九条的规定，依法成立的合同，对当事人具

有法律约束力。原告先后在甲服务器和乙服务器注册游戏账号，与K公司、二被告分别成立了网络服务合同关系。前述服务合同涉案条款内容均为当事人真实的意思表示，进行了合理提示，不违反法律、行政法规的强制性规定，均合法有效。

如上所述，无论是游戏开发商公示的《最终用户许可协议》，还是原游戏运营者K公司公示的《〈坦克世界〉网络游戏用户协议》，或是二被告公示的《360游戏服务及许可协议》，均明确规定，游戏账号不得有赠予、转让或出售等行为。在原告依照二被告数据继承规则，将涉案账号数据继承至乙服务器账号后，第三人提起数据继承申诉并提供了账号使用权证据，其中包括与涉案账号一致的姓名、身份证号信息、近期充值记录以及涉案账号买卖交易的订单截图。二被告作为原甲服务器玩家账号数据服务器实际管理者、涉案游戏实际运营者，在明知第三人系通过买卖方式取得涉案账号的情况下，未通过手机和邮箱验证信息等方式查证身份实名信息，而是仅根据争议申诉时已经变更后涉案账号身份信息便认定涉案账号使用权归属第三人并封停了原告乙服务器账号，其行为构成违约。

二被告虽主张在运营涉案《坦克世界》游戏中有内部分工，涉案原告乙服务器账号的封禁行为由被告星辉公司负责，但未提交相关证据佐证。根据勘验的涉案《坦克世界》游戏官网首页、“游戏客服中心”、账号注册及《360游戏服务及许可协议》“360游戏隐私政策”“数据集继承向导”页面的版权署名分别为本案二被告趣游公司或星辉公司。游戏玩家很难区分二被告在涉案《坦克世界》游戏的运营分工，因此，二被告趣游公司和星辉公司应承担连带责任。

需要指出的是，根据《民法典》第一百一十三条的规定，民事主体的财产权利受法律平等保护。《民法典》第一百二十七条规定，法律对数据、网络虚拟财产的保护有规定的，依照其规定。实践中，网络虚拟财产是指为所有人支配和控制且能带来经济利益或精神利益的存于网络空间的数字化、非物化财产。网络游戏账号具有财产利益属性和一般商品属性，属于网络虚拟财产。网络游戏用户对创建的账号、角色和获取的虚拟财产享有权利，该权利受法律保护。在服务期限内，网络游戏服务商非依法律规定或者当事人约定，不得删除或者修改用户数据，不得干扰用户对数据、虚拟财产的使用，否则便侵害了用户对数据、虚拟财产的使用权益。

裁判结果

综上，北京互联网法院依照《中华人民共和国民法典》第一百一十九条、第四百九十六条、第五百七十七条，《中华人民共和国民事诉讼法》第六十七条之规定，判决如下：被告趣游公司、被告星辉公司于本判决生效之日起七日内解封涉案游戏乙服务器账号“188××××××58”由原告胡某使用。

目前，该案判决已生效。

法官解读

2022年3月21日中华遗嘱库发布的《2021中华遗嘱库白皮书》中显示，在22万余份已入库的遗嘱中，QQ号、微信账号、支付宝账号、游戏账号、社交账号等虚拟财产已经成为遗嘱所提及的财产的常见类型。而在年轻一代，如“90后”“00后”所立下的遗嘱中，这类虚拟财产被提及的频率更高，是更常见的财产类型。

从《2021中华遗嘱库白皮书》中可以见得，伴随着社会数字化程度的提高，网络虚拟财产也成为现代财产的重要形式。网络虚拟财产是指为所有人支配和控制且能带来经济利益或精神利益的存在于网络空间的数字化、非物化财产。网络游戏账号、道具具有财产利益属性和一般商品属性，属于网络虚拟财产。

不同于实体财产，依托于现代信息网络而存在的网络虚拟财产拥有着虚拟性、期限性、可复现性三种独特的属性。虚拟性是网络虚拟财产最重要的特征。网络虚拟财产只能以数字形式存在于网络之中，是一种特殊形式的数据。脱离了现代信息网络，网络虚拟财产就无从呈现，也无法存在。网络虚拟财产的期限性是指虚拟财产的续存完全依赖于网络空间状态。换言之，存储相关虚拟财产数据的网络信息平台的存在时间决定了网络虚拟财产的存在期限。当平台停止服务，网络虚拟财产也就不再存在。网络虚拟财产的可复现性则是指网络虚拟财产的构成是数字，即使遭到严重损毁或破坏，只要源代码未遭受破坏，都有复现原有财产数据的性质。

而对于当下的网络虚拟财产问题研究而言，学界主要有两种研究路径，其一是权利路径，其二是关系路径。权利路径从物权、债权与知识产权角度将网络虚拟财产看作一种法律客体，从而构建网络虚拟产权权利。关系路径则未涉及网络虚拟财产的属性界定问题，仅要求在不同的法律关系中使用不同的方式对网络虚拟财产进行保护即可。

在权利路径中，网络虚拟财产权利可以分为网络虚拟财产物权说、网络虚拟财产债权说以及网络虚拟财产知识产权说。

网络虚拟财产物权说是将网络虚拟财产权认定为物权并加以研究的学说。在网络虚拟财产物权说中，用户拥有着完全支配自己的网络虚拟财产的权利。在物债二分的民事权利体系内，网络虚拟财产权利可以被视为物权的一种。[1]这一学说一定程度上将网络虚拟财产权利进行了划分，但是在法理上仍旧有一些障碍。首先，网络虚拟财产权契合物权法理的物权客体。在民法中，物权客体应当限于有体标的，即占据一定空间之可控性标的。而网络虚拟财产并没有有形实体。其次，网络虚拟财产完全依托互联网而存在，其价值只在小范围群体中被认可，因此与传统物权的直接占有、价值普遍承认不相符。故网络虚拟财产权在法理上不该被认定为物权。

网络虚拟财产债权说认为网络虚拟财产权是基于网络服务运营商与网络用户间的合同关系形成的，因此可以从债权的角度进行理解。网络虚拟财产债权说能够避开物权说的法理障碍，但也存在其他法理问题。首先，债权说只针对网络虚拟财产的诞生原因进行分析，并未对其本身的法律性质进行定义。其次，网络用户在实际上也并未拥有债权人对债务人的相对权。若将网络虚拟财产权视为债权，它又会因其自身具有的对平台外其他第三方的“排他权”而具有类似物权的“直接支配性”，这一点将导致它难以被债权体系认可。最后，网络虚拟财产权并未体现太多类似债权“请求力”的因素。因此，从债权角度解读网络虚拟财产权也有不足之处。

就网络虚拟财产知识产权而言，虽然该学说是弥补上述学说缺陷的新理论，但其自身仍有法理上的缺陷。该观点将网络虚拟财产权视为知识产权的一种新类型来看待。但网络虚拟财产往往依托于某一特定的程序而生成，在

[1] 林旭霞：《虚拟财产权性质论》，载《中国法学》2009年第1期。

“独创性”的层面往往不能达到“作品”的创作高度。因此，网络虚拟财产权是否应当被认定为知识产权的一种，仍是一个值得商榷的学术问题。[1]

《民法典》第一百二十七条规定：“法律对数据、网络虚拟财产的保护有规定的，依照其规定。”这是网络虚拟财产的概念第一次被写入民事基本法律，且规定在《民法典》总则篇“民事权利”一章。该条宣示了对数据和网络虚拟财产的保护，并为后续特别法的规定提供了法律依据。但《民法典》只是原则性规定，对于虚拟财产的保护范围、权利人及权利范围、权利的行使及侵权保护等细节问题仍需进一步完善细化。

对于本案中虚拟财产的归属问题，游戏运营商与玩家用户在格式合同中关于游戏账号、游戏道具等虚拟财产归属的约定，在不违反格式条款法律规则和消费者权益保护制度的前提下，原则上应认定其有效。一般认为，玩家用户基于游戏软件格式合同享有的主要权利包括用户凭借其游戏账号使用游戏软件、获得运营商提供的游戏服务等。禁止或限制账号转让、出租、出借等要求本身在不影响用户正常使用游戏服务的情况下，也并非属于排除用户的主要权利的规定。

需要指出的是，玩家用户对其所创建的账号、角色和获取的虚拟财产也享有权利，该权利亦受法律保护。例如：在服务期限内，游戏服务商非依法律规定或者当事人约定，不得删除或者修改用户数据，不得干扰用户对数据、虚拟财产的使用、继承。同时，游戏服务商作为网络服务平台方，还负有维护网络安全、保护个人信息、保护未成年人合法权益、禁止提供法定货币逆向兑换等方面的法定义务。

网络游戏账户中如果含有姓名、身份证号码、手机号码等个人信息以及“师徒”“盟友”等玩家关系，还可能成为具有人身和财产属性的复合型账户，涉及个人隐私和个人信息保护，这需要具体到场景加以判断。对于人格和精神利益特征较为明显的网络虚拟财产纠纷，还需要谨慎处理人身依附性财产的转让问题，注重作类型区分处理。

[1] 谢潇：《网络虚拟财产的物债利益属性及其保护规则构造》，载《南京社会科学》2022年第9期。

第三编

合同效力问题

向未成年人提供内容不健康网络服务的合同无效

——唐某与广州某网络科技有限公司网络服务合同纠纷案❶

经雯洁*　吕烨馨**

典型意义

强化对未成年人的保护，让未成年人健康成长，是社会公众共同追求的价值与目标。本案以网络漫画这一未成年人的常见生活场景为切入点，认定网络文化产品内容不健康，网络服务合同因违背公序良俗而无效。本案判决一方面强调网络服务提供者应当秉持诚信的社会主义核心价值观，依法完善服务内容；另一方面发挥司法引领作用，引导网络服务提供者、未成年人及其家长、社会各界共同遵循文明、友善、法治的价值观，将“爱幼”落实到具体生活中来，共同参与网络信息内容生态治理，为未成年人健康成长营造文明、健康、清朗的网络空间。

关键词　未成年人　公序良俗　合同效力　网络充值付费

案情介绍

原告唐某于2007年出生，系未成年人。2019年5月25日到2020年12月

---

❶　一审裁判文书字号：北京互联网法院（2021）京0491民初16731号民事判决书（2022年4月27日）。

一审合议庭组成人员：审判长姜颖、审判员孙铭溪、审判员经雯洁。

*　经雯洁，北京互联网法院综合审判三庭法官。

**　吕烨馨，中国传媒大学文化产业管理学院法律系研究生。

22 日期间，原告使用其个人微信账号以余额支付的形式在被告广州某网络科技有限公司运营的某漫画网络平台上进行充值付费用以浏览平台上的漫画内容，一共形成订单 25 笔，共计支付 1466 元。

原告诉称：其作为未成年人，属于限制行为能力人，无法准确理解平台弹窗内容中提到的“阅读服务协议”以及“监护人同意”等内容。被告广州某网络科技有限公司未尽到识别未成年人的责任，且未对其消费行为及内容进行必要限制。从唐某阅读以及平台推送的内容看，广州某网络科技有限公司提供的漫画会对其身心造成损害，违背了公序良俗。故双方之间的网络服务合同应当自始无效，请求法院认定双方订立的网络服务合同无效，判令广州某网络科技有限公司退还充值款共计 1466 元。

被告辩称：涉案账号充值金额较低、频次不高，原告应当对其消费行为有充分的认知和理解，合同有效；被告作为网络服务平台，已充分履行提醒、注意义务，本身不存在过错，即使合同被法院认定无效，原告法定代理人作为监护人没有尽到监护责任，存在过错，应当折价返还被告方的运营成本。

裁判内容

北京互联网法院经审理认为，本案的争议焦点有二：其一，涉案充值、消费行为是否为原告实施；其二，涉案合同是否有效以及相应的法律后果。

一、涉案充值、消费行为是否为原告实施

从支付账号看，2019 年 5 月 25 日至 2020 年 12 月 22 日期间，实名信息为原告的微信财付通账号向涉案平台付款的时间轨迹、金额、购买类型与涉案账号在涉案漫画网络平台的消费情况相符，可以确认涉案账号充值款项来源确为原告的微信财付通账号。

从充值情况看，涉案账号的 25 次充值中有 14 次发生于节假日（寒暑假、周末），剩余 11 次发生于疫情居家学习期间。仅从涉案充值行为发生时间来看，与未成年人的作息特点并不存在明显不符的情形。

综合考虑查明事实，涉案账号实际使用人为原告具有高度盖然性，故认定涉案账号的实际使用人为原告本人。

二、涉案合同是否有效以及相应的法律后果

（一）涉案合同是否有效

1. 行为人是否具有相应的民事行为能力

原告于 2019 年 5 月首次登录并进行充值时年龄为 11 周岁，最后一次充值时年龄为 13 周岁，即在合同签订及履行过程中原告属于限制行为能力人，应当能够理解其通过充值、消费行为与被告订立合同的履行内容，即通过充值金币或会员的行为获取被告提供的漫画阅读服务。对于充值价款，原告的单次充值金额为 18 ~ 100 元不等，持续时间一年半，综合考虑原告家庭情况、亲子关系相处模式、个人日常消费水平及习惯、经常居住地的经济发展水平，不论其单次充值额还是充值总额均不算高。

故认定原告具备对涉案充值、消费行为的理解能力及对涉案金额的支配能力，即原告的充值消费行为与其年龄、智力、精神健康状况相适应。

2. 涉案网络服务合同是否违背公序良俗

强化对未成年人的保护，让未成年人身心健康地成长，是社会公众共同追求的价值与目标。未成年人保护体现了社会对幼者的爱护，正是中华民族传统美德和社会善良风俗的重要体现。本案中，在涉案合同订立及履行期间，原告尚不满 14 周岁，属未成年人。不同年龄阶段的未成年人的心智成熟程度不同，14 周岁以下的未成年人，生理上和心理上均不成熟，正处于“拔节孕穗”期，成熟的价值观及是非辨别能力尚未形成，在网络环境中易受不良有害信息侵蚀，应给予其特殊保护。

根据查明的事实，整体考量认为，涉案漫画内容既包括行政规章规定的互联网文化单位不得提供的文化产品，也包括大量刺激性、挑逗性语言、裸露的画面以及大量与性爱相关的内容，不仅不适宜不满 14 周岁的原告阅读，也不适宜与原告处于同一年龄阶段的其他未成年人群体阅读。此外，涉案漫画内容还将对这一群体的身心健康和价值观的养成产生错误引导，可能引发未成年人模仿不安全行为，与强化未成年人保护的社会共识明显相悖。

故认定涉案合同内容违背公序良俗，应属无效。

（二）涉案民事法律行为的法律后果

基于涉案网络服务合同无效，被告应当向原告返还充值款，原告则应当向被告返还其接受的服务以及剩余的虚拟货币，恢复合同缔结前的状态。但由于原告充值后已经将购买的虚拟货币进行了消费，客观上无法直接返还，且服务内容本身违背了公序良俗，原告不应就该违法内容支付对价，故原告无须向被告折价补偿。

综上，基于涉案网络服务合同无效，被告应当向原告返还充值款 1466 元。

裁判结果

北京互联网法院依照《中华人民共和国民法总则》第十九条[1]、第一百五十三条[2]、第一百五十七条[3]，《中华人民共和国未成年人保护法（2012 年修正）》第二十七条，《最高人民法院关于适用〈中华人民共和国民法典〉时间效力的若干规定》第一条的规定，判决如下：一、确认原告唐某与被告广州某网络科技有限公司之间的网络服务合同无效；二、被告广州某网络科技有限公司于本判决生效之日起十日内返还原告唐某充值款 1466 元。如果未按本判决指定的期间履行给付金钱义务的，应当依照《中华人民共和国民事诉讼法》第二百六十条之规定，加倍支付迟延履行期间的债务利息。

本案判决后，双方未上诉，判决已生效。

法官解读

一、行为主体：未成年人网络消费行为实施主体认定的考量

网络交易中，用户注册账号时通常被要求进行手机号验证或提交身份证确认身份。一般推定账号所有者（实名个人）就是使用账号的实际交易主体。

---

[1] 现变更为《中华人民共和国民法典》第十九条。

[2] 现变更为《中华人民共和国民法典》第一百五十三条。

[3] 现变更为《中华人民共和国民法典》第一百五十七条。

但是，现实生活中实际交易主体与实名个人不一致的情况十分普遍，尤其是在未成年人网络消费纠纷中，使用家长手机号码、身份证号码等进行账号实名认证的情况多发频发。因此，在这种情况下，未成年人一方主张相关合同无效，首先需要证明实际交易主体是未成年人。

结合本案审理情况，法官认为可以从以下多个维度进行综合判断。

一是判断实名认证信息。未成年人使用账号实名认证信息为本人，是平台账户实际使用人为未成年人本人的最有力证明。同时还可参照第三方平台或关联支付平台中的实名认证情况。本案中，原告以微信登录的方式登录被告平台，在微信的关联支付平台财付通进行了实名认证，此为涉案账号为未成年人实际使用的关键证据。

二是判断当事人陈述与账号使用情况的吻合程度。即涉案未成年人关于使用账号方法、消费内容与消费时间等细节的陈述，与涉案账号互动和打赏记录等能否相互印证。

三是涉案交易行为特征分析。即分析涉案交易的内容、频次、金额和时间等特征，判断交易行为是否符合未成年人的生活习惯、心智状态和认知水平。例如，涉案账户的充值时间是否较为密集，时间是否符合学生生活规律；涉案账户充值的游戏或订阅的直播是不是当前未成年人较喜爱观看的内容等。本案中，涉案账号的 25 次充值中有 14 次发生于节假日，剩余 11 次发生在疫情居家学习期间，与未成年人的作息特点基本相符。

此外，在未成年人一方提出未成年人持有独立电子设备的情况下，还可通过电子设备中的其他聊天软件记录、下载的软件应用来综合判断是否符合未成年人特点。

二、行为能力：未成年人网络消费行为与其年龄、智力、精神健康状况是否相适应的认定标准

不同于传统交易，网络交易者隐藏于数字化的电子账户后，在现阶段网络虚拟账号的实名认证规则尚不健全、未成年人模式与身份识别等技术尚不完善的情况下，实践中出现大量因未成年人行为能力缺陷而引发的网络充值、打赏等场景中的交易风险，涉及无民事行为能力人、限制民事行为能力人订立合同的民事法律行为能力认定问题。

限制民事行为能力人的法律行为，认定有效的一般有三种情形：一是限制民事行为能力人纯获利益的；二是与限制民事行为能力人的年龄、智力、精神健康状况相适应的；三是前述两种情形外限制民事行为能力人的法定代理人追认的。

其中，关于未成年人行为是否与其年龄、智力相适应的判断是司法实践的一大难点。限制民事行为能力人可以实施与其年龄、智力、精神健康状况相适应的民事法律行为，意在确保行为人所实施的民事法律行为与其民事行为能力相匹配，即行为人能正确理解自己行为的性质和后果。司法实践中主要考虑以下因素：(1) 涉案法律行为性质；(2) 未成年人年龄；(3) 消费行为与本人生活的关联度；(4) 消费金额与频次等消费行为模式及特点；(5) 未成年人的家庭经济状况和所在地区经济水平等。

本案中原告的单次充值金额为18~100元不等，持续时间一年半，综合考虑原告家庭情况、亲子关系相处模式、个人日常消费水平及习惯、经常居住地的经济发展水平，不论其单次充值额还是充值总额均不算高，故该网络消费行为与其年龄、智力、精神健康状况相适应。

三、行为效力：向未成年人提供网络服务内容是否违背公序良俗审查的必要性

公序良俗，包括公共秩序及善良风俗两个方面。公序，即社会一般利益，包括国家利益、社会经济秩序和社会公共利益等。良俗，即良好的道德风尚，包括社会公德、社会良好风尚等。《中华人民共和国未成年人保护法（2012年修正）》第二十七条第一款规定：全社会应当树立尊重、保护、教育未成年人的良好风尚，关心、爱护未成年人。由此可见，强化对未成年人的保护，让未成年人身心健康地成长，是社会公众共同追求的价值与目标。未成年人保护体现了社会对幼者的爱护，正是中华民族传统美德和社会善良风俗的重要体现。因此，对于未成年人这一特殊群体，在判断行为效力时，应注重审查涉案内容是否违背公序良俗，且对涉案内容是否违背公序良俗的判断要以查明的合同实施主体为未成年人的事实为基础，充分遵循最有利于未成年人原则。

本案中，在涉案合同订立及履行期间原告尚不满14周岁，属未成年人。不同年龄阶段的未成年人的心智成熟程度不同，14周岁以下的未成年人，生

理上和心理上均不成熟，正处于“拔节孕穗”期，成熟的价值观及是非辨别能力尚未形成，在网络环境中易受不良信息侵蚀，应给予特殊保护。对于不同年龄的未成年人来说，具有危害性的网络信息内容也不相同，因此本案中涉案平台向原告提供的漫画内容是否违背公序良俗需要结合具体情况综合判断。涉案漫画内容既包括行政规章规定的互联网文化单位不得提供的文化产品，也包括大量刺激性、挑逗性语言、裸露的画面以及大量与性爱相关的内容，不仅不适宜不满 14 周岁的原告阅读，也不适宜与原告处于同一年龄阶段的其他未成年人群体阅读。此外，涉案漫画内容还将对这一群体的身心健康和价值观的养成产生错误引导，可能引发未成年人模仿不安全行为造成较为严重的社会后果，与强化未成年人保护的社会共识明显相悖。故认为涉案合同内容违背公序良俗，应属无效。

四、过错认定：未成年人网络消费行为无效的法律后果

在未成年人网络消费纠纷中，未成年人一方一般会要求平台返还支出款项。根据《最高人民法院关于依法妥善审理涉新冠肺炎疫情民事案件若干问题的指导意见（二）》的规定，监护人请求返还相关款项的，人民法院应予支持。对于“应予支持”，实践中有返还全部涉案款项与根据《中华人民共和国民法典》（以下简称《民法典》）第一百五十七条进行个案分析并部分支持两类观点。从法律适用的统一性考虑，合议庭赞同第二种观点。

一是返还、折价补偿与损失问题。根据《民法典》第一百五十七条，合同无效后，缔约双方应向对方返还因该行为取得的财产。这里的“财产”包括财产性权利和网络虚拟财产。对于已经消耗的虚拟财产属于“不能返还或没有必要返还”的情形，应“折价补偿”。若存在损失，有过错的一方应当赔偿。因此，折价补偿不以过错为前提要件，但合同双方是否具有过错及过错程度的大小，最终也会影响返还金额确认的考量因素。

二是当事人的过错认定。监护人如果没有履行对个人身份信息以及电子账户的妥善保管义务，或未尽到对未成年人的监管教育职责，导致其大额网络交易给平台造成损失，应当根据过错程度承担赔偿责任。对于平台，鉴于电子交易的特点，平台的先合同义务包括实名认证识别用户身份、通过技术手段限制或禁止未成年人用户交易等。其责任主要考虑平台对识别和限制未成年人用户

交易是否采取了必要措施；平台是否明知或应知交易方为未成年人。需注意的是，在个案中应谨慎认定平台责任的范围，不宜无限增加其对用户行为的责任，处理好促进平台创新发展与未成年人保护的权益平衡。

本案中原告的监护人未能妥善保管好自己的电子支付密码，使原告得以私自转账并在被告平台中进行充值、消费，且对原告接受互联网文化产品的内容了解不够，监护职责履行亦有一定不足。但被告作为提供网络文化产品的平台，对未成年用户没有任何有效识别和内容管理的相关举措，对其提供的漫画中可能会影响未成年人身心健康的信息也未作任何显著提示，且提供的阅读服务内容本身违背公序良俗，存在较大的过错。原告不应就该违法内容支付对价，故原告无须向被告折价补偿。

未成年人大额游戏充值的合同效力和返还规则

——任某与北京某科技有限公司网络服务合同纠纷案[1]

孙铭溪[*] 吕烨馨[**]

典型意义

本案是典型的未成年人沉迷网络游戏，进行大额充值的案件。未成年人在对金钱的把控方面有一定的局限性，缺乏社会经验，甄别辨识能力差，特别是具有射幸性的网络游戏等，更容易诱发网络沉迷。网络平台以技术限制为理由，未实质落实未成年人保护措施，在未成年人已上传了身份证明等情况下，仍未采取有效措施限制未成年人账号大额消费行为的，法院认定网络游戏平台存在重大过错，应当依法返还充值款。本案树立了依法保护未成年人的鲜明导向，督促网络服务提供者严格履行监管和审核义务，重视加强未成年人保护的社会责任，也为未成年人的家长预防未成年人网络沉迷，提升家庭教育网络素养敲响警钟。

关键词　未成年人　合同效力　网络游戏大额充值　家庭教育

案情介绍

原告任某于2020年2月26日至2020年3月29日期间通过支付宝账号在

[1] 一审裁判文书字号：北京互联网法院（2021）京0491民初49732号（2022年10月31日）。一审合议庭组成人员：审判员孙铭溪、审判员经雯洁、审判员伊然。

* 孙铭溪，北京互联网法院综合审判三庭庭长。

** 吕烨馨，中国传媒大学文化产业管理学院法律系研究生。

被告北京某科技有限公司运营的游戏软件内转账进行充值，金额合计 610414 元。原告在充值行为发生时满十七周岁，系限制民事行为能力人，其在一个月的时间内大额充值，与其年龄、智力明显不相符，也未经其法定代理人的同意和追认，应属无效民事法律行为。

原告主张，被告平台运营的游戏具有射幸属性，对未成年人吸引力大，并且在涉案充值行为发生时，原告已经应被告要求，上传身份证件进行实名认证，在此情况下，被告网络服务平台未对原告的未成年人账号采取消费限制，使得原告可以轻易发起大额消费行为，被告平台存在主要过错，原告遂诉至法院要求被告向原告返还全部充值款及利息。

被告辩称：第一，其运营的网络游戏符合国家相关规定并取得相应经营许可资质，游戏本身不存在引诱未成年人消费、不利于未成年人的内容；第二，原告已满十六周岁，自初中毕业就辍学，自述曾在饭店打零工和帮助母亲打理服装店，属于以自己的劳动收入为主要生活来源，应当被认定为完全民事行为能力人；第三，原告并非正常使用 App，原告在使用期间曾经发布过“卖号”“租号”等信息，存在恶意倒卖并获利行为；第四，原告的监护人并未履行应尽的监护责任，即便上述金额确为原告本人充值，原告的监护人也应该承担其疏于管教的责任。

裁判内容

北京互联网法院经审理认为，本案的主要争议焦点包括：一是原告民事行为能力的认定；二是涉案民事法律行为的效果；三是涉案民事法律行为的法律后果。

一、原告民事行为能力的认定

根据《中华人民共和国民法总则》（以下简称《民法总则》，已废止）第十七条、第十八条、第十九条的规定，不满十八周岁的自然人为未成年人，八周岁以上的未成年人为限制民事行为能力人，实施民事法律行为由其法定代理人代理或者经其法定代理人同意、追认，但是可以独立实施纯获利益的民事法律行为或者与其年龄、智力相适应的民事法律行为。十六周岁以上的未成年人，以自己的劳动收入为主要生活来源的，视为完全民事行为能力人。本案中，涉案充值行为发生时，原告已满十六周岁未满十八周岁，为未成年人。结合在案证据及当庭陈述，原告初中毕业后一直与父母一起生活，主要由父母抚养。被告虽主张原告存在为母亲的服装店提供劳动的情况，但并无相关证据证明，且即使原告存在在服装店帮助母亲的行为，这与以自己的劳动收入作为主要生活来源有本质区别。劳动收入应当是工资等固定收入，主要生活来源一般指未成年人依靠自己的劳动收入能够维持当地群众的一般生活水平，不需要借助其他人经济上的资助。结合原告提交的个税交纳证明看，原告在涉案充值期间，无独立稳定收入来维持生活，主要还是依赖父母抚养，原告应属限制民事行为能力人。

二、涉案民事法律行为的效果

根据《民法总则》第一百四十五条的规定，限制民事行为能力人实施的纯获利益的民事法律行为或者与其年龄、智力、精神健康状况相适应的民事法律行为有效；实施的其他民事法律行为经法定代理人同意或者追认后有效。《最高人民法院关于贯彻执行〈中华人民共和国民法通则〉若干问题的意见（试行）》（已废止）第三条规定，十周岁以上的未成年人进行的民事活动是否与其年龄、智力状况相适应，可以从行为与本人生活相关联的程度、本人的智力能否理解其行为，并预见相应的行为后果，以及行为标的数额等方面认定。本案中，在某App充值消费的游戏有明显的射幸特点，本易引发沉迷，加之原告为未成年人，在短时间内持续发起大额充值，短短33天内存在大量高额充值记录，最高单次充值金额达19976元，充值总额高达610414元，已远超一般十七岁未成年人对其数额的理解和预见其充值的行为后果，与原告当时的年龄和智力水平不相适应。其实施的民事法律行为需由其法定代理人代理或者经其法定代理人同意、追认。原告的法定代理人作出拒绝追认的意思表示，故该民事法律行为自始不发生法律效力。

关于被告主张原告母亲也曾给原告大额零花钱，原告在其他平台亦存在大额消费，应视为法定代理人对充值行为的同意或追认，法院认为，同意或追认应当以明示的方式做出，不能将给予未成年人为生活学习消费的零花钱等同于对未成年人游戏充值行为的同意，且综合原告家庭经济情况及日常消费习惯，

610414 元显然不在法定代理人事先同意限制民事行为能力人能自由支配的金钱数额范围内。故关于被告主张的原告法定代理人对充值行为同意或追认的观点法院不予采纳。

三、涉案民事法律行为的法律后果

《民法总则》第一百五十七条规定，民事法律行为无效、被撤销或者确定不发生效力后，行为人因该行为取得的财产，应当予以返还；不能返还或者没有必要返还的，应当折价补偿。有过错的一方应当赔偿对方由此所受到的损失；各方都有过错的，应当各自承担相应的责任。法律另有规定的，依照其规定。根据《最高人民法院关于依法妥善审理涉新冠肺炎疫情民事案件若干问题的指导意见（二）》第九条的规定，限制民事行为能力人未经其监护人同意，参与网络付费游戏或者网络直播平台“打赏”等方式支出与其年龄、智力不相适应的款项，监护人请求网络服务提供者返还该款项的，人民法院应予支持。

根据上述规定，涉案网络服务合同无效，应恢复合同缔结前的状态。原告应向被告返还剩余的虚拟币及服务，被告应向原告返还充值款及因合同无效被告无权占有该笔本金而产生的孳息。因提供的服务已无法返还，原告应当折价补偿。关于补偿的数额，法院认为，2019 年 12 月 6 日某 App 上线身份认证系统，2020 年 2 月 26 日原告按照身份认证系统要求上传身份证进行实名认证，被告已有能力知晓合同相对方为未成年人。且原告的账号充值频繁、短时间充值数额大，被告作为网络服务提供者对此本应有更高的关注，但被告在账号实名注册为未成年人的情况下，未对该账号进行审核和消费限制，也未向其监护人主张追认，继续为未成年人提供大额充值服务，被告对涉案充值行为的发生负有主要过错。且被告明确知晓《国家新闻出版署关于防止未成年人沉迷网络游戏的通知》中规范了向未成年人提供付费服务的限额，十六周岁以上未满十八周岁的用户，单次充值金额不得超过 100 元人民币，每月充值金额累计不得超过 400 元人民币。超出部分是原告作为未成年人本不应享有的服务，故原告本无须对此支付对价，折算后原告应补偿被告 800 元。关于原告主张被告需返还充值本金及孳息，考虑到本案中原告多次发生大额充值情况，监护人对原告疏于管理，对个人财产缺乏安全意识，且原告确有将账号借予他人使用和卖号获利的情况，综合考虑以上因素，法院对孳息部分不予支持。

裁判结果

北京互联网法院依照《中华人民共和国民法总则》第十九条[1]、第一百四十五条[2]、第一百五十七条[3]，《最高人民法院关于贯彻执行〈中华人民共和国民法通则〉若干问题的意见（试行）》第三条，《最高人民法院关于适用〈中华人民共和国民法典〉时间效力的若干规定》第一条，《最高人民法院关于依法妥善审理涉新冠肺炎疫情民事案件若干问题的指导意见（二）》之规定，判决如下：一、被告北京某科技有限公司于本判决生效后十日内退还原告任某人民币609614元；二、驳回原告任某其他诉讼请求。

北京某科技有限公司不服原审判决，提起上诉。经北京市第四中级人民法院调解，双方达成调解协议。

法官解读

一、网络环境下未成年人身份识别

互联网的虚拟性增加了网络用户实际身份的隐蔽性，在网络环境中，尤其是在非实名制的状态下，很难辨别使用者的实际年龄。即使是在实名制的情况下，也无法避免未成年人使用家长身份证号注册账号，并将家长的支付宝、微信、银行卡等与账号绑定，继而进行消费。因此，在认定未成年人充值消费的行为能力时，身份识别成为难点。首先需要未成年人一方举证使用直播账号的主体是未成年人，而非账号的注册者。根据“谁主张谁举证”的民事诉讼基本规则，账号实际使用人为未成年人的证明责任在未成年人一方。实践中，判断账号实际使用人是否为未成年人一般可参考以下标准。

---

[1] 现变更为《中华人民共和国民法典》第十九条。
[2] 现变更为《中华人民共和国民法典》第一百四十五条。
[3] 现变更为《中华人民共和国民法典》第一百五十七条。

（一）未成年人的陈述对查明案件具有重要作用

在未成年人充值纠纷中，一般监护人能够直接提供的证据为未成年人及监护人的陈述，在实践中体现为未成年人的出庭证言、视频录像、微信聊天记录、未成年人的检讨书等形式。由于该证据为当事人直接进行的陈述说明，与案件争议本身的关联性较强，很多法院也会在考虑案件其他证据的情况下予以采信。

（二）游戏账号的实际控制权应重点审查

在许多未成年人充值纠纷中，监护人往往并非该游戏的玩家，不掌握该游戏的实际账号及密码。为此，可以通过证明账号控制权人的方式证明其为未成年人注册使用。比如，在某些游戏里可以通过 QQ 软件等第三方软件登录，如果相关 QQ 社交页面信息显示其使用者为未成年人，也可以推定其为游戏账号的控制权人。

（三）未成年人充值行为可以通过产品消费记录佐证

对于未成年人的大额充值行为，实践中主要为未成年人利用监护人的手机操作，该充值行为可能集中于某几天内，充值金额发生的较为集中。监护人往往是根据消费提示了解到未成年人的充值行为，故相关消费记录可以证明相关账号的实际使用行为是否获得许可。

（四）游戏行为可以揭示使用者身份

对多数玩家而言，电子游戏提供的虚拟世界的体验，同时也涉及现实世界的交互。在纠纷中，玩家的游戏行为也可以作为识别身份的参考因素。比如，游戏内需要玩家自行决定游戏昵称、与其他人结为好友、加入游戏公会等，相对而言未成年人的游戏好友很多为学校同学等，通过好友等信息可以体现出玩家的年龄特征。另外，从时间上来看，未成年人的游戏时间主要体现为周末、假期或者工作日的晚上，具有较强的规律性，可以作为辅助证明因素之一。

（五）产品目标群体作为重要参考

对于游戏产品而言，根据游戏情节设置、玩法要求等，其游戏本身具有特定的玩家群体，如果从消费的游戏产品类型、打赏内容、所发弹幕的言辞等方面看，均是未成年人感兴趣的内容，成年人很少涉及，这些符合未成年人行为模式的情形也可以侧面佐证账号实际使用者为未成年人。

如果未成年人一方已经尽力提出法定代理人与未成年人的对话、平日的消费习惯、账户的充值消费时间、账户密码的实际控制权等证据来证明未成年人是账户的实际操纵者，法官应结合具体案情，认定账户名义人已经达到高度盖然性的证明标准，则证明责任转移至网络服务提供者一方。

二、与未成年人“智力、年龄相适应”行为的认定

法律行为系实践私法自治的手段，私法自治的理念在于个人自主及自我负责，因此行为能力需以行为人具有对于事务有正常识别及能预见其行为可能发生如何效果的能力（意思能力、识别能力）为前提。[1] 德国学者拉伦茨指出：行为能力是指法律人所认可的一个人可进行法律行为的能力，即为本人或者被代理人所为的能产生法律后果的行为的能力。[2] 因个案判断自然人的行为能力并不现实，世界各国一般采取类型化或阶段化的行为能力制度，进而划定相对稳定的一般性标准，我国民法亦采取以年龄为划分标准的“三级制”制度。同时，为了缓解单纯以年龄划分的局限性，各国亦作出了一些特殊规定来肯定限制民事行为能力人的部分民事行为能力的效力。

无论从未成年人实际用网的情况，还是诉讼纠纷情况来看，未成年人网络充值打赏纠纷的主体主要集中在有一定用网能力和消费能力的限制民事行为能力人。按照《中华人民共和国民法典》（以下简称《民法典》）第十九条的规定，限制民事行为能力人实施民事法律行为由其法定代理人同意、追认；但是，可以独立实施纯获利益和与其年龄、智力相适应的民事法律行为。因充值打赏行为显然不是纯获利益的行为，故而在司法实践中，限制民事行为能力的未成年人的充值打赏行为是否与其年龄、智力相适应成为判断行为效力的关键因素。

《德国民法典》没有规定限制行为能力人能够从事哪些行为，而只是在第

---

[1] 王泽鉴：《民法总则》，北京大学出版社 2009 年版，第 297 页。

[2] ［德］卡尔·拉伦茨：《德国民法通论》，王晓烨，邵建东，程建英，等译，法律出版社 2003 年版，第 133 页。

一百一十条以“零用钱方式”来推定或者视为其父母的事前同意。该条规定：“未成年人未得其法定代理人的同意所订立的契约，如未成年人以金钱履行契约上的给付，而其金钱系法定代理人为此目的或者为未成年人的自由处分所给与，或系第三人经法定代理人同意所给与者，其契约视为自始有效。”[1] 英美法通过判例逐步形成了未成年人缔约的“生活必需品”原则。在通常情况下，未成年人缔结的契约是无效的或可撤销的，但若契约内容涉及给未成年人提供日常生活所需的物品或劳务等的，该契约为有效契约。1979 年英国颁布了《商品销售法》，其中明确定义了“生活必需品合同”是指适合未成年人的生活条件的，未成年人在当时情况下事实上所需要的货物。在实践操作中，对于是否属于必需物品及服务的衡量是根据不同未成年人的个体差异来灵活判断的，不同的经济能力、身份、地位等对于“必需品”的定义范围是不同的。可以说，对“必需品”范围的定义因个体的不同而不同，也因社会的发展而不同，必需品条款很好地增加了法条的灵活性。一旦合同涉及的物品或服务被认定属于日常生活所必需的，则该合同为有效合同。[2]

《最高人民法院关于依法妥善审理涉新冠肺炎疫情民事案件若干问题的指导意见（二）》第九条的规定其实是《民法典》第十九条在网络充值、打赏领域的具体适用：“限制民事行为能力人未经其监护人同意，参与网络付费游戏或者网络直播平台‘打赏’等方式支出与其年龄、智力不相适应的款项，监护人请求网络服务提供者返还该款项的，人民法院应予支持。”从行文来看，该条款将判断的焦点集中在“款项”，似乎回应了社会广泛关注的“大额充值打赏”行为。从现有的判决来看，亦主要集中于未成年人支付的款项数额是否符合其判断能力、经济能力等。但是，深入实践了解会发现，未成年人的网络内容消费，特别是游戏充值、直播打赏等娱乐性消费，实际情况可能更为复杂。正如有些学者所言，所谓与“年龄、智力相适应”，它要求司法实践在判定未成年人民事行为能力时要从多方面全面分析，例如像认识力、理解力、辨识力等能力方面，其本质上是判断未成年人实施的法律行为与其意思理解能力以及表述能力是否相适应，未成年人能否清楚认识、理解其实施的法律行为并

[1] ［德］迪特尔·梅迪库斯：《德国民法总论》，邵建东译，法律出版社 2000 年版，第 435 页。

[2] 沈萌：《论网络消费背景下对未成年人民事行为能力的认定》，浙江大学硕士学位论文，2019 年。

对因法律行为的实施而可能产生的风险有所辨识。[1]

《最高人民法院关于贯彻执行〈中华人民共和国民法通则〉若干问题的意见（试行）》（已废止）第三条对限制民事行为能力人的民事活动是否与其年龄、智力状况相适应进行了一定的解释："从行为与本人生活相关联的程度、本人的智力能否理解其行为，并预见相应的行为后果，以及行为标的数额等方面认定。"2022 年 3 月 1 日起施行的《最高人民法院关于适用〈中华人民共和国民法典〉总则编若干问题的解释》第五条对此予以进一步完善："限制民事行为能力人实施的民事法律行为是否与其年龄、智力、精神健康状况相适应，人民法院可以从行为与本人生活相关联的程度，本人的智力、精神健康状况能否理解其行为并预见相应的后果，以及标的、数量、价款或者报酬等方面认定。"可见，与限制民事行为能力人年龄、智力相适应因素的考量，理应更为多元。

而在网络消费领域，特别是网络内容消费领域，一方面由于内容的丰富性、多元性及获取的便捷性，另一方面由于对内容监管的相对滞后性，未成年人对内容的识别能力、辨认能力受到了前所未有的挑战。比如，在游戏充值领域，除了可能发生的非理性大额打赏之外，由于缺乏游戏分龄制度，游戏内容对不同年龄段的未成年人的身心健康影响可能是不同的，也很可能是未成年人无法判断的；又如在网络直播消费场景下，虽然很多平台按照法律和监管要求设置了青少年模式和专属内容池，禁止或限制未成年人打赏，但在未成年人绕开身份识别的情况下，无差别内容池对未成年人判断能力及身心健康的影响不容忽视。在涉及内容消费的未成年人网络消费、打赏纠纷中，对未成年人的充值打赏行为是否与其年龄、智力相适应，除根据综合因素判断其消费金额的合理性外，需将其是否能预见消费标的对其身心健康的影响纳入考量范围。

三、未成年人充值行为无效的法律后果

根据《民法典》第一百五十七条的规定，民事法律行为无效、被撤销或者确定不发生效力后，行为人因该行为取得的财产，应当予以返还；不能返还或者没有必要返还的，应当折价补偿。有过错的一方应当赔偿对方由此所受到

[1] 朱广新：《民事行为能力制度的体系性解读》，载《中外法学》2017 年第 3 期。

的损失；各方都有过错的，应当各自承担相应的责任。法律另有规定的，依照其规定。在未成年人消费行为中，未成年人作为限制民事行为能力人，其充值消费行为被撤销或无效后的法律责任涉及返还和补偿问题，笔者分述如下。

（一）财产返还

涉未成年人的大额消费行为无效后，其法律效果是网络服务提供者返还未成年人充值款，未成年人应返还其购买的服务或“代币”。目前的游戏平台充值实践中，大部分是直接支付给游戏平台，但在一些特殊情况下，充值并非直接支付给游戏平台而是通过第三方机构或游戏渠道商支付，游戏公司再与渠道商分成。因此未成年人充值的财产部分会转移到渠道商手中，在讨论具体承担返还财产义务的主体时，需要区分不同的情形。存在渠道商作为中介的情况下，虽然充值打赏金额是直接支付给渠道商的，未成年人直接和渠道商间发生法律关系，并不直接和游戏公司发生法律关系，但如果要求渠道商全部履行退赔金额则可能造成渠道商支付给具体游戏公司的财产无法追讨，在这种情况下，我们建议，应当将渠道商和游戏公司列为共同被告，因充值打赏最终是进入游戏公司账户，渠道商的分成往往只占很少一部分，将游戏公司作为共同被告，有助于财产返还的履行，并由游戏公司协助办理后续虚拟道具和代币的转移返还。

（二）合同无效时各方当事人过错的认定

涉未成年人的大额消费行为无效后，在未成年人应返还其购买的服务或“代币”的过程中，往往存在因代币被消耗或者购买的道具、服务等已被未成年人使用而无法返还的情形。在此情况下，根据《民法典》第五百条的规定：“当事人在订立合同过程中有下列情形之一，造成对方损失的，应当承担赔偿责任：（一）假借订立合同，恶意进行磋商；（二）故意隐瞒与订立合同有关的重要事实或者提供虚假情况；（三）有其他违背诚信原则的行为。”该条规定了合同缔结时的缔约过失责任，合同无效或者被撤销后，有过错的一方应当赔偿对方因此所受到的损失，双方都有过错的，各自承担相应的责任。当双方违反先合同义务时，往往需要依照该条赔偿另一方的信赖利益损失。缔约过失责任的基础在于诚实信用原则，该原则要求合同订立过程中双方不仅需要承担不损害他人的消极义务，还需要互负告知、协助、照顾、保护等先合同义务。当违背这些义务破坏了缔约关系，就构成缔约过失。但是，对于未成年人来说，游戏平台的充值消费行为对未成年人的认知能力提出了挑战，未成年人并不具有完全承担民事责任的能力，无法承担缔约过失责任，网络服务提供者的因缔约过失的损失无法向未成年人本人主张。但未成年人的充值行为，往往并非使用本人财产和账户，而是法定代理人的财产和账户，法定代理人负有对银行账户、密码等信息妥善保管的义务，以及监管、防范未成年人进行大额不理性消费的义务。若未成年人的监护人将银行账户、密码告知子女，进而导致其高额消费，则监护人应当自担风险。在明知孩子有瞒骗父母进行消费的经历后，家长也应该及时通过设置银行卡消费限额、更改密码等进行预防。家长的教育、监管职责是减少无效交易的最直接措施。若没有尽到相应职责，父母及其他监护人应当对因未成年人充值消费而造成的损失承担赔偿义务。对于平台来说，先合同义务应当包含提示告知义务与必要的防范风险交易的技术义务。目前，直播平台最常用的措施就是通过《注册协议》等格式条款当中的行为能力条款来证明履行了对用户的提示义务。随着使用网络文化消费的未成年人人数不断增加，平台应负有更高的注意义务和履行应承担的社会责任，要通过加大技术投入，设置有效的身份识别系统（如人脸识别）来限制未成年人的充值、打赏行为。在平台明知用户为未成年人的情况下，就应当直接关闭账号的消费功能。若平台并未尽到此种义务，对于未成年人家庭所受的经济损失也具有过错，应当承担相应的赔偿责任。

探索新的商业模式不得侵害用户原有权利

——吴某某与北京某科技有限公司网络服务合同纠纷案[1]

朱　阁[*]　李绪青[**]　陈一诺[***]

典型意义

本案通过对网络服务平台格式条款有效性的审查，对服务平台行业进行规制起到了示范效应，一方面保障了用户权益，另一方面肯定了合理的商业模式尝试对于保障互联网平台行业的健康发展发挥的重要作用。本案入选全国法院2020年十大商事案例。

特别值得一提的是，借助本案，北京互联网法院对涉众服务合同纠纷的妥善化解路径进行了有益尝试。基于网络服务平台“一对众”的特有产业模式，一审判决生效后，北京互联网法院及时向北京市市场监督管理局发送了司法建议。北京市市场监督管理局以行政监管方式督促被告对其他存在类似情况的用户进行补偿，有效化解纠纷，避免了大量同类诉讼的产生，借助“府院联动”的方式，本案判决的示范效应也会得到进一步扩大。

关键词　付费超前点播　VIP会员服务协议　格式条款　单方变更条款

---

[1] 一审裁判文书字号：北京互联网法院（2020）京0491民初3106号民事判决书（2020年6月2日）；二审裁判文书字号：北京市第四中级人民法院（2020）京04民终359号民事判决书（2020年12月9日）。

一审合议庭组成人员：审判长张雯、审判员朱阁、审判员李文超。

* 朱阁，北京互联网法院综合审判一庭副庭长。

** 李绪青，北京互联网法院综合审判一庭法官助理。

*** 陈一诺，中国传媒大学文化产业管理学院法律系研究生。

案情介绍

2019 年 11 月 26 日起，电视剧《庆余年》在被告北京某科技有限公司（以下简称某科技公司）的平台上首播，此科技公司承诺 VIP 会员享有“热剧抢先看”的特权。2019 年 11 月 26 日至 2019 年 12 月 10 日期间，该电视剧对 VIP 会员的特权为“抢先看 6 集”。自 2019 年 12 月 11 日起，该电视剧的播出规则更新为在此前的基础上，VIP 会员还可以通过付费获得“超前点播”的权益，提前解锁大结局。即以单集支付 3 元的方式，为愿意缴费的 VIP 会员提供在原有观影权之上得以提前观看该影视剧剧集的机会。

原告吴某某是此科技公司的“黄金 VIP 会员”，会员期间自 2019 年 6 月 19 日至 2020 年 6 月 18 日止。其认为被告某科技公司在其运营平台上对包括《庆余年》在内的剧集实行“付费超前点播”侵犯了其身为黄金 VIP 会员的消费者合法权益，遂将某科技公司诉至北京互联网法院。

原告吴某某诉称：作为某科技公司的黄金 VIP 会员，其已有的“热剧抢先看”会员权益已经包含“看最新剧集”的内容。但是在电视剧《庆余年》播出过程中，某科技公司推出的“付费超前点播”模式，使其需要额外付费才能“看最新剧集”，损害了其会员权益。此外，其与某科技公司签订的“VIP 会员协议”被某科技公司单方面更改，该“VIP 会员协议”中亦存在多处违法条款，应属无效。故诉至法院，请求确认多处条款无效、某科技公司继续履行合同义务并赔偿经济损失。

被告某科技公司辩称：“付费超前点播”是一种创新的商业模式，属于新的会员权益，并不造成对吴某某已有会员权益的损害。“VIP 会员协议”为格式合同，其中的条款已经尽到提示义务，没有违反法律的强制性规定，未排除用户主要权利，也不存在显失公平的情况，且符合网络服务行业的现实特点和通行做法，也符合协议双方之间的交易习惯，应属有效。故请求驳回吴某某的全部诉讼请求。

裁判内容

北京互联网法院经审理认为，本案主要的争议焦点包括：一是涉案“VIP

会员协议”导言第二款相关内容的效力；二是某科技公司提供“付费超前点播”服务是否构成对其约定义务的违反。

一、涉案“VIP会员协议”导言第二款相关内容无效

（一）涉案“VIP会员协议”构成格式条款

格式条款的法律特征有两点：一是该条款在订约以前就已经预先制定出来，而不是经双方当事人反复协商制定而成；二是该条款属于在订立合同时不能协商的内容。本案中，涉案“VIP会员协议”是某科技公司基于“一对众”的网络服务平台的特有产业模式，预先拟定并面向众多VIP会员重复使用的条款；VIP会员对于VIP会员协议只能“接受或走开”，不能与某科技公司进行协商。综合以上特征，涉案“VIP会员协议”属于格式条款。

（二）导言第二款相关内容无效

“VIP会员协议”的导言第二款强调某科技公司已经以下划线或其他合理方式提示用户重点阅读协议中与用户的权益可能存在重大关系的条款，包括相关免除或限制责任条款等。同时，双方同意前述免责、限制责任条款不属于《中华人民共和国合同法》（以下简称《合同法》，已废止）第四十条规定的“免除其责任、加重对方责任、排除对方主要权利”的条款，用户不会以某科技公司未尽到合理提示义务为由而声称协议中条款非法或无效。

《合同法》第四十条[1]规定：“格式条款具有本法第五十二条和第五十三条规定情形的，或者提供格式条款一方免除其责任、加重对方责任、排除对方主要权利的，该条款无效。”该内容属于法律的强制性规定，不允许合同当事人排除适用。导言第二款部分内容属于对《合同法》第四十条的排除适用，故涉案“VIP会员协议”导言第二款中前述内容无效。

二、某科技公司提供“付费超前点播”服务构成对其约定义务的违反

对于“热剧抢先看”的权益内容，吴某某将其解释为可以免费观看某

---

[1] 现变更为《中华人民共和国民法典》第四百九十七条。

科技公司提供的热播电视剧的最新剧集。而某科技公司坚持认为其不是承诺向会员提供“最新”剧集，会员只是享有“提前看”相关影视剧的会员权利。

从“权益内容”使用的词句看，需要对“热剧抢先看”相关条文做通常性的文义理解。

（一）涉案电视剧《庆余年》是否属于“热剧”范畴

某科技公司提出，吴某某享有的VIP会员权益中的“热剧抢先看”仅针对“卫视热播电视剧”和“某科技公司优质自制剧”两类情形，而《庆余年》不是某科技公司的自制剧。但经查，在另一视频平台播放的电视剧《庆余年》片尾署名的出品单位中列明有某科技公司。所以，《庆余年》属于某科技公司的“自制剧”。

所谓“优质”，某科技公司在制定格式条款时完全可以通过清晰的文字予以界定。在某科技公司并未事先明确“优质”的含义，而“优质”本身又属于无法明确量化的主观词语的情形下，从有利于合同相对方的角度进行理解，吴某某享有的VIP会员权益中“热剧抢先看”所指向的“优质自制剧”应包含所有的某科技公司自制剧。即《庆余年》属于吴某某享有的VIP会员权益中“热剧抢先看”所指向的“优质自制剧”的范畴。

（二）对“抢先看”的文义理解

遵循格式条款中的通常理解，此语句的含义应当被理解为所有VIP会员比非VIP会员都享有在先观看所有的已经更新的卫视热播电视剧、某科技公司优质自制剧的会员权益。具体到本案中，这是某科技公司向包括吴某某在内的VIP会员提供优先权利的承诺，即不得赋予其他人优先于包括吴某某在内的VIP会员而提前看剧的权利。同时从某科技公司整体的会员体系来看，黄金VIP会员被承诺的“热剧抢先看”权益，没有被FUN会员、体育会员、钻石VIP会员和学生VIP会员等其他会员所超越。

综上，“热剧抢先看”权益，是指观看某科技公司提供的卫视热播电视剧、优质自制剧最新剧集的权利。“热剧抢先看”包含在黄金VIP会员权益中，吴某某享有该会员权益，无需额外付费。因此某科技公司在卫视热播电视剧、优质自制剧范围内推出的“付费超前点播”服务违反了其与吴某某之间“热剧抢先看”的约定，是对其“热剧抢先看”会员权益完整性的切割，实质性缩减了会员权益。因此“付费超前点播”条款对吴某某不发生法律效力，同时某科技公司构成违约，应当承担违约责任。

裁判结果

北京互联网法院依照《中华人民共和国合同法》第八条、第三十九条、第四十条、第四十一条、第七十七条、第一百零七条、第一百一十三条、第一百二十五条[1]之规定，判决：一、确认《VIP 会员服务协议》（更新时间为 2019 年 12 月 18 日）导言第二款中“双方同意前述免责、限制责任条款不属于《合同法》第 40 条规定的‘免除其责任、加重对方责任、排除对方主要权利’的条款，即您和某科技公司均认可前述条款的合法性及有效性，您不会以某科技公司未尽到合理提示义务为由而声称协议中条款非法或无效。”内容无效；二、确认《VIP 会员服务协议》（更新时间为 2019 年 12 月 18 日）第 3.5 条中“超前点播剧集，根据某科技公司实际运营需要，就某科技公司平台上部分定期更新的视频内容，某科技公司将提供剧集超前点播的服务模式，会员在进行额外付费后，可提前观看该部分视频内容的更多剧集，具体的点播规则以某科技公司平台实际说明或提供为准。”对原告吴某某不发生效力；三、于本判决生效之日起十日内，被告某科技公司向原告吴某某连续 15 日提供某科技公司平台吴某某原享有的“黄金 VIP 会员”权益，使其享有某科技公司平台卫视热播电视剧、优质自制剧已经更新的剧集的观看权利；四、于本判决生效之日起十日内，被告某科技公司赔偿原告吴某某公证费损失 1500 元；五、驳回原告吴某某的其他诉讼请求。

某科技公司不服原审判决，提起上诉。北京市第四中级人民法院判决：驳回上诉，维持原判。

---

[1] 现变更为《中华人民共和国民法典》第四百六十五条、第四百九十六条、第四百九十七条、第四百九十八条、第五百四十三条、第五百七十七条、第五百八十四条、第四百六十六条。

法官解读

本案的判决实际上承认了网络服务平台享有单方变更权。网络服务合同属于长期合同，在履行过程中难免因为法律变化、技术进步等原因需要修改。但是，一旦平台任意行使单方变更权，势必破坏网络交易秩序，不利于保护消费者权益。互联网并非法外之地，网络服务市场同样需要一套行之有效的法律规范以维护良好的交易秩序。作为网络服务市场的重要主体，平台企业责无旁贷。

一、网络服务平台享有单方变更权的正当化依据

正当化依据，即某类行为或权利被认为是正当的理由。近年来，无论是平台还是消费者都已经适应了平台单方变更合同的行为，但该权利似乎突破了《中华人民共和国民法典》（以下简称《民法典》）和《中华人民共和国电子商务法》的相关规定。[1] 法律规范的缺位导致没有相应的规定予以指引，这无疑给了平台凭借其优势地位弱化甚至侵害消费者合法权益的空间。网络服务平台享有单方变更权的正当化依据究竟为何？

（一）消费者的预先授权

网络服务合同通过规定平台、消费者等主体的权利、义务和责任来规范交易行为。网络服务合同具有长期性，在履行过程中难免因为法令、经济情况的变化等原因需要修改，而平台与消费者逐个协商不具有现实可操作性，也无法发挥格式条款重复使用的优势，这就使得平台对单方变更权的需求更加强烈。

合同的变更需要当事人之间达成合意方可完成，平台欲以其单方意思表示来变更合同内容则需要消费者将其变更的权利让渡给平台。至于如何将这一过程合法化，网络服务合同引起了平台的重视。

目前在各自行业具有一定代表性的平台几乎都在用户协议中约定了“单

---

[1] 参见《中华人民共和国民法典》第五百三十三条、第五百四十三条；《中华人民共和国电子商务法》第三十四条。

方变更条款”，单方变更条款几乎已经成为网络服务合同的必备内容。消费者同意网络服务合同，则意味着其将变更的权利授予了平台，平台由此“获得事后对合同内容单方变更的权利”。

值得警醒的是，平台享有单方变更权并不意味着其有权任意变更，而应对此权利的行使予以合理限制。同时，按照比例原则的要求，平台单方变更合同至少应以不损害消费者现有利益为前提。

（二）具有变更的必要性

倘若平台只能因消费者的预先授权而享有单方变更权，可能会对必要情况下修改网络服务合同形成障碍，不利于平台企业灵活应对市场上瞬息万变的复杂情况。因此，当具有变更的必要性时，即使没有消费者的预先授权，平台依然可以行使此项权利变更合同条款。

现实中平台也注意到了此种情形，通常应对方法是将其提前订入网络服务合同，在消费者事先同意的基础上，获得因具有变更必要性而事后进行变更的权利。这些情形主要包括国家法律法规、政策的变化，提升服务体验和质量，网站的运营需要等。

1. 顺应国家法律法规、政策的变化

根据《民法典》第五百三十三条之规定，情势变更适用于合同的基础条件发生了当事人在订立合同时无法预见的、不属于商业风险的重大变化的环境。相较于《最高人民法院关于适用〈中华人民共和国合同法〉若干问题的解释（二）》（已废止）第二十六条而言，《民法典》第五百三十三条在总结司法实践经验的基础上吸收了该条的规定，并将不可抗力排除在外。换言之，法律法规、政策的变化这一不可抗力成为情势变更的理由。因此，平台依照这一变化而单方变更网络服务合同，具有一定的必要性。

2. 提升服务体验和质量属于增进消费者福祉的行为

一味地否定平台享有单方变更权，不一定有利于增进消费者利益。在网络交易中，由于平台侵害消费者权益的现象经常发生，因此需要对其进行倾斜性保护。对消费者进行倾斜保护，是得到广泛认可的公共政策。现在平台愿意主动提升服务体验和质量，在一定程度上能够缩小消费者与平台之间的差距，符合倾斜保护消费者的公共政策理念，能够增进消费者福祉。也就是说，因提升服务体验和质量而变更网络服务合同应该是正当的。

3. 网站运营同样需要赋予平台单方变更权

网络服务市场竞争愈加激烈，在网络技术进步、网络产品更新迭代的快节奏中，不进则退成为平台的生存法则。感知价值理论认为，消费者的消费行为主要来自感知层面的收益和成本的对比权重。[1] 如果消费者获取的服务体验这一收益与其成本不匹配，消费者就不会作出消费选择，消费者也就会流失到其他平台。平台只有通过行使单方变更权及时推陈出新，探索新的服务模式，才能留住现有消费者、吸引潜在的消费者以开展网络交易。平台也可借此实现扭亏转盈，继续探索新的服务模式，如此就可以形成“平台推出新的服务模式—吸引更多消费者消费—平台盈利—继续推出新的服务模式”的良性生态。

二、网络服务平台行使单方变更权的形式规制

形式规制是规制平台行使单方变更权的第一道防线，主要解决的是该变更条款能否成为网络服务合同内容的问题。变更条款不能当然成为网络服务合同的内容，应经过形式规制这一程序性审查。若变更条款经过审查，因不符合形式规制的要求而被否定，则不成为网络服务合同的内容，也就无须进入内容控制环节。

（一）网络服务平台履行显著提示说明义务

相较于传统线下交易，在网络交易中，消费者只能依据平台远程提供的信息作出决策，如果平台提供的信息不准确、不完全、不适时，很可能就会误导消费者的“知情决策”。正如在本案中，涉及的争议条款有9000多字，但加粗、加下划线的条款就已经达6000多字，造成了“显著提醒非显著”的现象。有些平台采取更为隐蔽的方式完成其单方变更，甚至在平台App弹窗中同意版本更新也可能被认定为是一次同意变更的签约动作。

实际上，消费者知情权与平台显著提示说明义务是“一体两面”的关系，也就是说，显著提示说明义务履行越充分，对消费者知情权的保护力度也就越

[1] 桑子文，金元浦：《网络剧〈庆余年〉付费超前点播的影响》，载《甘肃社会科学》2020年第6期。

大。平台向消费者履行变更条款上的显著提示说明义务，则是《中华人民共和国消费者权益保护法》（以下简称《消费者权益保护法》）第二十六条第一款在网络服务合同法律关系中的具体化。该义务系源于诚信原则的先合同义务，作为法定义务，缔约双方必须遵守，不得通过协议予以排除。如果消费者事先被充分告知，则可以作出正确的知情决策，或继续接受或退出。

平台履行显著提示说明义务，既可以防患于未然，也符合预防保护理念的要求，在单方变更语境下更应如此。同时，从法律性质来看，单方变更权应属于形成权。平台就变更条款履行显著提示说明义务，能够使消费者了解该变更情况，也符合形成权生效的一般要求。

（二）提供合理的退出机制

如果平台行使单方变更权的同时，没有为消费者提供相应的退出机制，显然违反了权利与义务相一致原则。通常退出机制体现在网络服务合同条款和便捷退出渠道等方面，在形式上即可审查，无须进入内容规制环节。在“林某与深圳市某计算机系统有限公司服务合同纠纷案”[1]中，因被告未举证证明原告林某在不同意修改内容时可以通过何种方式停止对服务的使用以及退费方式，事实上使得原告无法停止使用“超级影视 VIP”会员服务，故法院认为原告继续使用平台服务的行为不能认为其同意此变更，该变更对原告不发生效力。

这也产生了一个问题：平台变更网络服务合同内容具有经常性，如果类似案件频繁发生，不仅会失去格式条款的效率优势，也会增加平台经营的负担。因此，规制平台行使单方变更权，应尊重既有的商事实践。

问题在于，倘若消费者不同意网络服务合同的变更，仅仅只是要求其停止使用网站服务是否合理？实际上，消费者在使用平台服务时已经支付了相应的对价，该对价应在退出时予以返还。除了约定“不同意可退出”的条款外，还应就如何退出、对价返还等内容作出约定。

三、网络服务平台行使单方变更权的内容规制

对于平台行使单方变更权的法律规制，仅仅依靠形式规制是不充分的。形

---

[1] 参见广东省深圳市南山区人民法院（2020）粤 0305 民初 4903 号民事判决书。

式规制只能解决变更条款能否成为合同内容的问题，即使成为合同的内容，也并不意味着其当然有效。因此需要引入“内容规制”方法，对变更条款的效力进行评价，进一步审查其合法性。

（一）明确变更条款的含义

欲对变更条款进行评价，需先明确其真实含义，这就涉及变更条款的解释问题。如果变更条款的含义足够清楚，则无须对其进行解释；如果变更条款的含义不够明确，导致消费者不能理解其真实含义时，就有了解释的需要。此外，当变更条款表述足够清晰，但是与其他条款相互冲突时，也需要通过解释以明晰真义。

然而平台变更条款的含义经常是不明确的。例如在本案中，双方就某科技公司单方增加的“付费超前点播”条款对吴某某享有的“热剧抢先看”特权属于合同的变更还是新的合同产生争议，这时就需要对两个条款进行解释以明确条款的真实含义，否则无法作出评价。

（二）制定变更条款负面清单制度

各国对于格式条款的法律规制模式不尽相同，德国民法典中有关一般交易条款的概括规范、弹性规范与硬性规范相结合的立法技术是较为成功的，目前已经在不少法治国家得到认可和推广。[1] 在平台单方变更权的内容规制上，可以借鉴德国法规制一般交易条款的成功经验，并结合国内现行法律中有关格式条款效力评价的规范以及司法实践，形成具有本土特色的内容控制模式，即遵循从网络服务平台变更条款负面清单审查到公平原则的审查顺序，审查变更条款的效力。

负面清单同样包括黑名单和灰名单，但其内涵与德国民法典的规定有所不同。黑名单是指平台行使单方变更权时，绝对不能变更的条款，变更则自始无效；灰名单是指相对不能变更的条款，变更应推定为无效，除非平台能够提供充分的理由并得到法院肯定性评价。

---

[1] 张良：《消费者合同研究》，中国政法大学出版社 2016 年版，第 202 页。

（三）明确公平原则适用标准

法律的滞后性使其无法适应新的情况，负面清单也不可能将所有情形纳入在内。倘若某实质损害消费者利益的变更条款通过形式规制，经明确其含义后通过负面清单审查而对平台内消费者发生效力，后果将不堪设想。因此，应以公平原则作为内容规制的兜底性方法，避免负面清单可能产生的漏洞。

《民法典》第四百九十六条规定提供格式条款一方应当遵循公平原则确定当事人之间的权利和义务，订立时都应如此，订立后的合同变更更应如此。但公平原则作为抽象的一般原则，如何准确适用则成为困扰理论界和实务界的难题，其适用标准亟须明确。

"'公平原则'在我国事实上可归纳为类似民法的功能和任务意义上的'公平正义'和'双务合同中的利益均衡'两类定义。"[1] 相较而言，"利益均衡说"更为接近《民法典》和《消费者权益保护法》中有关交易公平，也就是实质性公平的要求——在当事人之间实际上的利益均衡。换言之，利益均衡可以作为实质性公平的审查标准。当平台变更条款使得双方利益不均衡时，该条款不应对消费者发生效力。

[1] 贺栩栩：《〈合同法〉第40条后段（格式条款效力审查）评注》，载《法学家》2018年第6期。

“秒杀”成功后商家取消订单的赔偿责任

——孟某某与广东某科技有限公司、东莞市某科技有限公司信息网络买卖合同纠纷案[1]

孙铭溪[*]　吕烨馨[**]

典型意义

商家对秒杀活动中的“恶意刷单”行为进行监测，本意是为了维护交易的公平性，为广大消费者营造公正、公平的交易环境。商家应当制定较为完善的认定规则，并充分告知消费者。商家仅凭单方经验认定消费者“恶意刷单”而单方解除合同，违反合同约定，属于违约行为，损害了消费者权益，应赔偿可得利益。

关键词　“秒杀”活动　“恶意刷单”合同效力　单方取消订单

案情介绍

孟某某参加手机商城秒杀活动，成功秒杀商品 realme 真我 V3 手机 6GB + 64GB（价格 1099 元）和真我快充移动电源 10000mAh 黑（价格 109 元），商品价格共计 1208 元。秒杀成功后，商家认为孟某某可能存在恶意刷单行为而

---

[1] 一审裁判文书字号：北京互联网法院（2021）京 0491 民初 48483 号民事判决书（2021 年 8 月 30 日）。

一审审判员：孙铭溪。

* 孙铭溪，北京互联网法院综合审判三庭庭长。

** 吕烨馨，中国传媒大学文化产业管理学院法律系研究生。

单方取消订单，拒绝发货。孟某某遂将广东某科技有限公司、东莞市某科技有限公司起诉至北京互联网法院。

原告诉称：根据商城宣传，原告参加 1 元秒杀活动，秒杀成功后被告不发货，属于虚假宣传，要求东莞市某科技有限公司按照消费者权益保护法，原价赔偿网购手机 realme V3 及赠品真我快充移动电源 10000mAh，共计人民币 1208 元并以文字方式公开道歉。

被告辩称：平台取消订单有合理依据。根据商城秒杀规则及注意事项，如果监控到恶意刷单，平台有权取消订单。本案原告下单时，平台监测到原告每秒调用了 3 次接口，一秒提交三次，正常手速是无法达到的，因此平台后台判定为机器恶意刷单，遂取消了订单。

裁判内容

北京互联网法院经审理认为，本案的争议焦点主要包括三个：其一，关于合同的成立；其二，关于合同的解除；其三，关于违约责任承担。

一、关于合同的成立

《中华人民共和国电子商务法》第四十九条规定："电子商务经营者发布的商品或者服务信息符合要约条件的，用户选择该商品或者服务并提交订单成功，合同成立。当事人另有约定的，从其约定。电子商务经营者不得以格式条款等方式约定消费者支付价款后合同不成立；格式条款等含有该内容的，其内容无效。"

本案中，原告成功提交订单，并向东莞市某科技有限公司支付了购物款，故认定原告和该公司之间的网络购物合同成立。上述网络购物合同不违反法律法规的强制性规定，应属合法有效。

二、关于合同的解除

（一）被告的约定解除权

被告东莞市某科技有限公司提交了秒杀活动规则及后台技术统计截图，用以证明其享有约定解除权，即在恶意刷单的情况下，该公司有权基于约定，取消订单，解除合同并退款。法院认为，从被告抗辩以及实际取消订单的操作来看，在实际交易中，公司自行判断订单属于“恶意刷单”从而取消订单。因此，被告应就用户是否属于恶意刷单进行充分的举证。现被告仅主张原告的下单频率超过常理，未就此提交充分的证据，原告就此下单速度亦进行了说明，故法院认定，被告现有证据不足以证明原告存在恶意刷单的情形，原合同约定解除的条件并未成就，公司单方取消订单、不发货，违反合同约定，属于违约行为。需要指出的是，被告对秒杀活动中的“恶意刷单”行为进行监测，本意是为了维护交易的公平性，为广大消费者营造公正、公平的交易环境。但在监测到可能存在一秒多次点击、疑似“恶意刷单”的行为后，未与用户进一步核实和充分沟通，才导致本案纠纷的发生。公司对“恶意刷单”行为的审核应更加审慎。

（二）原告的法定解除权

根据《中华人民共和国民法典》（以下简称《民法典》）第五百六十三条第一款第（四）项的规定，当事人一方迟延履行债务或者有其他违约行为致使不能实现合同目的的，当事人可以解除合同。庭审中，原告基于被告不发货的违约行为当庭作出解除合同的意思表示，故法院认定涉案合同依据法定事由已解除。

三、关于违约责任承担

《民法典》第五百六十六条第二款规定，合同因违约解除的，解除权人可以请求违约方承担违约责任，但是当事人另有约定的除外。第五百八十四条规定，当事人一方不履行合同义务或者履行合同义务不符合约定，造成对方损失的，损失赔偿额应当相当于因违约所造成的损失，包括合同履行后可以获得的利益；但是，不得超过违约一方订立合同时预见到或者应当预见到的因违约可能造成的损失。本案中，涉案手机和充电宝属于合同履行后原告可以获得的利益。因手机价格双方当事人均未举证，但被告已经认可手机价格为1000元左右，充电宝标价为109元。故法院结合手机的型号、双方当事人陈述、标价等确定手机及充电宝共计1109元。

裁判结果

北京互联网法院依照《中华人民共和国民法典》第五百六十三条第一款第（四）项、第五百六十六条第二款、第五百七十七条、第五百八十四条的规定，判决如下：一、被告东莞市某科技有限公司于本判决生效之日起十日内赔偿原告孟某某损失1109元；二、驳回原告孟某某其他诉讼请求。

法官解读

随着电子商务的飞速发展，网络购物合同纠纷在法院的审判实践中亦呈现出逐年增长的态势。消费者在享受网络购物方便、快捷的同时，也面临着比传统交易方式中更多的风险，因而保护网络购物消费者的合法权益成为促进电子商务发展的重要因素。

一、“秒杀”购物过程中存在的法律问题

“秒杀”购物是电子商务的一种新形式，销售者通过采取限时限量低价促销手段，吸引消费者浏览商品并刺激下单。随着秒杀这种新型的促销模式不断盛行，由商品秒杀活动产生的法律问题日渐增多，除本案所涉及的秒杀被“砍单”不发货的情形外还存在下列问题。

（一）发布虚假“秒杀”活动广告

销售者在组织“秒杀”活动时，制作、发布虚假、引人误解的“秒杀”广告，秒杀所宣传的商品与购买者实际购买到的商品完全不符。销售者还会利用虚假、使人误解的标价形式和价格手段，欺骗、诱导消费者与之交易。还有的虚构秒杀价格，导致秒杀支付的实际价格高于商品市场价格。

（二）秒杀商品产品质量存在隐患

在秒杀活动中，由于时间有限，价格低廉，存在一些销售者对产品的质量监测不严的问题。消费者也会因为仓促下单而未认真审核商品详情或未注意销

售者的质量瑕疵提醒，导致买到的商品存在质量瑕疵或者质量问题，商品售后维权存在困难。

（三）“秒杀神器”违背交易公平

随着技术手段的更新，秒杀活动中开始出现了机器自动下单、定时下单的“秒杀神器”，在提交抢拍数据时会自动判读提交数据是否有效，如果无效可以瞬间再次自动提交，这使得普通消费者参与秒杀购物时陷于不利地位，违背了交易公平原则。

二、对“秒杀”购物机制的完善建议

（一）完善“秒杀”购物的法律规定

针对“秒杀”购物中的不发货、虚假秒杀、虚假宣传、质量问题等，应完善纠纷解决机制，完善立法，及时填补法律漏洞，加强对“秒杀”购物中出现的新问题的调查研究。

（二）加强对“秒杀”购物的监管机制

市场监督管理部门应加强对“秒杀”活动的监管，改进监管技术手段，开展网络购物诚信抽查，明确主管部门责任，避免出现监管空白。

（三）加强网络购物领域信用评价机制建设

通过交易双方的信用互评、第三方评价等机制建设，规范“秒杀”活动中的信用问题，形成具有效力的信用等级。消费者可以根据商家信用等级来判断交易安全与否，信用等级将影响商家的市场机会，督促商家诚信经营，维持和提升自身信用状况。

互助平台修改变更服务协议不得减损“老会员”合法权益

——闫某某与某科技有限公司网络服务合同纠纷案[1]

刘书涵[*]　欧　婧[**]

典型意义

某科技有限公司发起并运营某互助平台，闫某某于2016年加入该互助计划后，于2019年确诊癌症。该平台依据2018版章程不承认闫某某的受助资格。法院对闫某某与该公司之间的关系进行分析，并判断应当依据的章程为2016版本，从而保障了平台使用者的合法权益。本案明确了网络互助平台这一新兴服务下使用者与运营者的权利义务关系，并明确了《章程》修改要考虑原有会员的合法权益，不得减损。本案被《法治在线》节目报道。

关键词　互助平台　网络互助合同　章程效力

案情介绍

被告（上诉人）某科技有限公司（以下简称某科技公司）为某互助平台

[1] 一审裁判文书字号：北京互联网法院（2019）京0491民初30110号民事判决书（2021年10月12日）；二审裁判文书字号：北京市第四中级人民法院（2021）京04民终826号民事判决书（2022年2月22日）。

一审审判员：刘书涵。

* 刘书涵，北京互联网法院综合审判二庭庭长。

** 欧婧，中国传媒大学文化产业管理学院法律系研究生。

的发起者与运营者。原告（被上诉人）闫某某于2016年加入该平台的互助计划，包括“重疾互助子计划”“意外医疗互助子计划”和“意外身故及伤残子计划”，其中“重疾互助子计划”的受助额度为30万元。加入平台后，某科技公司一直按期进行扣款。2019年3月，闫某某被诊断患有癌症，其在医院接受了手术治疗后，向平台申请受助时遭拒付。故闫某某将某科技公司诉至法院。

原告闫某某诉称，其所患疾病符合“重疾互助子计划”的条件，但被告认为闫某某不符合重疾计划加入的健康条件，拒绝赔付。原告认为被告的拒赔理由不能成立，并请求法院判令被告依照协议约定发起重疾互助并向原告支付30万元互助金。

被告某科技公司辩称，其发起和运营的互助平台本质上是互助保障型组织，《章程（2018版）》中明确约定，成为会员的前提条件必须是健康体。该版本的《章程》对身体健康的标准进行了详细的解释，如患有高血压等影响血管功能疾病的，都不属于身体健康。原告于2016年加入“重疾互助子计划”，而其在2014年被诊断为腔隙性脑梗死、高血压，且长期服用药物，其健康状态及既往病史与《章程》规定的加入条件不符。原告申请互助后，第三方出具了调研审核报告《审核报告——闫某某重疾互助申请》，平台作为组织规则的代位执行方，按照严格执行规则的定位和传统，出具了不予互助的意见。如果会员提出异议，则可进入评审程序进行调节和认定。闫某某没有提出异议即提起了诉讼，工作人员与其沟通是否提交内部评审被其家属拒绝。平台按照《章程》在原告缺席的情况下对此起异议案件发起了评审，在专业律师的见证下，评审团经过讨论和投票，认定原告不符合健康体加入条件，但综合考虑其加入时间、慢性病与肺癌的弱关联度，经过评审，最终支持按20%即6万元给予互助。

裁判内容

北京互联网法院经审理认为，本案的主要争议焦点包括：一是闫某某与某科技公司之间存在何种法律关系；二是闫某某是否有权要求某科技公司发起互助并支付重疾互助金30万元。

一、闫某某与某科技公司之间存在何种法律关系

本案中，闫某某注册成为某互助平台会员并加入该平台的重疾保障计划，依据《公约》和《章程》约定的内容享受权利、履行义务，二者之间存在合同关系。但通过《公约》和《章程》所缔结的法律关系并非仅涉及原被告双方，还广泛地约定了平台其他会员间的权利义务关系。当会员发起互助申请并经审核认定符合互助条件后，由某科技公司计算每位互助会员的均摊金额，对互助金进行划拨归集，之后给付申请人，其他会员有义务向符合条件的互助申请人给付均摊的相应金额的互助金。

关于原告主张本案应当参照适用《中华人民共和国保险法》（以下简称《保险法》）的意见，法院认为，依据《保险法》第二条及第十条的规定，保险合同是投保人与保险人之间缔结的双务合同。在本案中，负有互助金给付义务的是重疾保障计划的其他会员，而非互助平台。重疾保障计划的申请会员通过在其他互助事件中履行分摊互助金的义务，将自己罹患重疾所遭受的财产损失的风险分散到参与该计划的其他会员，而非该互助平台。虽然都具有风险转移的效果，但是风险承担的主体在本质上存在不同。某科技公司亦不以其自身的名义对申请会员承担互助金给付义务，并非会员“重疾风险”的承受方，其更倾向一种平台管理者与互助事件协调者的特征，这些特征与保险保障义务主体的特征在内容上有明显差异，故某科技公司不属于也不类似保险法上的保险人，闫某某与某科技公司之间不存在保险合同关系。

二、闫某某是否有权要求某科技公司发起互助并支付重疾互助金30万元

（一）应当依何标准判断闫某某是否符合加入条件

本案中，某科技公司委托第三方公司出具审核报告，认为闫某某属于不予互助情形。闫某某主张其注册成为某互助平台会员并加入重疾保障计划时，《章程》中没有第7.12条（慢性疾病或体征），应以该版为准。法院认为，根据查明的事实，在闫某某申请加入时适用的《章程（2016版）》中并没有《章程（2018版）》中第7.12条的内容，在《章程》对于不符合加入的条件进行了更为细化的修改后，必然会影响之前加入的会员的权益，某科技公司亦

未提交相应证据证明其对《章程》修改后因加入条件变化导致之前符合条件的会员不再符合新的加入条件时，是否提供了重新确认的渠道以及处理方案，在此情形下，对于是否符合加入条件，应当按照会员加入时适用的《章程》进行评价，而不能依据修改后的条件进行评价。否则，可能会出现如下情况：加入时符合条件又按照章程履行分摊互助义务的会员，因章程修改导致其不符合加入条件而不予互助，将导致其分摊金额受损，亦可能丧失其他互助机会。

（二）闫某某是否符合加入条件

《章程（2016版）》中关于加入条件的条款为：“加入本计划之时身体健康，无躯体功能或精神心理障碍，无功能器官及肢体的缺失或移植，无本计划所列重大疾病及特定疾病，且一年内未因病手术或住院、一年内未因同一病症持续或反复用药、六个月内未出现长期反复发作或渐进性发作的症状或体征。”条款中并未明确约定高血压、脑梗死属于被排除的情形，同时，该条款中“本计划所列重大疾病及特定疾病”中提到了“原发性肺动脉高压……已经造成永久不可逆性的体力活动能力受限”和“脑血管的突发病变引起脑血管出血、栓塞或梗塞，并导致神经系统永久性的功能障碍”等，与该类疾病及该条中其他表述“躯体功能或精神心理障碍”“器官及肢体的缺失或移植”“重大疾病及特定疾病”等相比，闫某某所患高血压、脑梗死经治疗病情好转的情况，显然程度较轻，闫某某认为其身体状况符合加入条件，是符合通常认知的。综上，在《章程（2016版）》没有明确将闫某某所患疾病进行排除，同时其患病情况又明显轻于《章程》列明的内容，不足以让闫某某认识到其患病状况属于不符合加入条件的情况下，应当认定闫某某在加入时符合加入条件。第三方报告依据《章程（2018版）》第7.12条的规定认为闫某某所患疾病不符合加入条件，属于判断依据有误。同时，按照《章程》约定，对于第三方出具的报告，并不必然就作为是否应发起互助的依据，某科技公司还应就“互助事故进行核定”，而某科技公司没有对该报告的判定进行纠正，依然认为闫某某不符合加入条件，属于错误核定。

（三）闫某某能否要求某科技公司发起互助并支付重疾互助金

法院认为，就互助金给付一节，应当适用闫某某申请发起互助时的《章程（2018版）》第5.2条互助金给付条款的约定。《章程》相关内容在修改的过程中已经进行了公示，亦不存在无效情形，应当认定为有效。同时，第5.2条第3项的修改，简化了公示流程，有利于申请人取得互助，法院予以认可。案件审理中，某科技公司认可闫某某所患疾病属于可以发起以30万元为限的互助申请的疾病种类，即符合互助条件，应当计算每位互助会员的分摊金额，划拨互助金，互助金归集完毕后3个工作日内，向闫某某划拨互助金。

裁判结果

北京互联网法院依照《中华人民共和国合同法》第八条之规定，判决如下：被告某科技公司于本判决生效之日起10日内为原告闫某某发起互助计划，计算互助会员的分摊金额，从互助会员账户中划拨、归集互助金，并将归集的互助金（以30万元为限）给付原告闫某某。

一审判决后，某科技公司不服，提起上诉。北京市第四中级人民法院二审判决：驳回上诉，维持原判。现判决已生效。

法官解读

一、网络互助行为的界定

（一）网络互助模式的内涵

网络互助是近年来基于互联网兴起的一种新兴商业模式。《2020年网络互助行业白皮书》中对网络互助进行了定义："指利用互联网信息撮合功能和数字技术解决成员间信息对称和信任问题，集合具有同质风险和保障需求的互助成员，通过协议互相帮助并承担彼此健康风险损失的保障模式。"其最大特点是利用数字技术实现平台的引流及搭建，利用互联网、大数据等数字技术降低运营成本。而艾媒咨询《2020上半年中国网络互助发展专题研究报告》中同样对网络互助进行定义，指"吸纳了民间互助共济行为、原始保险形态、网络服务技术等诸多理念和运行模式后，产生的新类型互助性经济组织，会员与平台之间以及会员与会员之间构成新型的网络服务合同关系”。

网络互助的主要模式为由互助平台发起，所有会员进行费用均摊，将募集的资金对患病会员实行集中救助。其低门槛、普惠性等特点，一定程度上为广大人民群众有效解决了医疗资金问题，对医疗保险与商业保险起到了补充性的作用。

（二）网络互助与传统保险的关系

基于上述界定可以看出，网络互助与传统保险并不相同。传统保险包括社会医疗保险与商业保险两大领域，二者与网络互助具有多方面的区别。具体而言，社会医疗保险作为社会保险制度的主要组成之一，起着基础性保障作用，同时商业保险以其覆盖更加全面的特点成为当前主流的保险形式，网络互助则作为一种补充，起着补充性保障作用。三者的承办主体也有差异，社会医疗保险的承办主体为政府行政机构，商业保险的承办主体为保险公司，网络互助的承办主体为第三方互助平台。主体差异使得三类产品具有不同的特性：社会医疗保险具有普惠性、强制性，由国家立法强制实施；商业保险依照平等自愿原则实行，具有商业性；而网络互助同为个人自愿参加，具有普惠性、网络性的特征。在资金筹措方面，社会医疗保险涉及国家、企业和个人，商业保险涉及保险公司与个人，网络互助则为会员缴纳互助资金。

2017 年银保监会要求各保监局对互助平台开展排查，主要对以互助计划形式非法从事保险业务进行了专项整治。针对互助计划存在的一些问题，要求划清其与保险之间的界限，停止使用保障、赔付、理赔等用语，也不能与保险产品挂钩和对比，防止产生金融风险。由此可以看出，网络互助与保险需要进行明确的区分。而本案中，涉案平台依托互联网技术，收取会员缴纳资金并进行资助的模式，可以明显看出其属于网络互助模式，而非商业保险，因此，本案也并不如原告所提出的适用《保险法》的相关规定。

二、网络互助模式下当事人双方为服务合同关系

由上述分析可以看出，网络互助模式下双方当事人应属于服务合同关系，而非保险合同关系。保险合同是投保人与保险人之间缔结的双务合同，投保人根据合同约定，向保险人支付保险费，保险人对于合同约定的可能发生的事故

因其发生所造成的财产损失承担赔偿保险金责任，或者当被保险人死亡、伤残、疾病或者达到合同约定的年龄、期限等条件时承担给付保险金责任。保险人是指与投保人订立保险合同，并按照合同约定承担赔偿或者给付保险金责任的保险公司。保险合同关系有如下两个特点：其一，保险合同的缔约方有两方，即投保人与保险人；其二，投保人（被保险人）与保险人通过互负金钱给付义务实现风险转移，即投保人通过向保险人给付一定数额的保险费，将保险合同所约定的与被保险人有关的某种财产或人身风险转移给保险人，当保险合同所约定的、危及被保险人某种财产或人身权益的事故发生时，由保险人向被保险人给付一定数额的保险金，从而实现对被保险人的保险保障。

本案中，闫某某主张参照适用《保险法》，而根据裁判分析，原被告双方并非保险合同关系，而是网络服务合同关系。闫某某注册成为该互助平台会员并加入该平台的重疾保障计划，依据《公约》和《章程》约定的内容享受权利、履行义务，闫某某与某科技公司之间存在互助合同关系，其权利、义务由《公约》和《章程》约定。但通过《公约》和《章程》所缔结的法律关系并非仅涉及闫某某及某科技公司双方，还广泛地约定了平台其他会员间的权利义务关系。当会员发起互助申请并经审核认定符合互助条件后，由某科技公司计算每位互助会员的均摊金额，对互助金进行划拨归集，之后给付申请人，某科技公司应按照《公约》和《章程》约定的内容组织审核、公示、计算、扣划并归集其他会员的资金后给付申请人，其他会员有义务向符合条件的互助申请人给付均摊的相应金额的互助金。

三、本案对互助平台以及消费者的启示

（一）平台修改条款时的法律责任与社会责任

网络平台在修改平台规则时，应充分考虑条款变动所带来的影响并预先制定解决方案。在没有另行约定的情况下，会员应当适用加入平台时的规则，不得以规则修改为由不当减损“老会员”的合法权益。

网络互助平台应完善申请审核规则及争议解决程序，让关系会员切身利益之重大事项的决定权真正由会员行使，促进网络互助业务真正起到补充基本医

疗保险与商业保险的效果。

（二）对于消费者与平台运营方的启示

会员在加入互助计划之前，应当如实告知平台运营方自身健康状况、既往病史等基本情况。如果会员不履行如实告知义务，导致平台在经营过程中出现重大风险，会员可能要承担不利后果。因此，会员是互助计划的第一受益人，也是互助计划的第一责任人。

对于消费者而言，在加入类似这种会员服务的时候，一定要认真阅读服务协议的条款，及时与平台客服等对于协议中不明晰、不理解部分进行询问。此前曾有案件中，因为平台尽到了提示义务，经审查确实不符合加入的条件的情况，而没有支持会员要求互助的请求。所以消费者在加入此类平台前需明确自己的身体健康条件情况，以及平台所提供的保障的内容和范围。无论为自己还是亲友购买此类服务，都要事先咨询了解，以免未来需要获得救助时而不符合相关资质，不仅损失自己已经分摊的互助金，还有可能丧失寻求救助的机会。

此外，二审法院也指出，为维护广大缺乏风险保障专业知识与群体组织运营经验的会员的合法权益，互助平台应投入更多成本完善现有的争议解决程序和评审团制度，对《章程》和《公约》等进行变更时，应充分考虑条款变动所带来的影响并预先制定解决方案，让关系会员切身利益之重大事项的决定权真正由会员行使，促进网络互助模式发挥补充我国多层级医疗保障制度体系的作用。

第四编

合同欺诈的认定

假借“福袋”销售低价商品，构成价格欺诈

——滕某与厦门某电子商务有限公司网络购物合同纠纷案[1]

张连勇[*]　欧　婧[**]

典型意义

对消费者来说，“福袋”相当于商品打折优惠，在购买时对“福袋”内商品的期待感也非常具有吸引力。对于经营者而言，“福袋”已成为一种有效的促销手段。但是，促销绝不能成为变相的价格欺诈。法律禁止价格欺诈行为，某公司销售远低于其承诺价值的“福袋”，诱导消费者进行购买，法院认定其行为构成价格欺诈，应当予以退款并支付三倍惩罚性赔偿金。本案中，法院对以“福袋”形式营销的商业手段进行分析，明确了价格欺诈行为在电子商务环境下的构成，并明确了适用惩罚性赔偿，对保护消费者合法权益具有重要意义。

关键词　福袋营销　射幸行为　价格欺诈

案情介绍

被告厦门某电子商务有限公司，其经营某品牌天猫商城官方旗舰店，并在

---

[1] 一审裁判文书字号：北京互联网法院（2019）京 0491 民初 15720 号民事判决书（2019 年 11 月 30 日）。

一审合议庭组成人员：审判长张连勇、人民陪审员郝作成、人民陪审员邢琳。

* 张连勇，北京互联网法院综合审判一庭庭长。

** 欧婧，中国传媒大学文化产业管理学院法律系研究生。

店内销售具有醒目标注“999 元/件”“￥2399”字样的“男装超值幸运福袋（款式随机）”，且承诺福袋内产品价值均高于 2399 元。2018 年“双 11”期间，原告滕某在被告公司经营的官方旗舰店购买了该“福袋”，支付 949 元。滕某收货后发现，该“福袋”内商品为同店在售标价 799 元的大衣一件，且未排除“双 11”可使用的各种购物券及优惠券，实际该件大衣直接购买价格要远低于 799 元。原告通过联系客服、投诉至厦门当地工商行政管理部门均未得到满意结果，故诉至北京互联网法院。

原告诉称：根据《中华人民共和国价格法》（以下简称《价格法》）第十四条第（四）项的规定，经营者不得利用虚假或者使人误解的价格手段，诱骗消费者或者其他经营者与其进行交易。在本纠纷事件中，被告将原标价 799 元的大衣，包装成价格 999 元的“超值幸运福袋”销售给原告，实施了价格欺诈。故请求法院判令被告退款退货及三倍赔偿共计人民币 3796 元，并承担诉讼费等相关一切费用。

被告辩称：商品销售页面标明福袋款式随机，大衣售价 799 元非大衣实际价格，为达到各种优惠标准后的价格，实际价格远高于 999 元，活动销售福袋内部商品价格均高于 2399 元，故被告方没有实施欺诈行为。同时，被告提交了涉案同款大衣吊牌，标示零售价为 2790 元。

裁判内容

北京互联网法院经审理认为，本案的争议焦点为商家销售低于承诺价格的“福袋”商品行为是否构成价格欺诈。

价格欺诈行为是指经营者利用虚假的或者使人误解的标价形式或者价格手段，欺骗、诱导消费者或者其他经营者与其进行交易的行为。法律禁止价格欺诈行为。本案中，厦门某电子商务有限公司将同期商店内售价 799 元的大衣在“双 11”期间以标价 999 元的“超值幸运福袋”的形式销售给原告（原告实际支付金额为 949 元），而且认可其销售页面醒目标注的“￥2399”字样的意思是其福袋中的货品价格均高于 2399 元，而其所称的商品的价格系衣物吊牌上载明的价格。被告在销售涉案福袋页面通过标注远高于涉案商品实际销售价格的方式，诱导消费者与其进行交易的行为，构成价格欺诈，原告有权要求被告退货退款。

依据《中华人民共和国消费者权益保护法》（以下简称《消费者权益保护法》）的规定，经营者提供商品或者服务有欺诈行为的，应当按照消费者的要求增加赔偿其受到的损失，增加赔偿的金额为消费者购买商品的价款或者接受服务的费用的三倍。故滕某对厦门某电子商务有限公司的全部诉讼请求法院予以支持。

裁判结果

综上所述，依照《中华人民共和国消费者权益保护法》第八条、第二十条第三款、第五十五条第一款之规定，判决如下：一、厦门某电子商务有限公司于本判决生效后十日内退还滕某购物款949元；二、厦门某电子商务有限公司于本判决生效后十日内赔偿滕某2847元；三、滕某于本判决生效后十日内将涉案商品退还厦门某电子商务有限公司；四、驳回滕某的其他诉讼请求。

该判决已生效。

法官解读

近几年来，随着数字经济的发展，网络交易中的“盲盒”“福袋”模式风靡。由此产生出的“盲盒经济”“福袋经济”也引发了多种社会问题与法律问题。比如此前风靡一时的“机票盲盒”，曾被中国消费者协会点名提醒广大消费者理性看待，[1] 并于2021年发布提示：经营者销售盲盒当规范，消费者购买盲盒勿盲目，指明盲盒市场存在的商家过度营销、涉嫌虚假宣传、产品质量难以保障、消费纠纷难以解决等问题。

---

[1] 《中消协“五一”消费提示：送您五个消费“锦囊”平安顺心过“五一”》，载中国消费者协会网，https://www.cca.cn/jmxf/detail/30049.html，最后访问日期：2023年3月16日。

一、"福袋经济"：射幸行为与价格欺诈的界定

（一）射幸行为与"福袋"模式

有学者指出，"福袋"模式的形成与使人购买成瘾源于概率化的正向反馈机制，消费者倾向于相信可能花费较少成本获得巨大正反馈故而选择购买福袋。❶

这一模式近似射幸行为，射幸行为指具有侥幸冒险意图的行为。我国法律上有所规制的射幸合同仅保险合同一种，但生活中存在如彩票等很多射幸行为。由于这一射幸性存在，反映实质公平的等价有偿原则难以在这种情形下适用。❷ 尽管如此，射幸合同仍然讲求等价有偿的相对性，就全体而言仍在同等价值的大体范围内进行交易。近年愈发流行的"福袋""盲盒"商品，包括电商环境下的许多商家推出的网购"福袋""电子福袋"商品，均类似于这一合同，借助上述消费者的概率化正向反馈心理机制，以此达到快速清理库存的同时销售高于原价商品的目的。

不过，与纯粹的射幸行为不同的是，现实中的电商企业销售"福袋"时往往承诺所销售"福袋"包含的商品的最低价格，以使消费者预先建立心理预期，更易促进消费行为的发生。因此，这一承诺使商家与消费者建立起的合同中包含最低商品价格的要求。本案中商家销售的大衣依据实际销售的价格，不满足合同要求，商家构成违约并应承担相应责任。

（二）价格欺诈行为的概念与认定要件

依据本案判决时相关规定，就价格欺诈行为之认定，参照《禁止价格欺诈行为的规定》（已废止）等行政规章及规范性文件，对经营者的标价行为进行综合判断。经营者利用虚假的或者使人误解的标价形式或者价格手段，欺骗、诱导消费者或者其他经营者与其进行交易的行为，属于价格欺诈行为。譬如，使用欺骗性或误导性的语言、文字、图片、计量单位等标价，虚构原价，

❶ 马治国，徐济宽：《数字经济背景下"盲盒"营销模式的法律治理》，载《北京工业大学学报（社会科学版）》2022 年第 1 期。

❷ 陈传法，冯晓光：《射幸合同立法研究》，载《时代法学》2010 年第 3 期。

虚构降价原因，虚假优惠折价，谎称降价或者将要提价，诱骗他人购买的，属于价格欺诈。

为了规范经营者明码标价行为，预防和制止价格欺诈，维护市场价格秩序，2022 年 4 月 14 日，国家市场监督管理总局公布了第 56 号令《明码标价和禁止价格欺诈规定》，2000 年 10 月 31 日原国家发展计划委员会令第 8 号发布的《关于商品和服务实行明码标价的规定》、2001 年 11 月 7 日原国家发展计划委员会令第 15 号发布的《禁止价格欺诈行为的规定》于该规定实施之日废止。其中总则部分指出，“本规定所称价格欺诈，是指经营者利用虚假的或者使人误解的价格手段，诱骗消费者或者其他经营者与其进行交易的行为”。在法理上，判断价格欺诈需考量以下因素：其一，经营者是否运用了虚构事实、隐瞒真实情况或者其他使人误解的价格手段；其二，价格手段是否具有实质上欺骗、诱导一般消费者的可能性。

值得消费者注意的是，有些经营者在促销活动中通过“原价”“原售价”“成交价”等类似标识对实际并不存在或者从未有过交易记录的商品进行标注，误导消费者认为该商品在本经营场所已有成交记录，欺骗、诱导消费者或者其他经营者与其进行交易。判断“原价”的依据是，经营者在本次促销活动前七日内在本交易场所成交的有交易票据的最低交易价格；如果前七日内没有交易，以本次促销活动前最后一次交易价格作为原价。

有学者提出，根据《价格法》第十四条第（四）项和《禁止价格欺诈行为的规定》第三条的规定，价格欺诈的构成要件可分为主体、主观、客观三个方面，其中主体包括欺诈主体和被欺诈主体，前者应当为有合法经营资格的商事主体，否则应当受到法律规制；后者为价格欺诈对象，不应仅限于消费者而应包括因价格欺诈行为已经或可能受到损害的消费者和经营者。[1]

不过，在主观要件方面，该学者认为，出于对消费者的特别保护，对消费者的价格欺诈行为不应以经营者的主观故意为前提：“即在认定其欺诈行为是否成立时，不应考虑其主观态度，而经营者对其他主体价格欺诈的主观要件可以考虑将主观故意列入其中。”[2] 因此，判断价格欺诈的主观要件应考虑其行

---

[1] 罗泽胜：《价格欺诈法律界定的困惑与厘定》，载《价格理论与实践》2011 年第 7 期。

[2] 同上。

为目的，是否为以欺诈手段引人误解，从而使消费者接受并达成交易。目前这一观点还有待商榷。在已经实施的《明码标价和禁止价格欺诈规定》中第二十一条对第十九条所述价格欺诈行为补充三种法定排除情形，具体包括：“（一）经营者有证据足以证明没有主观故意；（二）实际成交价格能够使消费者或者与其进行交易的其他经营者获得更大价格优惠；（三）成交结算后，实际折价、减价幅度与标示幅度不完全一致，但符合舍零取整等交易习惯。”如商家能够提供证据证明非主观故意，或实际成交价格优惠更大，或符合交易习惯等，可认定不属于价格欺诈。这表明，价格欺诈的认定应当包含经营者的主观故意。

客观要件则可具体划分为价格欺诈的方式、价格欺诈行为与交易有无关系、价格欺诈行为与交易结果的关系三个层面。而《明码标价和禁止价格欺诈规定》第十九条已经明确列举了价格欺诈的七种表现方式：“（一）谎称商品和服务价格为政府定价或者政府指导价；（二）以低价诱骗消费者或者其他经营者，以高价进行结算；（三）通过虚假折价、减价或者价格比较等方式销售商品或者提供服务；（四）销售商品或者提供服务时，使用欺骗性、误导性的语言、文字、数字、图片或者视频等标示价格以及其他价格信息；（五）无正当理由拒绝履行或者不完全履行价格承诺；（六）不标示或者显著弱化标示对消费者或者其他经营者不利的价格条件，诱骗消费者或者其他经营者与其进行交易；（七）通过积分、礼券、兑换券、代金券等折抵价款时，拒不按约定折抵价款。”并在最后设置兜底性条款以更全面地保护消费者合法权益。

本案中，厦门某电子商务有限公司作为经营者，通过在商品销售页面标注高于实际销售的福袋内商品价格的行为，使消费者相信并达成交易，符合《明码标价和禁止价格欺诈规定》第十九条中所列举的情形，故该商家的行为属于价格欺诈行为，应当承担相应的赔偿责任。

经营者提供商品或服务有欺诈行为的，应当按照消费者的要求增加赔偿其受到的损失，依据《消费者权益保护法》第五十五条第一款的规定，增加赔偿的金额为消费者购买商品的价款或者接受服务的费用的三倍；增加赔偿的金额不足五百元的，为五百元。法律另有规定的，依照其规定。不过，《明码标价和禁止价格欺诈规定》中也在第二十六条明确了经营者违反规定后的处罚规则，其第一款规定：“经营者违反本规定，但能够主动消除或者减轻危害后果，及时退还消费者或者其他经营者多付价款的，依法从轻或者减轻处罚。”其第二款规定：“经营者违反本规定，但未实际损害消费者或者其他经营者合法权益，违法行为轻微并及时改正，没有造成危害后果的，依法不予处罚；初次违法且危害后果轻微并及时改正的，可以依法不予处罚。”表明经营者如能主动消除或减轻、未造成危害后果等情形，可以减轻或不予处罚，体现了宽严相济的特征，为经营者创造了更为良性的营商环境。

二、价格欺诈的主要表现形式及其危害

（一）价格欺诈的主要表现形式

2022年发布的《明码标价和禁止价格欺诈规定》第十九条中规定了除第（八）项兜底条款外的七种价格欺诈情形，以较为具体的列举明确了价格欺诈的表现形式，使具体案件中的判断更加有据可循。日常生活中，以低价诱骗消费者或者其他经营者以高价进行结算，通过虚假折价、减价或者价格比较等方式销售商品或者提供服务，使用欺骗性、误导性的语言、文字、数字、图片或者视频等标示价格以及其他价格信息这几种方式均是常见的卖家采取的价格欺诈方式，如本案中以吊牌价格履行承诺价格，却远高于实际销售价格，正是符合上述情形中的“低价诱骗，高价结算”“虚假折价”情形。

《明码标价和禁止价格欺诈规定》第二十条还规定了网络交易经营者禁止实施的行为：“（一）在首页或者其他显著位置标示的商品或者服务价格低于在详情页面标示的价格；（二）公布的促销活动范围、规则与实际促销活动范围、规则不一致；（三）其他虚假的或者使人误解的价格标示和价格促销行为。网络交易平台经营者不得利用技术手段等强制平台内经营者进行虚假的或者使人误解的价格标示。”对网络交易的经营者提出了禁止性要求，规范了网络交易市场秩序，有利于营造更好的网络交易环境。

（二）价格欺诈行为的危害后果

诚实信用是《中华人民共和国民法典》的基本原则之一，被称作民法的“帝王条款”，长期以来作为重要的思想原则指导着社会实践。在此原则上要求市场经济主体履行诚信交易的义务。然而价格竞争违反了这一原则的要求，

损害了消费者及其他经营者的合法权益，也使实施价格欺诈的经营者自身商业信誉受到影响，严重破坏了市场竞争秩序。从微观层面看，上述所列举的价格欺诈行为主要危害消费者的知情权，致使消费者对经营者所出售的商品产生不符合实际的预期，从而造成交易的发生，使消费者的经济等利益受到损失。而从宏观层面看，价格对于市场动向具有一定的反映能力，然而由于价格欺诈行为的存在，这一反映也因价格欺诈行为受到制约故无法正常反映当前市场需求，长久下去也会对市场发展造成不利后果。

三、本案对网络交易环境下消费者及经营者的启示

（一）对消费者的启示

对于广大消费者而言，消费者易在交易环境中处于不利地位，在网络交易环境下，消费者的知情权更难以保障，故消费者需要擦亮眼睛，对网络交易中商品的介绍等进行甄别。《中华人民共和国电子商务法》（以下简称《电子商务法》）第三十九条中提到："电子商务平台经营者应当建立健全信用评价制度，公示信用评价规则，为消费者提供对平台内销售的商品或者提供的服务进行评价的途径。"该条第二款中也规定："电子商务平台经营者不得删除消费者对其平台内销售的商品或者提供的服务的评价。"网络交易平台为保护消费者合法权益，设置了多种保护性机制，如消费者可借用平台的评论机制，对经营者的产品进行真实评价，或在购买商品前查阅其他消费者的历史评论，了解该商品的真实状态。消费者发现商品描述与实际不符时，还可通过交易平台的监督举报机制，向平台发起投诉，以规范商品经营者诚信经营。面对近年来越发热门的"盲盒"商品，消费者在购买时可考量是否存在虚假宣传问题，谨防销售套路陷阱，必要时采取司法或行政手段，保障自身权益。

（二）经营者需规范自身、诚信经营

《电子商务法》第五条规定："电子商务经营者从事经营活动，应当遵循自愿、平等、公平、诚信的原则，遵守法律和商业道德，公平参与市场竞争，履行消费者权益保护、环境保护、知识产权保护、网络安全与个人信息保护等方面的义务，承担产品和服务质量责任，接受政府和社会的监督。"该条对电

子商务经营者的行为原则进行了明确。

网络购物真假难辨，消费者难以了解商品的真实状态，因而更需经营者严格约束自身，规范商品描述。市场营销作为市场经营中的重要一环，是促进市场发展的重要因素，然而众多经营者通过过度营销甚至虚假营销，使消费者产生误解，以达成交易产生的目的，辜负了消费者的信任，严重损害了消费者利益，还对市场竞争秩序造成了不利影响。经营者在采取营销方式时，同样需坚持诚信原则，以合理宣传手段发展自身。

刷单行为的事实认定和法律评价

——李某某与北京某电子商务有限公司网络服务合同纠纷案[❶]

刘　邢*　赵　玲**

典型意义

"刷单"行为严重损害了消费者的知情权，影响了网络交易市场秩序，应当予以规制。人民法院对电子商务平台按照平台规则对平台内电子商务经营者的刷单行为进行监督、管理等积极承担社会责任的行为给予肯定和鼓励，对电子商务经营者未能提供证据证明订单异常的合理性给予否定评价。

关键词　网络服务合同　刷单行为　法律评价　事实认定

案情介绍

被告北京某电子商务有限公司（以下简称北京某公司）是一家大型电子商务平台的经营者，被告李某某于2018年在北京某公司的电商平台上开设"珊迪思鞋靴拼购店"，并与北京某公司签订《开放平台在线服务协议》。2019年6月，北京某公司监测到平台内经营者李某某开设的店铺存在大量刷单行

❶ 一审裁判文书字号：北京互联网法院（2019）京0491民初39819号民事判决书（2020年2月22日）。

一审审判员：刘邢。

* 刘邢，原北京互联网法院立案庭法官。

** 赵玲，中国传媒大学文化产业管理学院法律系研究生。

为，对李某某的店铺做出扣除 25 积分、禁止发布新产品、罚款 10000 元的处罚。李某某认为平台处罚过重，向北京某公司进行申诉未果后诉至法院，要求北京某公司退还罚款。

原告李某某诉称：被告北京某公司于 2019 年 6 月 27 日在商家后台推送“虚假交易一次扣 25 分”信息，于 6 月 29 日推送扣款信息。北京某公司以商家严重违规为由（虚假交易第一次）扣 25 分，罚款 10000 元，还屏蔽和禁止店铺｛禁止发布新商品：7 天；禁止上架待售商品：7 天；禁止报名营销活动：7 天；参加考试;｝，该处罚过重，要求退还 10000 元。

被告北京某公司辩称：2019 年 6 月，原告李某某的店铺被系统识别到存在大量刷单行为。答辩人向原告发送了“虚假交易”的违约通知单，原告在申诉期内提交的申诉材料无法证明涉案交易为正常交易，故被驳回。根据《开放平台在线服务协议》第 7.6 条、第 10.4 条、第 10.5 条、附件 3 的商家承诺函以及《商家违规积分管理规则》第 2.7 条以及《虚假交易细则》，原告的行为属于严重违约，答辩人有权扣除涉案店铺 25 分，原告应支付违约金 1 万元，且根据协议，答辩人有权自商家钱包中予以扣除。原告的刷单行为已经严重违反了《开放平台在线服务协议》，该项约定是双方真实意思表示，合法有效。作为中国大型的电商平台，刷单行为对答辩人造成的损失是巨大的，答辩人在《开放平台在线服务协议》和相关规则中约定的 1 万元的违约金是合法有效的，且原告在协议中以附件的形式进行了单方承诺，原告明知而为之，主观故意明显。答辩人对于刷单行为施以扣除违约金的处罚，对平台、消费者、市场环境和电商行业均有重要意义。

裁判内容

北京互联网法院经审理认为，本案主要的争议焦点包括：一是北京某公司与李某某双方协议到期后是否具有网络服务合同关系；二是北京某公司对李某某的处罚行为是否合理。

一、北京某公司与李某某双方协议到期后仍具有网络服务合同关系

原告与被告签订的《开放平台在线服务协议》系双方真实意思表示，不

违反法律、行政法规强制性规定，合法有效。该协议到期后，双方未签订书面合同，均按照原协议约定的条款继续履行，应视为双方之间继续存在网络服务合同关系，原协议对双方均有法律约束力，双方均应严格按照合同约定履行义务。

二、北京某公司对李某某的处罚行为合理

（一）被告北京某公司根据《开放平台在线服务协议》及依据该协议公示于平台的各项规则对原告李某某店铺订单异常的行为进行处罚，并为其提供申诉机会

电商平台在为交易者提供网络服务的同时，也承担一定的社会责任。被告通过其大数据检索，识别异常订单，系其承担社会责任的一种体现，应予以鼓励。原告、被告双方签订的《开放平台在线服务协议》系双方真实意思表示，应当遵守协议约定及依据该协议公示于开放平台的各项规则。被告在发现原告店铺订单存在大量异常情况后，依据《开放平台在线服务协议》及依据该协议公示于开放平台的各项规则对原告进行处罚，并告知原告理由，给予原告申诉的机会。

（二）原告李某某的证据不足以证明其订单异常的合理性

《最高人民法院关于适用〈中华人民共和国民事诉讼法〉的解释》第九十条规定："当事人对自己提出的诉讼请求所依据的事实或者反驳对方诉讼请求所依据的事实，应当提供证据加以证明，但法律另有规定的除外。在作出判决前，当事人未能提供证据或者证据不足以证明其事实主张的，由负有举证证明责任的当事人承担不利的后果。"本案中，原告未能说明其订单中下单 IP 归属地与收货地址不一致、不同下单账号有相同下单 IP 地址的原因，且在法院要求提交的三个抽查订单物流信息中，存在无物流信息和物流信息退回但订单完成的情况。

裁判结果

北京互联网法院依照《中华人民共和国合同法》第六条[1]、第三十七条[2]、第九十四条[3]，《最高人民法院关于适用〈中华人民共和国民事诉讼法〉的解释》第九十条之规定，判决如下：驳回原告李某某的诉讼请求。

李某某服从原审判决，未提起上诉，一审判决已经生效。

法官解读

电子商务活动依托于互联网，这就决定了电子商务交易活动具有虚拟性、多发性、跨区域性和隐匿性，这些特点为刷单行为提供了先天的发展契机。[4]电商经济高速发展背景下的刷单行为给法律实践带来很多新问题，不仅涉及刷单行为的法律评价、司法认定，还需对电子商务平台（以下简称电商平台）的相关权利义务的履行进行重新审视。

一、刷单行为的概念及法律评价

（一）刷单行为的概念

刷单是电子商务经营者（以下简称商家）对其店铺进行信用炒作的行为，目的在于赢得可能的与消费者交易的机会，获得潜在的竞争优势，其本质上是一种虚假交易行为。

目前对虚假交易行为没有具体且统一的概念界定，《中华人民共和国电子商务法》（以下简称《电子商务法》）规定电子商务经营者不得以虚构交易、编造用户评价等方式进行虚假或者引人误解的商业宣传，欺骗、误导消费者。《网络交易监督管理办法》规定网络交易经营者不得虚构交易、编造用户评

[1] 现变更为《中华人民共和国民法典》第七条。
[2] 现变更为《中华人民共和国民法典》第四百九十条。
[3] 现变更为《中华人民共和国民法典》第五百六十三条。
[4] 叶良芳：《刷单炒信行为的规范分析及其治理路径》，载《法学》2018 年第 3 期。

价，作虚假或者引人误解的商业宣传，欺骗、误导消费者，损害竞争对手的商业信誉、商品声誉。《京东开放平台虚假交易细则》将虚假交易界定为商家通过不正当方式获取虚假的商品销量、店铺评分、商品评论或成交金额等，妨害、干扰消费者购物权益，损害京东正常经营秩序的行为。《淘宝网关于虚假交易实施细则》规定虚假交易是指会员通过虚构或隐瞒交易事实、规避或恶意利用信用记录规则等不正当方式，获取虚假的商品销量、店铺评分、信用积分、商品评论或成交金额等不当利益的行为。《拼多多虚假交易处理规则》规定虚假交易指的是商家通过规避平台规则或利用平台规则漏洞或系统漏洞等方式，套取补贴，或者获取虚假商品销量、虚假好评、虚假信用评价等不当利益，或者恶意损害其他商家或任何第三方合法权益的行为。

通过目前相关法律规定和电商平台规则可以看出，刷单等虚假交易行为有以下特点。一是基本行为特征为欺诈，欺诈指的是故意欺骗他人，使他人陷入错误认识，从而基于错误认识作出意思表示。刷单通过虚构交易数量，隐瞒真实交易状况，使消费者陷入对该店铺销量及信誉的错误认识，从而基于错误认识与刷单商铺进行交易，因此，刷单本质上是一种欺诈行为。二是欺诈的内容是信用利益，信用是个人或单位长期累积的成果，网络商铺的信用直接关系到店铺商誉，间接关系到对潜在购买者的吸引力，刷单通过虚构交易事实炒作商家的经济性评价，提高店铺商誉欺骗消费者达到发展经营的目的，实际上是以商家的信用利益为欺诈对象的行为。从刷单等虚假交易行为的特点可以看出，虚假交易行为的法律概念为网络交易信用欺诈行为。[1]

（二）刷单行为的法律评价

1. 刷单是一种违约行为

按照行业惯例，电商平台与入驻商家就平台内部细则的遵守和实施签订协议，以规范商家进入平台后的经营和交易活动，维护平台运营秩序。协议是基于电商平台与入驻商家真实意思表示所签订的，协议内容对双方均具有约束力，在协议有效的情况下，一方违约的，需要根据协议规定承担相应的法律责

[1] 杨立新，吴烨，杜泽夏：《网络交易信用欺诈行为及法律规制方法》，载《河南财经政法大学学报》2016 年第 1 期。

任。本案中，李某某的店铺存在刷单行为违反虚假交易条款，属于民法规制的违约行为，电商平台对李某某按照协议进行处罚的行为并无不当。

2. 刷单是一种侵权行为

（1）侵害消费者的知情权和财产权。

首先，刷单行为侵害消费者的知情权。消费者的知情权，是消费者享有知悉其购买、使用的商品或接受的服务的真实情况的权利。《中华人民共和国消费者权益保护法》第二十八条规定，采用网络、电视、电话、邮购等方式提供商品或者服务的经营者，应当向消费者提供经营地址、联系方式、商品或者服务的数量和质量、价款或者费用、履行期限和方式、安全注意事项和风险警示、售后服务、民事责任等信息。由于网络交易的虚拟性，消费者无法完全知悉选购商品的品控，通常会将销量、购买评价等客观因素作为购买的重要参考指标，而刷单行为通过虚假交易一定程度上美化了销量、购买评价等因素，而且会使消费者对商品概况产生了错误认识，损害了消费者的知情权。其次，刷单行为可能损害消费者的财产权。大量的次品或仿冒品会借助刷单行为掩盖商品性质，不仅无法使消费者的知情权得到保护，而且会使消费者用较高的价格获取品质较低的产品，构成对消费者财产权的侵害。[1]

（2）侵害其他商家的竞争权益。

本案中，李某某看似仅是对自己的店铺进行刷单，实则间接损害了其他商家的合法权益，主要表现在两个方面：一方面，李某某就刷单美化后的商品销量和评价将可能导致消费者陷入错误认识，抢占其他商家就同类型商品的交易机会；另一方面，根据电商平台的行业惯例，销量高的店铺将得到更多的曝光量，刷单行为助推了李某某商品的曝光，挤占了其他商家的曝光机会。[2]《中华人民共和国反不正当竞争法》第八条规定，经营者不得对其商品的性能、功能、质量、销售状况、用户评价、曾获荣誉等作虚假或者引人误解的商业宣传，欺骗、误导消费者。经营者不得通过组织虚假交易等方式，帮助其他经营者进行虚假或者引人误解的商业宣传。商家通过刷单损害其他商家的曝光和交易机会，损害其竞争利益的行为违反了该规定，构成虚假宣传的不正当竞争侵

---

[1] 阴建峰，刘雪丹：《网络刷单行为的刑法规制研究》，载《知与行》2016 年第 8 期。

[2] 刘旭红：《电商平台规范刷单炒信不正当竞争行为的对策研究——以淘宝诉美名科技公司为例》，载《中国商论》2021 年第 19 期。

权行为。如果不对恶意刷单行为进行规制，将产生通过刷单获取不当利益的恶意激励，产生劣币驱逐良币的后果，扰乱公平竞争的网络市场秩序。

(3) 侵害电商平台信誉及与债权相关的权益。

商家在网络上开设店铺依托的是电商平台，电商平台提供交易渠道，制定相关评价体系和评价规则，维护网络交易市场生态的健康和平衡，良好的交易环境也是商家入驻电商平台和消费者选择购物平台的重要因素。电商平台上的商家恶意刷单行为会降低平台的商誉，主要表现为两个方面：一是刷单行为本身是对电商平台评价体系和规则的破坏和挑战，增加了平台的运营和维护成本；二是刷单行为损害了消费者和其他商家的相关权益，间接导致降低消费者和其他商家对电商平台的信任度，从民法角度来看，电商平台在与商家和消费者的服务合同中享有债权，刷单行为致使电商平台享有的与债权相关的权益受到损害。

二、刷单行为的事实认定

(一) 刷单行为的事实推定

刷单是商家为了提高信用和商誉而进行的具有恶意的虚假交易行为。对于交易行为等客观事实比较容易认定，但在司法实践中，主观意图较难认定，往往需要以客观行为来辅助主观的推定。本案中，被告为证明原告有虚假交易行为，提交了涉案违约单所涉的虚假交易订单明细，包括订单编号、商品编号、下单账号、下单时间、下单 IP 地址、下单 IP 归属地、收货地址、订单状态等。存在大量下单 IP 归属地与收货地址不一致、不同下单账号有相同下单 IP 地址且无物流信息等不符合常理的情况。根据法院随机要求原告提交三个订单号的物流信息，显示为订单编号 98461130377，厂家自送，没有物流信息；订单编号 98460232107，圆通 ×××，签收失败退回，订单状态完成；订单编号 98462098790，中通 ×××，广东清远，已签收。该三个随机订单物流信息中，存在无物流信息和物流信息退回但订单完成的情况。通过客观事实的认定，可以推定出原告具有恶意刷单的意图，法院可以对原告存在刷单行为的事实予以认定。

（二）刷单行为的证明责任及证明标准

1. 刷单行为的证明责任分配

在电商平台与存在刷单行为商家的网络服务合同纠纷中，电商平台处于举证能力的优势地位，其对平台内商家的交易信息和明细了如指掌，能较容易地提供证明商家交易异常的证据，此时，如果商家不能提供证据证明其订单异常的合理性，就要承担举证不能的法律后果。本案中，原告未能说明其订单中下单IP归属地与收货地址不一致、不同下单账号有相同下单IP地址的原因，且在法院要求提交的三个随机订单物流信息中，存在无物流信息和物流信息退回但订单完成的情况，原告的证据不足以证明其订单异常的合理性，在此基础上其要求被告返还10000元罚款亦缺乏相应的法律依据，法院对原告的诉讼请求不予支持。

在存在刷单行为商家与消费者、其他商家的侵权纠纷中，消费者和其他商家处于举证能力的弱势地位。一方面，由于网络交易的虚拟性、不透明性和隐匿性，消费者和其他商家无法准确获取存在刷单行为商家的交易信息和明细；另一方面，其获得的电子证据也不易保存，时刻面临毁损灭失导致举证不能的法律风险。因此，在此类纠纷中，刷单行为的举证责任应合理分配，要求有存在刷单行为的商家提供网络交易的信息和明细等证据，承担证明自己的行为合法的举证责任。[1]

2. 刷单行为的证明标准

由于网络交易的特性，电商平台无法确实充分地证明网络交易的主观恶性，需要通过客观证据辅助证明，并且对于大量的订单数据无法一一核查，往往需要采用随机抽样的方法，这就需要采用高度盖然性的标准来作出最终判断。《最高人民法院关于民事诉讼证据的若干规定》规定了“高度盖然性”证明标准，即双方当事人对同一事实举出相反的证据，但都没有足够的依据否定对方证据的，人民法院应当结合案件情况，判断一方提供的证据的证明力是否明显大于另一方提供证据的证明力，并对证明力较大的证据予以确认。最高人民法院相关负责人表示：“法官是不能拒绝裁判的，所以在民事诉讼证据无法达到确实充分，所证明的事实不能达到完全排除其他可能性的情况下，只有按

---

[1] 王闫：《网络购物中刷单行为的法律规制》，辽宁大学硕士学位论文，2018年，第19页。

照高度盖然性的证明标准作出判断。”首先，本案被告提交了涉案违约单所涉的虚假交易订单明细，其中存在大量下单 IP 归属地与收货地址不一致、不同下单账号有相同下单 IP 地址且无物流信息等不符合常理的情况，以此来证明原告交易行为的恶意。其次，法院对于被告提供的大量证据进行随机抽样，样本证据均可证明订单异常的事实。结合法院查明的以上证据，可以采用高度盖然性的证明标准判断原告交易行为的合法性。

三、电商平台对刷单行为规制的合法性与合理性

（一）电商平台对刷单行为规制的合法性

1. 电商平台基于与商家签订的协议主张权利

在本案中，李某某基于与北京某公司的合同纠纷提起诉讼，双方签有真实意思表示的《开放平台在线服务协议》（以下简称协议），双方之间存在网络服务合同关系，协议对双方均有法律约束力，双方均应严格按照合同约定履行义务。协议包含“商家通过不正当方式获取虚假的商品销量、店铺评分、商品评论或成交金额等，妨害、干扰消费者购物权益，损害平台正常经营秩序的行为”的虚假交易规制条款，并规定了违反条款的处罚细则。当商家违反协议时，电商平台有权按照协议内容对商家主张违约金及赔偿金，并对其店铺进行惩戒。

2. 电商平台明知商家刷单行为而不制止可能与商家构成共同侵权

电商平台对其平台上存在的刷单行为等虚假交易行为有制止的义务，从而保护消费者和其他商家的合法权益。如果电商平台明知有商家实施刷单行为而不予制止、处理，可能与该商家构成对消费者和其他商家的共同侵权。《中华人民共和国民法典》第一千一百六十八条规定，二人以上共同实施侵权行为，造成他人损害的，应当承担连带责任。按照该条规定，共同侵权行为需要两个以上有主观意思联络的行为人，其共同行为导致同一的、不可分割的损害结果，且损害行为与损害结果之间具有因果关系。电商平台明知商家存在刷单行为而放任这种行为的发展，并持续为其提供交易平台和环境，损害平台上消费者和其他商家的合法权益，构成共同侵权中的帮助侵权，应与存在刷单行为的商家承担连带责任。

3. 行政主管部门可对电商平台未采取必要措施保护消费者等主体合法权益的行为进行处罚

为了更好地规范电子商务交易秩序，监督电商平台经营者的活动，《电子商务法》规定，电子商务平台经营者对平台内经营者侵害消费者合法权益行为未采取必要措施，或者对平台内经营者未尽到资质资格审核义务，或者对消费者未尽到安全保障义务的，由市场监督管理部门责令限期改正，可以处五万元以上五十万元以下的罚款；情节严重的，责令停业整顿，并处五十万元以上二百万元以下的罚款。故电商平台若未对平台内经营者的侵权行为采取必要措施，将面临行政处罚的法律风险。

（二）电商平台对刷单行为规制的合理性

1. 保护电子商务活动中各方主体的合法权益

电商平台作为电子商务活动的核心引领者和支持者，在规制刷单行为上有不可或缺的责任和作用。一方面，刷单行为的发展会侵害消费者、诚信平台商家和电商平台的不同利益，及时制止商家刷单行为有助于维护多方权益。另一方面，《电子商务法》规定电子商务经营者从事经营活动，应当履行消费者权益保护等方面的义务，承担产品和服务质量责任，接受政府和社会的监督。电商平台自觉保障电子商务各方主体的合法权益，规范电子商务行为，维护市场秩序，是落实《电子商务法》立法目的的重要路径。

2. 发挥“软法”的规制作用，彰显电商平台社会责任

由于网络交易的特性和法律法规适用条件的高成本，对于网络刷单行为，行政和司法路径并不具有纠纷解决的经济性。[1] 电商平台内部规范依靠主体之间的自觉与合作，是电商交易领域的“软法”资源，是纠纷解决路径的重要组成部分。从事前的角度来看，电商平台建立的评价体系和规则是基于对平台经营活动管理、平台市场秩序维护的现实情况所建构的，符合多方主体的利益期待和保护。从事后的角度来看，电商平台对于平台内部发生的违法犯罪行为的监管有着得天独厚的优势，可以及时制止刷单等虚假交易行为的发展和蔓

---

[1] 卢代富，林慰曾：《网络刷单及其法律责任》，载《重庆邮电大学学报（社会科学版）》2017年第5期。

延，并可以对参与刷单行为的商家和消费者进行有威慑力的惩戒。这些“软法”资源不仅有利于规范网络交易行业标准，维护市场稳定运行，还极大地节省了刷单等虚假交易行为的监管成本，发挥了电商平台的社会责任，顺应了多元共治的治理趋势。

隐瞒重大信息构成欺诈的认定

——余某与北京某信息科技有限公司、宁波某信息技术公司信息网络买卖合同纠纷案[1]

刘书涵*　赵　玲**

典型意义

在二手车平台进行交易时，存在卖家为了商业利益，隐瞒二手车的真实信息和问题进行售卖的情况，该不诚信行为可能构成欺诈，消费者可以拿起法律武器来维护自身合法权益，向卖家主张三倍赔偿。对于二手车交易平台而言，其作为专业的二手车经营者，掌握大量二手车行业相关信息，在与消费者的交易中显然占据强势地位，应承担相对更高的注意义务。该案对二手车消费者的交易利益保护提供了重要参考，也对二手车交易平台贯彻诚信经营、公平交易的原则，履行相应的平台责任起到了积极的引导作用。

关键词　二手车交易　知情权　欺诈行为　注意义务

---

[1] 一审裁判文书字号：北京互联网法院（2021）京0491民初14538号民事判决书（2021年4月8日）；二审裁判文书字号：北京市第四中级人民法院（2022）京04民终263号民事判决书（2022年6月23日）。

一审审判员：刘书涵。

* 刘书涵，北京互联网法院综合审判二庭庭长。

** 赵玲，中国传媒大学文化产业管理学院法律系研究生。

案情介绍

2020年12月，余某在宁波某信息技术公司某二手车交易平台上购入某品牌二手车（以下简称涉案车辆）。2021年1月10日，由于变速箱渗油，余某将车辆送至4S店保养维修后得知该车辆发动机被换过。事后，双方就赔偿事宜多次协商均未能达成一致意见。

原告余某诉称：2020年12月21日、22日，余某为了生活需要与北京某信息科技有限公司在二手车App就涉案车辆的具体情况进行沟通；2020年12月23日，余某与宁波某信息技术公司签订了《二手车销售协议（金融版）》及《微车贷汽车金融借款抵押合同》，并支付购车首付款54891元；2021年1月9日，北京某信息科技有限公司将该车辆从青岛托运至上海交付给余某。2021年1月10日，由于变速箱渗油，余某将车辆送至4S店保养维修后得知该车辆发动机被换过，事后，双方就赔偿事宜多次协商均未能达成一致意见，故诉至法院。余某提出：其一，解除余某与宁波某信息技术公司于2020年12月23日签订的《二手车销售协议（金融版）》及《微车贷汽车金融借款抵押合同》；其二，判令二被告返还购车款171091元；其三，判令二被告支付购车款三倍赔偿513273元。

北京某信息科技有限公司未到庭，亦未提交书面答辩意见。

被告宁波某信息技术公司辩称：原被告双方签署的《二手车销售协议（金融版）》明确约定了双方的权利义务，更换发动机属于车辆配置范畴，不属于宁波某信息技术公司应披露的车况范畴。余某在使用涉案车辆过程中并未发现该车存在任何历史或现实的质量问题，且据余某庭审中陈述涉案车辆仍在使用。因此，该车能正常使用，不存在车况方面的质量问题。涉案车辆属于厂家索赔更换原厂发动机，其性能与原装发动机并无差别，且本案属于二手车交易，余某购买涉案车辆的价格只有同款新车价格的六折，不能用新车的标准去要求二手车与之具有相同的配置。宁波某信息技术公司作为二手车经营者只能在检测范围内确保出卖给消费者的是无车况质量问题的二手车，并不能确保该二手车是否为原装配置。若强行要求宁波某信息技术公司披露二手车的所有信息，有违“权利义务相对等”的民法精神。宁波某信息技术公司对涉案车辆更换发动机的情形并不知情，不存在欺诈的主观故意。

裁判内容

北京互联网法院经审理认为，本案主要的争议焦点是被告在涉案车辆交易过程中是否存在欺诈行为。

所谓欺诈，系指一方故意告知对方虚假情况或故意隐瞒真实情况，诱使对方作出错误的意思表示。欺诈的认定应具备以下四个要素：一是欺诈的故意；二是告知对方虚假情况或隐瞒真实情况的行为；三是使对方陷入错误认识；四是对方基于错误认识而为意思表示。本案中，宁波某信息技术公司主张其对涉案车辆更换发动机不知情，不具有欺诈的主观故意。法院认为，被告作为专门经营二手车辆交易的一方，其亦自称为“专业的二手车经营者”，应当对涉案车辆的状况具有高出一般消费者的、相对更加专业的认知水平和能力，消费者选择向其购买二手车，亦是基于对其专业能力的信任。二手车辆交易中，发动机的状况属于影响消费者决定是否购买的重要因素，且消费者一般不具备相应的专业知识，被告在检测车辆时，应对此项检测尽到注意义务，该注意义务不应以一般消费者的认知为标准，而应以相对更加专业的认知为标准。本案中，涉案车辆的维修保养记录查询结果为“查无记录”，按照通常认知，二手车辆不可能没有经过维修保养，在查询不到相关记录的情况下，被告应该通过其他途径进行查询，同时对涉案车辆进行更为认真、专业的检测。本案中，被告没有进一步对涉案车辆的维修保养记录进行核实，明显对该重要信息的缺失存在消极、放任的态度。在对涉案车辆进行检测时，发动机号码牌明显存在异常，被告却称其对此不知情，对此法院实难采信。

退一步讲，即使被告因为重大疏忽没有发现发动机更换的情况，其亦应当将维修保养记录查询无记录这种影响购买的消极事实如实告知原告，由原告决定是否购买。如果原告知晓涉案车辆未查询到维修保养记录，必然会坚持进一步查询，而本案审理中，亦发现该车辆的维修保养记录是存在的，如果继续查询，必然会知晓更换发动机这一事实。

综上，无论被告是明知发动机存在更换而故意隐瞒原告，抑或被告没有尽到专门经营者应尽的注意义务而未发现发动机被更换的事实，其在交易过程中，没有将其检测的情况如实告知原告是确定无疑的。在此情况下，被告对影响购买的消极事实沉默不告知，并对涉案车辆作出状态及性能正常的报告，与涉案车辆实际情况并不相符，使原告基于对被告的信任而陷入错误认识，认为涉案车辆不存在问题从而进行购买，被告的行为构成欺诈。

裁判结果

北京互联网法院依照《中华人民共和国消费者权益保护法》第五十五条，《中华人民共和国民事诉讼法》第一百四十七条之规定，判决如下：一、原告余某与被告宁波某信息技术公司于2020年12月23日签订的《二手车销售协议（金融版）》于2021年10月19日解除；二、原告余某于本判决生效之日起30日内将涉案车辆退还被告宁波某信息技术公司（物流费用由宁波某信息技术公司负担），被告宁波某信息技术公司收到涉案车辆后返还原告余某购车款171091元；三、被告宁波某信息技术公司于本判决生效之日起10日内赔偿原告余某498000元；四、驳回原告余某的其他诉讼请求。如果未按本判决指定的期间履行给付金钱义务，应当依照《中华人民共和国民事诉讼法》第二百六十条的规定，加倍支付迟延履行期间的债务利息。

宁波某信息技术公司不服原审判决，向北京市第四中级人民法院提起上诉。二审法院判决如下：驳回上诉，维持原判。二审案件受理费10491元，由宁波某信息技术公司负担。二审判决已经生效。

法官解读

在交易过程中，由于消费者接触和掌握的购买信息较少，往往处于买卖合同的弱势地位。正是基于这样的主体地位差距，相对应赋予经营者较高的注意义务。本案涉及买卖合同中消费者知情权保护的相关问题，注意到二手车交易合同中消费者知情权保护的特殊性，并对经营者欺诈行为的认定规则进行了分析。

一、买卖合同中对消费者知情权的保护

（一）消费者知情权保护是信息不对称的产物

信息不对称理论是信息经济学研究的核心内容，是指信息在相互对应的经济主体之间呈现不均匀的分布状态，即一方主体掌握的信息多于另一方主体。[1] 信息不对称在消费领域具体表现在以下方面：一是生产者和经营者由于经济实力、生产地位、技术条件等原因获得了绝对的信息优势；二是生产者和经营者作为信息优势方垄断交易过程中商品或服务的信息，消费者处于单方面接收有限信息的弱势地位；三是消费者在某些购物领域存在“知识鸿沟”，例如本案中的二手车交易涉及车辆的专业知识，消费者获取并识别车辆具体真实数据和信息的难度较高；四是市场主体的逐利性使得生产者和经营者为了获取信息不透明背后的不当商业利益，不仅可能会对商品真实有效的信息进行隐瞒，甚至可能对商品进行虚假宣传以误导消费者。

信息不对称可能会导致“柠檬效应”，使消费者面临逆向选择风险。[2] 由于信息的缺乏，消费者可能会将优质和劣质产品相混淆，从而拉低产品或服务的整体质量，消费者花高价购买产品或服务的意愿降低，优质产品失去销路被迫退出市场，导致消费者只能选择劣质产品，从而损害消费者权益，影响行业的健康发展。而网络交易的虚拟性和隐匿性更加剧了信息不对称的消极影响，由于信息不对称违反公平交易原则，损害消费者合法权益，为了改善消费者在交易中的弱势地位，法律法规赋予消费者知情权。

（二）消费者知情权的概述

我国对消费者知情权的保护有明确的法律规定。《中华人民共和国消费者权益保护法》第八条规定：“消费者享有知悉其购买、使用的商品或者接受的服务的真实情况的权利。消费者有权根据商品或者服务的不同情况，要求经营者提供商品的价格、产地、生产者、用途、性能、规格、等级、主要成份、生

---

[1] 董文军：《消费者的知情权》，载《当代法学》2004 年第 3 期。

[2] 董成惠：《从信息不对称看消费者知情权》，载《海南大学学报（人文社会科学版）》2006 年第 1 期。

产日期、有效期限、检验合格证明、使用方法说明书、售后服务，或者服务的内容、规格、费用等有关情况。”第十九条规定，经营者发现其提供的商品或者服务存在缺陷，有危及人身、财产安全危险的，应当立即向有关行政部门报告和告知消费者。可以看出，知情权的内容主要包含三个方面：一是商品或服务的基本信息；二是商品或服务的功能性情况；三是商品或服务售后出现的问题和缺陷。知情权可以从两个方面落实：一方面，经营者根据法律规定主动告知消费者商品或服务的相关信息；另一方面，消费者可以主动要求经营者提供商品或服务的相关信息。值得一提的是，在线上购物日益发达的背景下，由于网络交易的虚拟性和跨区域性等因素，需加强消费者的知情权保护程度。网络交易无法接触到商品，很难发现车辆存在的问题。另外，网络交易不仅限于对产品本身信息及性能的了解，还应该扩展到对经营者店铺的销量、评价等影响店铺信誉的因素方面，例如网络刷单行为是就店铺信用对消费者的欺诈行为。本案中，原被告通过网络进行二手车交易，在交易过程中应加强对原告余某的保护，被告宁波某信息技术有限公司负有更高的披露义务。

二、二手车交易中欺诈行为的认定

二手车交易中的欺诈行为对消费者知情权造成严重侵害，明确欺诈行为的构成要件及认定细则，对保护消费者知情权、打击经营者违法行为、维护二手车行业健康发展、营造良好的市场秩序有重要意义。

（一）二手车交易中欺诈行为的认定要件

《中华人民共和国民法典》（以下简称《民法典》）未明确规定欺诈的认定要件。《民法典》施行前，民法对欺诈的认定规定于《最高人民法院关于贯彻执行〈中华人民共和国民法通则〉若干问题的意见（试行）》（已废止）第六十八条：“一方当事人故意告知对方虚假情况，或者故意隐瞒真实情况，诱使对方当事人作出错误意思表示的，可以认定为欺诈行为。”目前理论界和司法实践中在认定欺诈行为时仍参照适用上述规定，主要包含四个认定要件：一是主观上有欺诈的故意；二是客观上有告知对方虚假情况或者隐瞒真实情况的行为；三是欺诈行为导致相对人陷入错误认识，即欺诈行为和相对人陷入错误认识之间存在因果关系；四是相对人基于错误认识作出意思表示。其中，欺诈的故意属于主观因素，难以直接证明，往往需要借助客观因素来进行推定。另外，二手车交易是否构成欺诈还要结合经营者告知虚假的信息或隐瞒的信息是否会影响消费者的选择权来判断。

（二）二手车交易中欺诈行为认定的具体规则

1. 二手车交易经营者欺诈行为的表现

（1）积极作为：篡改车辆数据和信息。二手车交易经营者在明知车辆有影响安全性能、主要功能、基本用途等方面的重大瑕疵，通过修改里程表、进行重大维修等措施篡改车辆的数据和信息的，构成欺诈。（2）消极不作为：故意隐瞒车辆真实情况或不承担对车辆真实情况的注意义务。

二手车交易经营者消极不作为的行为主要包括两个方面。一是二手车交易经营者明知其销售的车辆存在影响安全性能、主要功能、基本用途等方面的重大瑕疵，隐瞒消费者的，构成欺诈。二是二手车交易经营者不知道其销售的车辆存在重大瑕疵，但对此应该承担注意义务的，构成欺诈。本案中，由于被告宁波某信息技术有限公司未尽到经营者应主动检测发动机更换情况的注意义务并告知原告，其主张其对涉案车辆更换发动机不知情为由对其行为不构成欺诈进行抗辩的理由不能成立。

2. 二手车网络交易中经营者应负有更高的注意义务

《二手车流通管理办法》第十四条规定，二手车卖方应当向买方提供车辆的使用、修理、事故、检验以及是否办理抵押登记、交纳税费、报废期等真实情况和信息。买方购买的车辆如因卖方隐瞒和欺诈不能办理转移登记，卖方应当无条件接受退车，并退还购车款等费用。从部门规章的角度对二手车经营者的车辆真实情况和信息的披露义务进行了明确的规定。本案中，被告宁波某信息技术公司有义务向原告余某提供车辆的使用、修理、事故、检验等情况，在查询不到维修保养相关记录的情况下，被告应该通过其他途径进行查询，但被告没有进一步对涉案车辆的维修保养记录进行核实，明显对该重要信息的缺失存在消极、放任的态度。

进一步来看，二手车交易中消费者知情权保护具有特殊性，主要表现在以下两个方面。一是二手车交易对消费者来说有较专业的汽车知识储备要求。对于日常使用的产品和服务来说，消费者在选择时可以凭借亲身感知或者生活经验来获取部分信息，例如购买衣服时对于款式、颜色、布料的判断。但汽车产品具有构造复杂，科技含量较高的特点，汽车的品质认定涉及动力系统、传动系统、行驶系统等方面，普通消费者很难对汽车产品的品质有一个较为直观的感受和判断。而二手车经过一段时间的使用，汽车各系统均有一定程度的磨损，增加了消费者获取信息的难度，对消费者汽车知识储备提出了更高的要求。二是二手车交易涉及个人安全与公共安全。二手车市场鱼龙混杂，可能存在着大量经过维修或有安全隐患的车。作为交通工具的汽车如果在行驶时出现安全事故，不仅会使二手车购买者的人身和财产权益无法得到保障，还可能会影响到其他正在行驶的不特定的多数对象的人身和财产权益，公共安全也可能受到潜在威胁。这就要求二手车经营者在交易中履行较高的注意义务，保护消费者对车辆真实情况的知情权。

另外，在二手车网络交易过程中，原告余某无法直接接触被交易车辆，从而不能发现存在的问题，因此应加强消费者线上交易知情权的保护，赋予经营者更高的注意义务。

3. 二手车交易经营者虚构或隐瞒影响消费者选择信息的构成欺诈

在二手车交易中，对于二手车经过正常使用产生的磨损、老化等较轻微的瑕疵应该在消费者合理的预期范围内，较新车的购买来说，消费者对于二手车品质应有较高的容忍义务。经营者对以上瑕疵告知虚假情况或隐瞒真实情况的，一般不宜认定为欺诈。[1] 但消费者选择购买二手车注重车辆的实用性、安全性等因素，就可能影响车辆安全性能、主要功能、基本用途或者对车辆价值产生较大影响，进而影响消费者选择。消费者对二手车的重大问题没有容忍义务，这些问题存在与否关系到消费者的购买目的、个人身体和财产权益，如果消费者知悉相关问题存在，可能会放弃购买或主张以更低的价格购买，若经营者故意对以上问题告知虚假情况或隐瞒真实情况，使消费者陷入错误认识购买车辆的，应认定为欺诈行为。本案中，发动机的更换情况关系到车辆的安全性能、主要功能、基本用途、车辆价值，是影响消费者选择的重要因素，被告宁波某信息技术公司未尽到注意义务对其进行查证，反而出具涉案车辆状态及性能正常的报告，使原告余某陷入错误认识作出意思表示，构成欺诈行为。

---

[1] 参见《二手车交易中欺诈的审查认定》，载上海一中法院微信公众号，https：//mp. weixin. qq. com/s/rjOzyXgY8iG－zhJc9fwqXw，最后访问日期：2023 年 3 月 16 日。

赌石交易真假难辨，风险谁来担

——沈某某与某翡翠投资有限公司等信息网络买卖合同纠纷案❶

朱　阁*　李绪青**　陈一诺***

典型意义

赌石是当前较为流行的一种翡翠原石交易方式。翡翠原石开采后外面被一层风化皮包裹，无法知其内里，玉石玩家通过判断原石外表出价购买，成交后下刀切开才能得知翡翠的真实价值。"神仙难断寸玉"，赌石这种交易方式不同于其他行业，到手商品的优劣真伪与个人运气有很大关系，买家因看重了可能"一夜暴富"的高回报性而投机下注，却选择性地忽视了其背后的高风险。本案的判决对于"赌石"等此类高投资高风险高回报的交易方式应由哪方承担风险具有极其重要的指导意义。根据自甘风险原则，当事人自愿以风险赌利润的，当风险出现的时候就应当自行承担。法院不鼓励当事人自甘风险又无法获利时，向对方索赔的行为。

关键词　赌石交易　自甘风险　云赌石

---

❶ 一审裁判文书字号：北京互联网法院（2021）京0491民初18484号民事判决书（2022年8月12日）。

一审审判员：朱阁。

* 朱阁，北京互联网法院综合审判一庭副庭长。

** 李绪青，北京互联网法院综合审判一庭法官助理。

*** 陈一诺，中国传媒大学文化产业管理学院法律系研究生。

案情介绍

沈某某于2020年7月1日进入被告河南某科技有限公司（以下简称河南某公司）经营的某App上的某翡翠原石代购的网络直播间（该直播间所属店铺经营者为某翡翠投资有限公司），并在7月1日至7月15日以个人名义通过平台账号花费195964.99元购买了一块翡翠原石。但其在收货后认为原石外观、种水价值等与直播间的宣传明显不符，原石也未附有货物进口证明书，且直播中存在作秀砍价等情节，属于欺骗消费者。

原告沈某某诉称：主播在直播间虚报原石种水、原石切开后虚报抬高种水，欺骗消费人群；原石抢拍雇佣托和机器人进行抬价、虚报做出成品的市场价值，诱导消费者购买。同时，直播间销售的原石未附有货物进口证明书、发票以及平台承诺的鉴定证书。消费者在直播间反映问题多次被直接禁言，乃至封号处理。每次和平台客服沟通赔偿事宜，均以客服无处理权限为由拒绝沟通，也不同意向平台负责人转达。故主张卖家构成欺诈，要求退还货款并三倍赔偿。

被告某翡翠投资有限公司（以下简称某投资公司）辩称：沈某某与本投资公司之间的买卖合同已实际履行完毕，沈某某已履行了付款义务，本投资公司已履行了按约交付商品的义务，沈某某关于退还原石款的诉请没有事实依据和法律依据；本投资公司通过某App以直播形式销售翡翠原石过程中并无欺诈行为，沈某某关于要求本投资公司赔偿三倍原石款的诉请没有事实依据和法律依据，应当依法予以驳回。

裁判内容

北京互联网法院经审理认为，本案的争议焦点为：一是“赌石”交易是否应由买家自甘风险；二是某投资公司销售涉案商品是否构成欺诈。

一、“赌石”交易应由买家自甘风险

本案所交易的商品系玉石毛料。玉石毛料外层包裹着一层岩石，需经过人

工切割才能知道原石中是否有玉，以及玉的品质是否上乘。在传统的线下原石交易过程中，购买者通过判断原石外表，对原石价值进行预判出价，最终与卖家达成交易。交易完成后，买家对原石进行切割来探究原石的真实品质。不难看出，这主要依靠买家的专业常识、经验知识，当然也有运气因素。在切割前以相对低廉的价格购买原石，切割后如能得到品质上乘的翡翠，则获利巨大；如不能得到品质上乘的翡翠或没有切出翡翠，则亏本。这种买卖方式被称为“赌石”。

赌石的风险极大。根据自甘风险原则，当事人自愿以风险赌利润的，则当风险出现的时候，就应当自行承担责任。

二、某投资公司在销售时不存在欺诈行为

本案中，某投资公司通过直播的方式，由主播向观众展示玉石毛料的外观情况，并基于其对玉石毛料的认识用语言向观众描述玉石毛料的情况。但直播间主播对玉石原料的介绍往往只代表他个人的看法和预测，并非最终的结论。主播有可能对毛料的优缺点进行选择性的介绍，也有可能因为经验的欠缺未能发现毛料存在的瑕疵。对于玉石毛料而言，因其并无标准的描述、评价，且不同人对于同一玉石毛料的感官可能存在不同，不同主播对于同一玉石毛料的描述可能天差地别，即便主播基于自己的经验对玉石毛料做出的判断最终与解石后的实际情况相差甚远，也不宜认定主播存在虚假描述。

对于直播的砍价情节，卖家固然有博眼球吸引消费者的意图，在一定程度上会让消费者产生捡漏的心理，但买家亦存在赌博心理。对买家来说，其对玉石毛料的自我预测才系下单与否的关键，故卖家的作秀情节也不足以认定构成欺诈；沈某某参与赌石交易属于自愿以风险赌利润，当风险出现时应自行承担责任。

裁判结果

北京互联网法院依照《中华人民共和国电子商务法》第十七条，《中华人民共和国民事诉讼法》第六十七条，《最高人民法院关于适用〈中华人民共和国民事诉讼法〉的解释》第九十条，《中华人民共和国民事诉讼法》第一百四

十七条之规定，判决：驳回沈某某全部诉讼请求。

法官解读

本案涉及“赌石”这一当下十分流行的交易方式。“赌石”是珠宝行业术语，指买家根据翡翠原石的皮壳特征、纹理走向以及表面切割出的“窗口”等因素来判断原石内部质量的好坏从而购买的过程。

一、赌石交易的特点

（一）“赌石”交易风险极高

因翡翠原石开采后表面经过风化作用而形成了一层厚薄不等的风化皮外壳，这层不透明的皮壳让人们难以识别石料内部质量的优劣。而赌石所谓的“赌”就是赌原石内部翡翠玉质的品质，而非原石的表层。即便是在科技发达的今天，也没有一种仪器能穿透皮壳知其内里。“开窗”和“扩窗”仅是作为预估的一种手段，玉石玩家唯有通过判断原石外表出价购买，翡翠的真实价值需要成交后下刀切开才能得知。因为“赌石”结果的好坏需要通过切割才能完成，商品价值不确定因素多，交易风险较高，投资预期难以保障，因此行内人将赌石的过程总结为“一刀生，一刀死”“一石暴富，一夜跳楼”。因此，“赌石”是一种风险极高的交易方式。

（二）“赌石”行业存在传统的交易习惯

交易习惯就是指人们在长期的商业交易中形成的共同遵守的交易规则。其特点是自发性、普遍性和自愿遵守性。自发性，是指这种习惯是人们在实践中自发总结、自然形成的行为规范，不是政府制定的行为规范；普遍性，是指该行业从业人员普遍认可并自觉遵守的行为规范；自愿遵守性，来自交易主体的诚信意识和相互尊重意识，是指无须政府强制即为大家自愿遵守。《中华人民共和国民法典》（以下简称《民法典》）第十条规定：处理民事纠纷，应当依照法律；法律没有规定的，可以适用习惯，但是不得违背公序良俗。

“赌石”交易中亦存在约定俗成的交易习惯：因为翡翠矿石资源有限且开

采不易，为了收回开采成本，原石交易在切割之前进行，由买家凭借自己的经验，从毛料外观判断其内部结构、成色和价值，与商家讨价还价，达成交易后，一手交石，一手付款。由于看不到石头内部的真实状况，交易自然带有“赌运气”的特点。运气好的，可能一夜暴富；运气差的，可能倾家荡产。因此，赌石界人人皆知“一刀穷，一刀富”的道理。正如赌博一样，大家都不关心“运气差”的人如何遭遇凄惨的结局，都希望自己能有好的运气而一夜暴富。这个习惯从清代一直传承沿袭到当代。

（三）“赌石”交易买家应自甘风险

1. “赌石”交易不违反公序良俗

公序，指公共秩序，是指国家社会的存在及其发展所必需的一般秩序；良俗，指善良风俗，是指公民在社会交往中形成的一般道德习惯和文化风俗。“公序良俗”原则是民法典的基本原则之一，是指民事主体的行为应当遵守公共秩序，符合善良风俗，不得违反国家的公共秩序和社会的一般道德。而“赌石”交易是中缅边境一带流行的一种独特的高档翡翠原石交易方式，在缅甸已延续了3000多年，是一种带有十分浓厚的历史延续性的古老的交易方式，没有违反国家的公共秩序和社会的一般道德，因此，“赌石”交易不违反公序良俗。

2. “赌石”交易自甘风险

不违反公序良俗的交易习惯应当得到司法机关的尊重和获得法律保护。按照“赌石”的行业惯例，只要出卖方提供的是天然的翡翠原石，那么该原石内是否含有翡翠以及翡翠成色好坏的风险，应由买受人承担，除非买受人有证据证明，出卖方销售的翡翠原石存在造假的情况或者双方另有约定的除外。[1]

在“戴某某诉被告吴某某买卖合同纠纷案”[2]中，原告（买受人）认为：翡翠原石必须含有80%~90%的翡翠，赌石赌的是翡翠原石含有翡翠的成色。被告（出卖人）则认为：赌石赌的是翡翠原石内是否含有翡翠，他只保证翡翠原石的真实性，但不保证每一块翡翠原石都含有翡翠或者翡翠的品质如何。

---

[1] 参见云南省高级人民法院（2016）云民终606号民事判决书。

[2] 参见云南省昆明市中级人民法院（2015）昆民六初字第47号民事判决书。

而法院经审理后认为：针对“赌石”这种特殊交易，双方没有书面的约定，我国也没有明确的行业规范予以规定，但是此种交易在缅甸及我国云南省等地较为盛行，一块未经“开窗”的原石，除了形状和重量外，谁也说不清楚里面有什么，在赌石行业有所谓的“一刀穷，一刀富”的说法，还有“神仙难断寸玉”的说法。所有人都知道，赌石是具有风险的，它具有娱乐性和投资性的特点，完全考验买受人的眼力、学识、经验，其性质属于“赌”。正是因为赌石行业的惯例是“赌”翡翠原石里是否含有翡翠，才可能存在在没有切割之前，交易双方均不知道翡翠原石里是否含有翡翠以及翡翠的成色；才可能存在切割后一无所有，“一刀变穷”的事情；才可能存在切割后翡翠原石里面含有大块的翡翠或者翡翠成色特别好，翡翠的价值远远高于当初购买原石的价格，导致“一刀变富”。

因此，按照“赌石”的行业惯例，只要出卖方提供的是天然的翡翠原石，那么该原石内是否含有翡翠以及翡翠成色好坏的风险都应由买受人承担，除非买受人有证据证明，出卖人销售的翡翠原石存在造假的情况或者双方另有约定的除外。如果出卖人销售的翡翠原石存在造假的情况，则可能存在“欺诈”的嫌疑，但买受人对此应承担举证责任。广州互联网法院公布的2020年度网络购物合同纠纷十大典型案例之一的“陈某与某商贸有限公司合同纠纷案”[1]，以及“梁某某、浙江某网络有限公司等买卖合同纠纷案”[2]也同样支持了这一观点。

投机性行为很难做到算无遗策，一旦决定参与赌石，就应承担相应风险。因此，有“赌石”意向的买家参与交易前应做好充分准备，量力而行，端正态度，理性赌石，切勿冲动购买。而若最终决定参与赌石，则风险都应该由买家自行承担。

二、“云赌石”涉及的法律问题

本案是在传统的“赌石”交易的背景之下，随着科学技术的发展和互联网时代的到来而兴起的一种“网络赌石”，或称为“云赌石”的新型交易方

---

[1] 参见广州互联网法院（2019）粤0192民初1242号民事判决书。

[2] 参见江西省抚州市临川区人民法院（2021）赣1002民初5526号民事判决书。

式。相比于传统的线下赌石交易案件，本案涉及的线上赌石交易更为复杂，因此本案的判决对规范新时代赌石的交易具有十分重要的意义。

（一）网络交易背景下“云赌石”所涉及的法律风险

1. 买卖双方信息不对称性加剧

网络环境的虚拟性、打破时空限制等特点都加剧了买卖双方在交易过程中信息的不对称性。在传统赌石交易中，消费者在确定购买原石前可以在现场亲自对原石的品种和特质进行测验与选购，也可以和出卖者进行面对面的讨价还价，经过要约与反要约的反复较量最终确定购买。而在网络交易背景下的“云赌石”交易行为，则从原石的订购到货款的支付以及物流的送达都是在网络上完成的。购买者只能在达成买卖协议后由商家通过物流方式把原石送到手上验货后才能真正了解原石的本质特性，在此之前其对于原石品质的判断基本源于网络购物中销售者的商品宣传与引导。这就导致了买卖双方之间信息不对称性的加剧。

2. 消费者处于不利地位

在网络交易中，经营者通常不会主动自愿地向消费者传送对消费者不利的信息，甚至还会采取一定的保密措施防止信息的传递。[1] 因此，以网络为载体的交易手段在导致买卖双方之间信息不对称性加剧的基础上，也导致消费者在交易中经常处于不利的地位。

“云赌石”交易中亦是如此。在“云赌石”交易活动中，消费者从浏览原石、与经营者协商交易以及确认订单到支付的整个过程都是在网上进行的。通过远程网络直播的“云赌石”使得消费者不可能对其中所谓的原石上手鉴别，因此消费者很可能无法掌握商品以及经营者的真实可靠信息。信息的不完整、不明确、不真实，再加上由于对商品广告的误解等都会导致消费者和经营者之间的信息严重不对称，这毫无疑问侵害了消费者的知情权和公平交易权。

3. “云赌石”中消费者有权因信息不对称而要求退货、退款

在“林某某、彭某某信息网络买卖合同纠纷案”[2] 中，法院认为，被告在

[1] 郭太贤，《网络交易中消费者权益保护法律问题研究》，湖南大学硕士学位论文，2009 年，第 13 页。

[2] 参见浙江省嘉兴市中级人民法院（2022）浙 04 民终 460 号民事判决书。

对原告推销涉案原石时多次发表了“高冰”“高货品质”“有价值”“大涨大漏”“没十几二十万买不到”等明显带有对翡翠商品的品质、价值的倾向性意见。况且，根据双方当事人对直播过程的描述，主播并未在日常光线下展示翡翠矿石的实物全貌，而是在较为黑暗的环境中以强光近距离照射“已开窗”部位进行展示，故消费者也难以通过直播镜头客观地观察到商品的真实状态。网络购物方式有别于实体商场购物过程中消费者可以通过接触、检查、试用商品来判断商品品质，消费者更依赖于经营者对商品的宣传介绍而决定是否选购商品，直播销售过程中主播对商品的描述夸大了涉案商品的品质，属于不实宣传，使得林某某对涉案商品的品质产生误解，诱导林某某在对商品做出错误判断的情况下持续下单。作为一般的消费者，只能将主播介绍的信息作为是否决定购买的依据，但彭某某在销售过程中，就所售商品进行夸大宣传，必然使林某某这样的普通消费者对商品的外观、品质产生误解，从而基于不完整的信息展示做出了错误的判断。

《中华人民共和国消费者权益保护法》（以下简称《消费者权益保护法》）第二十条、第二十三条第二款规定，经营者向消费者提供有关商品的质量、性能等信息，应当真实、全面，不得作虚假或者引人误解的宣传；以产品说明、实物样品等方式表明商品的质量状况时，应当保证其提供的商品的实际质量与表明的质量状况相符。销售者违反了上述义务，属于违约行为，致使消费者购买的翡翠原石实物不能实现其最初的合同目的，因此消费者有权据此解除合同并要求退货、退款。

因此在“云赌石”中，经营者依靠商品宣传引导消费者，消费者则通过商品宣传选购商品。因此，销售方应当全面、如实告知消费者所售商品的信息。否则，消费者有权因信息不对称而要求退货、退款。

（二）网购中的退换货规则是否适用于“云赌石”

1. 不适用“七天无理由退货”规则的相关规定

《消费者权益保护法》第二十五条第一款明确规定：“经营者采用网络、电视、电话、邮购等方式销售商品，消费者有权自收到商品之日起七日内退货，且无需说明理由，但下列商品除外：（一）消费者定作的；（二）鲜活易腐的；（三）在线下载或者消费者拆封的音像制品、计算机软件等数字化商品；

（四）交付的报纸、期刊。”国家市场监督管理总局2020年发布的《网络购买商品七日无理由退货暂行办法》中的第六条也做了相同的规定。

2.“云赌石”中的原石是否适用“七天无理由退货”制度

（1）已经过消费者确认后加工的玉石不宜适用此制度。

“定作”，系指定作人向制作方定购按自己要求制作的特定产品。在“云赌石”中，商家通常会询问消费者的加工意愿，并在网络直播中直接按照消费者的要求进行加工。其中，不管是简单的去皮、打磨、“开窗”，还是进一步的切割等，都是商家按照消费者的要求对商品进行加工、制作的结果，故此类情况一般被认为是对商品的“定作”。

实践中有法院进行过类似的判决。在“宋某与梁某某等买卖合同纠纷案”[1]中，对于赌石中切开的玉石是否适用“七天无理由退货”制度，被告方梁某某等人辩称：“根据翡翠行业惯例及交易规则，赌石切开并加工后不可能再予以退货；同时宋某也是进行的特殊加工定制，符合法律规定的不退不换条件。宋某购买原石后切割并按其要求定制加工这一行为是属于定制定作商品范畴的，据《消费者权益保护法》第二十五条的规定，定制定作商品是不适用七天无理由退换货这一规定的。而且在宋某下单原石后，答辩人按照宋某的要求对原石进行切割加工，这也是定作的常规流程，定制商品是不退不换的。宋某买了一块原石，并且已经切割，并进行私人定制加工，却还要求退货，这一要求不合理不合法。”法院最终支持了被告方的诉讼理由，认为“宋某购买的是翡翠原石，解石后不退不换”。

在此类案件中，法院认为，若“云赌石”中购买的原石已经经过消费者确认后加工，则不宜适用“七天无理由退货”的法律规定。

（2）商家过于夸大宣传导致消费者利益受损的，可以适用此制度。

在“林某某、彭某某信息网络买卖合同纠纷案”中，被告彭某某亦辩称：“‘七天无理由退货’规则有例外情形，例如定制品、影响二次销售的产品不适用无理由退货。案涉翡翠原石是在林某某同意、要求下进行加工、切割、开窗的，不符合可退货情形。”“‘赌石’属于翡翠行业的特殊的交易方式，盈亏均由买方承担，不可能对购买的原石解石后，再要求退款。而通过网络直播购

[1] 参见北京市通州区人民法院（2020）京0112民初15160号民事判决书。

买原石系‘云赌石’，相应的风险则更大。根据自甘风险原则，当事人自愿以风险赌利润的，当风险出现时应自行承担。”

但是本案中法院却认为：无理由退货制度，实质是在消费者在特定交易中由于信息不对称而导致意思表示不真实的情形下，给予消费者在适当期限内单方解除合同的权利。而基于网络直播间消费场景的特定性，结合本案中主播对于商品信息披露存在夸大不实的客观事实，应允许林某某在收到商品后及时提出解除合同。

因此可以得知，即使在“云赌石”中经过加工切割后寄出的原石，也并非就一定不适用“七天无理由退货”制度。若商家在交易过程中过于夸大宣传，作出对消费者诱导性发言从而导致消费者利益受损的，则可以适用此制度。

(3)“云赌石”交易中设置不适用“七天无理由退货”制度的格式条款无效。

同样是在“林某某、彭某某信息网络买卖合同纠纷案”中，被告辩称：“已对林某某进行了风险提示‘翡翠原石一经授权开窗、扩窗、扒皮、切割等一系列影响二次销售行为后，无论涨垮，一律不支持退换货’。林某某均明确知晓，所有订单均回复‘确认’，其退款要求无事实及法律依据。”

但是法院认为：关于彭某某辩称已经提示开窗或扩口会影响二次销售不予退货，系彭某某单方拟定的免除自己责任的格式条款，不合理地排除了消费者退换货的权利，免除了彭某某的责任，应属无效。

《民法典》第四百九十七条规定：“有下列情形之一的，该格式条款无效：(一)具有本法第一编第六章第三节和本法第五百零六条规定的无效情形；(二)提供格式条款一方不合理地免除或者减轻其责任、加重对方责任、限制对方主要权利；(三)提供格式条款一方排除对方主要权利。”

因此，若“云赌石”中商家不合理地约定此次交易行为不适用“七天无理由退货”制度，减损消费者合法权利的，相关格式条款应属无效。

综上，对于在“云赌石”交易过程中是否适用网购“七天无理由退换货”制度的问题，笔者认为，已经经过消费者确认后加工的玉石不宜适用此制度，但若商家在此前因为过于夸大宣传导致消费者利益受损的，可以适用此制度。且商家在交易过程中对于不适用“七天无理由退货”制度的格式条款约定属于不合理地免除己方责任、排除对方权利的规定时，应属无效。

三、“赌石”交易涉及的刑事风险

“赌石”交易虽然倡导“自负风险”，但实践中也有不少人借着“赌石”的名义实施欺诈行为。按照行业惯例和规定，“赌石”所赌之“石”，应为原石。如出卖人交付的标的物系加工处理过的石料或玉石成品，则不符合“赌石”这一行业惯例关于“原石”之要求，其行为亦属故意隐瞒真实情况诱使对方做出错误的意思表示，构成欺诈；严重的，还可能构成刑法上的诈骗罪。

诈骗罪，是指以非法占有为目的，用虚构事实或者隐瞒真相的方法，骗取数额较大的公私财物的行为。诈骗罪具体的构成要件体现为：主观方面，行为人必须有非法占有他人财物的目的；客观方面，行为人采用诈术或者利用合同形式采用诈术，导致他人做出错误判断从而自愿交付钱财；主体方面，诈骗罪可以由自然人实施，年满16周岁有正常辨认能力和控制能力的人应当对诈骗犯罪承担刑事责任；客体方面，诈骗罪侵害的法益是他人的财产所有权。

福建省高级人民法院发布的七起打击治理电信网络新型违法犯罪典型案例之二：“肖某某等诈骗案——虚构网络原石销售”[1]就是典型的以“赌石”名义实施的诈骗行为。在此案件中，被告肖某某等人成立苏州某电子商务有限公司，雇请被告人操某等人利用微信进行虚假宣传，诱骗被害人购买翡翠原石。当被害人购买后未如实切割，而是谎称买到好玉石，引诱被害人继续投资购买。此后，又以能够帮助被害人代为加工、代为销售、折价收回，或者虚构与被害人合赌等方式，一步步诱骗被害人支付货款。当被害人要求发货时，被告以次充好发送低质量翡翠玉石，并采取拖时间、换货等手段应付被害人。有的被害人损失较小自认倒霉，有些人认为只是玉石行业中的“赌石”而已，未收到高质量的翡翠是“赌石”失败的结果，并未意识到其诈骗的本质，导致一步一步掉进陷阱，损失不断扩大，损失最多的被害人被骗金额高达50多万元。

因此，赌石交易虽然基本上由买家自担风险、自负盈亏，但亦有涉嫌刑事

---

[1] 参见福建省厦门市中级人民法院（2020）闽02刑终470号刑事裁定书。

风险的可能性，严重的可能构成诈骗罪。

四、结语

综上，“赌石”作为一种“高风险、高收益”的古老的交易方式，自古以来就纠纷不断。特别是在如今互联网交易的大背景之下，涉及的法律问题则更加复杂。网络环境虚拟性的特点导致买卖双方信息不对称性加剧，卖方很有可能基于优势地位的信息差损害消费者的合法权益。因此法院认为“销售方应当全面、如实告知消费者所售商品的信息”，否则消费者有权因信息不对称而要求退货、退款。网购中的“七天无理由退货”规则是否适用于“云赌石”中的交易行为也需要具体情况具体分析。同时，经营者在进行“赌石”销售行为时要规范自身的经营行为，以免沾染上刑事风险。

第五编

消费者权利正当行使

网络购物合同中“职业索赔人”的认定与处理

——张某与深圳某电子商务有限公司网络购物合同纠纷案❶

刘书涵* 吴红娜** 欧 婧***

典型意义

网络购物纠纷中，购买者属于“消费者”是其获得《中华人民共和国消费者权益保护法》（以下简称《消费者权益保护法》）保护并适用惩罚性赔偿的前提。本案探讨了网络购物纠纷中“消费者”的身份认定问题，从三个方面层层递进，首先从《消费者权益保护法》的规定和立法精神出发，明确以“为生活消费需要”为购买目的是适用《消费者权益保护法》的前提，其次分析了“为生活消费需要”所需要考量的主客观因素，最后结合本案事实及原告以往的行为模式，得出原告购买目的并非“为生活消费需要”的结论。在职业索赔人以牟利为目的的主张适用《消费者权益保护法》的案件频频发生的当下，本案明确了消费者的身份认定及保护界限，对推动保护消费者合法权益、打击职业索赔人的牟利行为、保护营商环境具有重要意义。

关键词 职业索赔人 消费者权益保护 惩罚性赔偿

---

❶ 一审裁判文书字号：北京互联网法院（2018）京0491民初2425号民事判决书（2019年5月31日）；二审裁判文书字号：北京市第四中级人民法院（2019）京04民终133号民事裁定书（2019年8月27日）。

一审合议庭组成人员：审判长于春华、审判员刘书涵、审判员郭晟。

* 刘书涵，北京互联网法院综合审判二庭庭长。

** 吴红娜，北京互联网法院综合审判二庭法官助理。

*** 欧婧，中国传媒大学文化产业管理学院法律系研究生。

案情介绍

被告深圳某电子商务有限公司系天猫商城某店铺的经营者。2017 年 9 月 20 日，原告张某在该店铺中购买了 20 块智能手表，单价为 105 元，共计 2100 元。收货后，发现涉案产品为三无不合格产品，没有生产厂家地址信息，没有规格、型号，没有国家 CCC 强制性认证标志，没有入网许可证编号，被告以不合格产品冒充合格产品欺诈消费者，损害了消费者合法权益。原告以此为由诉至法院，请求法院判令被告退还未退货款 105 元，支付惩罚性赔偿金 6300 元，合计 6405 元。

被告辩称，不同意原告的全部诉讼请求。其销售的产品均有厂名、厂址、规格、型号等书面说明，原告在未经公证、无任何证据支持的情况下称涉案产品为三无不合格产品，无理无据；其不存在欺诈行为，整个交易过程及详情展示中，被告从未宣传涉案产品有 CCC 认证或入网许可证，没有欺诈的主观故意或客观行为。即使涉案产品不符合国家有关规定，原告可通过退货等方式解决，目前原告已经办理退货退款，无权主张赔偿。且原告系恶意购买，刻意挑选最贵的一款手表，大量购买后又全部退货，意图通过诉讼获取不正当利益，违背诚实信用原则，不应受到《消费者权益保护法》的保护。

另查明，原告就其他两笔购物交易在北京互联网法院起诉被告，所涉产品均为智能手表，诉讼请求均为要求给付总价款三倍赔偿，事实与理由基本相同，三笔订单均发生于同日，涉及智能手表 70 块，每笔订单除留下一块手表未退款，其余均已退款成功。另，2017 年 9 月 23 日至 2017 年 10 月 18 日期间，原告在除本案店铺外的其余多家店铺下单购买智能手表，数量近百块。同时，其曾于 2016 年、2017 年多次以智能手表未获得 CCC 认证为由向人民法院提起诉讼并进行索赔，已生效判决涉及智能手表 70 余块。

裁判内容

北京互联网法院经审理认为，本案的主要争议焦点在于涉案交易产生的纠纷是否适用《消费者权益保护法》的相关规定。对此，法院从以下三方面进行分析。

一、依照《消费者权益保护法》规定，以“为生活消费需要”为购买目的是适用《消费者权益保护法》的前提

与生产者、销售者相比，消费者相对处于信息不对称、经济力量微小的弱势地位，所以在《消费者权益保护法》中加大对消费者的保护，目的在于维护社会经济秩序，促进社会主义市场经济健康发展，对于《消费者权益保护法》的适用不能偏离其立法目的。《消费者权益保护法》第二条规定：“消费者为生活消费需要购买、使用商品或者接受服务，其权益受本法保护”。故，受《消费者权益保护法》保护的消费者，应以“为生活消费需要”为购买目的，非“为生活消费需要”的购买行为不应纳入《消费者权益保护法》的保护范围。对消费目的的限定及惩罚性赔偿的规定，都是法律对处于弱势地位的消费者的加强性保护，不应被扩大适用，更不应该成为牟取个人利益的手段。

二、如何考量是否“为生活消费需要”

购买目的属于购买者的主观范畴，购买者的主张应当作为主要考量因素，同时也应当结合购买行为的客观表现综合判断，如购买数量、购买次数、购买用途、购买产品性质、多次购买产品之间的相关性、购买者对产品的认知程度等。当购买行为的客观表现异于通常消费者的行为时，购买者需要对此作出合理解释。需要强调的是，对异于通常消费者行为的判断务必结合具体案件进行具体分析，不能一概而论。比如从购买产品性质的角度看，购买同样的五金器具，可能用于生活所需，也可能在装修工程中作为生产资料。所以，各种考量因素均非唯一决定因素，要结合具体行为表现综合分析。

三、本案中原告并非“为生活消费需要”购买涉案产品

根据已经查明的事实，原告多次大批量购买智能手表并以无 CCC 认证为由提起诉讼进行索赔，其对智能手表应获得 CCC 认证有清楚认识。在此背景下，其在本案被告处分三次共购买 70 块手表，收货后即申请退款且均未全部退款，每笔订单均保留一块手表进行起诉的行为，明显是异于“为生活消费需要”的购买行为。原告称其购买涉案产品的用途是自用和送人，但并未进行详细、合理的说明，故法院认为，根据本案事实及原告以往的行为模式，其主要目的为通过诉讼获得相当于购买产品价格多倍的赔偿，从而获得个人经济利益，并非“为生活消费需要”，其购买行为与目的同《消费者权益保护法》保护普通消费者的立法本意不符，不应适用《消费者权益保护法》给予保护。

虽然本案不适用《消费者权益保护法》的相关规定，但如果被告的行为违反我国其他法律的规定，损害了原告利益，原告仍可在法律允许的范围内获得保护。原告在被告处购买涉案产品并付款，系双方真实意思表示，双方之间的买卖合同合法有效。根据《中华人民共和国合同法》（以下简称《合同法》，已废止）第六十二条、第一百五十四条的规定，被告应当向原告交付符合质量要求的产品，对于质量要求不明确的，应当符合国家标准、行业标准。本案中，虽然被告出具了 CCC 证书，但该证书中并无任何信息与其有关，且原告出示的涉案产品实物上并无 CCC 认证的标志，故法院认定被告未能提供充分的证据证明涉案产品已获 CCC 认证。

CCC 认证系为保护消费者人身安全和国家安全、加强产品质量管理、依照法律法规实施的产品合格评定制度，属于国家强制性认证。根据原国家质量监督检验检疫总局、国家认证认可监督管理委员会 2001 年第 33 号公告《第一批实施强制性产品认证的产品目录》的要求，对列入目录内的商品，从 2002 年 5 月 1 日起受理申请，自 2003 年 5 月 1 日起，未获得强制性产品认证证书和未加施中国强制性认证标志的产品不得出厂、出口、销售。涉案产品属于应当依法进行 CCC 认证的产品，未获 CCC 认证是不符合质量要求的产品，不得销售，被告的行为明显构成违约，原告可以要求退款。

另，法院认为，对于不符合质量要求的产品的生产者、销售者，应当加强行政监管，依法处理。法院已将案件审理中发现的不符合质量要求的产品线索向有关市场和质量监督管理部门进行移送。

综上，原告张某要求被告深圳某电子商务有限公司承担三倍赔偿责任的诉讼请求，缺乏事实和法律依据，法院不予支持；原告要求退还未退货款 105 元的诉讼请求，法院予以支持。

裁判结果

北京互联网法院依照《中华人民共和国消费者权益保护法》第二条，《中华人民共和国合同法》第一百五十四条、第六十二条、第九十四条，《最高人民法院关于民事诉讼证据的若干规定》第二条的规定，判决如下：一、被告深圳某电子商务有限公司于本判决生效之日起10日内退还原告张某购物款105元；二、驳回原告张某的其他诉讼请求。

一审判决后，原告向北京市第四中级人民法院提起上诉，但未在指定期限内交纳上诉费，依法按自动撤回上诉处理。一审判决已经生效。

法官解读

伴随着数字经济的蓬勃发展，电子商务已成为当今常见的交易活动。逐年攀升的网购成交量，带来了网上交易的一系列法律问题。《中华人民共和国民法典》、《消费者权益保护法》、《中华人民共和国食品安全法》（以下简称《食品安全法》）等均确立了惩罚性赔偿的相关规定，为消费者权益提供法律保障。但仍然存在职业索赔人“知假买假”的情形，这一情形在网络交易环境中如何定性？能否依据《消费者权益保护法》获得惩罚性赔偿？这些问题都引起了理论与实务界的广泛关注。本案例对网络购物合同中职业索赔人进行认定与处理，为分析探讨上述问题提供参考。

一、主体身份认定：“职业索赔人”不属于消费者

（一）“职业索赔人”的“前世今生”

自1994年实施的《消费者权益保护法》中即确立了“经营者提供商品或者服务有欺诈行为的，应当按照消费者的要求增加赔偿其受到的损失，增加赔偿的金额为消费者购买商品的价款或者接受服务的费用的一倍”这一规定，借鉴国外惩罚性赔偿制度并将其在我国《消费者权益保护法》中确立。在这一赔偿规定的影响下，出现了诸多明知卖家出售的是假货或者瑕疵品，仍然购买以获取赔偿的人，被称作“职业索赔人”。此后，随着《消费者权益保护法》的修改，将这一赔偿提高至三倍，更多人加入其中并借此牟利。

电商环境下“职业索赔人”知假买假的行为也时有发生。由于电商平台上的商品信息繁多，价格相对便宜，很多消费者会选择购买价格低廉的商品，

而并不关心其是否为假冒伪劣产品。部分商家利用这一心理，且借助网上交易难以检验实物的特点，在电商平台大量销售假冒伪劣商品，使得“职业索赔人”知假买假的行为更为便利，而为保护网络交易消费者而设立的多种平台的投诉系统也便利了这一群体的投诉渠道。由此，网络交易中的知假买假索赔行为愈发普遍。

（二）职业索赔行为的性质界定

适用《消费者权益保护法》第五十五条获得惩罚性赔偿的前提在于原告应为《消费者权益保护法》所保护的“消费者”。《消费者权益保护法》第二条规定：“消费者为生活消费需要购买、使用商品或者接受服务，其权益受本法保护；本法未作规定的，受其他有关法律、法规保护。”即该条款虽限定了《消费者权益保护法》的调整范围，但并未给出“消费者”内涵与外延的准确定义，仅以购买目的“为生活消费需要”进行界定，由此引发了理论与实务中关于“消费者”的概念之争。

有学者认为，《消费者权益保护法》中消费者应满足三个要件：其一，消费者须是与经营者发生交易的民事主体；其二，消费者为以消费为目的购买、使用商品或者接受服务的人；其三，消费者须为自然人。[1] 界定案件中的行为是否属于“知假买假”、行为人是否为受《消费者权益保护法》保护的“消费者”，需要对具体案件进行分析。“因为‘知假买假’只能说明购买者于购买时对于购买商品的主观认知程度，而不能说明购买的目的。”[2] 基于上述分析，如果买方确为消费目的，即使存在知假买假行为，也可能属于“消费者”范畴。

而在食品安全领域，对于职业索赔人是否属于“消费者”及能否获得惩罚性赔偿，争议更为突出。《最高人民法院关于审理食品药品纠纷案件适用法律若干问题的规定》第三条规定：“因食品、药品质量问题发生纠纷，购买者向生产者、销售者主张权利，生产者、销售者以购买者明知食品、药品存在质量问题而仍然购买为由进行抗辩的，人民法院不予支持。”针对该条规定，主要有以下两种观点。（1）认为消费者是相对于生产者和销售者的概念，只要

---

[1] 郭明瑞：《“知假买假”受消费者权益保护法保护吗——兼论消费者权益保护法的适用范围》，载《当代法学》2015 年第 6 期。

[2] 同上。

在市场交易中购买、使用商品不是为了生产经营需要，就应当认定为消费者。职业索赔人虽系为牟利购买商品，但不能据此否定其消费者的身份。（2）认为该条规定所指的“购买者”和“消费者”并非同一概念，仅以客观的购买行为来定义主体范畴，明确了在食品药品领域“知假买假”并非排除惩罚性赔偿的理由。但在非食品药品领域，还应当以“为生活消费需要”的目的考量购买人是否属于“消费者”。职业索赔人系以索赔为目的购买商品，购买商品是其索赔中的一个环节，其行为整体具有营利性，属于变相的经营行为，不应认定其属于消费者。本案中，认定职业索赔人并非“消费者”主要是基于其购买商品的目的非“为生活消费需要”，而对其购买目的的判断则是根据购买者的主张、购买数量、购买次数、购买用途、购买产品性质、多次购买产品之间的相关性、购买者对产品的认知程度等，与上述第二种观点不谋而合。

二、职业索赔人能否获得惩罚性赔偿的考量与衡平

关于职业索赔人是否应受《消费者权益保护法》的保护并据此获得惩罚性赔偿的问题，长久以来一直具有争议。为规范市场监督管理投诉举报处理工作，保护自然人、法人或者其他组织的合法权益，2019 年国家市场监督管理总局发布并自 2020 年 1 月 1 日起施行的《市场监督管理投诉举报处理暂行办法》第十五条第（三）项对于职业索赔行为进行了规定，“投诉有下列情形之一的，市场监督管理部门不予受理……（三）不是为生活消费需要购买、使用商品或者接受服务，或者不能证明与被投诉人之间存在消费者权益争议的”。

职业索赔人的存在，消耗了大量的行政、司法资源。2019 年 9 月的“职业索赔行为专题研讨会”上，一位基层市场监管部门工作人员介绍道，有“职业索赔人”因对市场监管部门处理结果不满，在深圳针对同一问题累计提起 13 起行政复议、26 起行政诉讼，最后导致 160 余位执法、司法人员为其服务，耗时 575 天。在杭州，有“职业索赔人”在一年内发起职业投诉举报多达 4280 起。[1]

对此，需要法律法规的不断完善、司法判例上的逐步引导、行政部门的有

[1] 工人日报：《职业索赔新规出台，“知假买假”是否不再获支持?》，载中国人大网，http：//www. npc. gov. cn/npc/c30834/201912/035969bb968c41c98ce1760ed879a9c8. shtml，最后访问日期：2023 年 3 月 16 日。

效规制，多角度、全方位协作方能有效解决职业索赔乱象。如何认定是否为“消费者”、是否是“为生活消费需要为目的的消费行为”在司法实践中可能存在难度，法院在审理相关案件时，对职业索赔人是否属于“消费者”存在不同判断和认识，司法机关应当从个案中思考、总结，保护打假而不保护“假打”，统一裁判标准，避免就同一类案件作出不同的裁判结果。网络购物合同纠纷案件中获得惩罚性赔偿的法律依据主要是《消费者权益保护法》第五十五条、《食品安全法》第一百四十八条，若认定职业索赔人非“消费者”，则其不具备适用《消费者权益保护法》获得惩罚性赔偿的前提条件。

从现有法律保护路径进行考察，可从以下三个方面进行分析。

（一）契约角度

网络购物合同的本质亦为契约，而契约的履行需遵循意思自治与诚实信用原则，职业索赔人与商品提供者订立合同，系其真实意思表示，未违反法律法规的强制性规定，应为合法有效。即职业索赔人在已知产品存在问题的情况下依然购买并提起赔偿诉讼，其购买行为并非受到误导而未能真实表达，其可依据真实有效的契约向商品提供者主张退还购物款。但因其行为涉嫌恶意磋商，有违诚实信用原则，故其无法据此获得额外经济利益，即惩罚性赔偿。

（二）制度功能

惩罚性赔偿的制度功能为威慑与制裁，二者力量的强弱平衡关乎制度功效的发挥效果，因此，需基于交易场景的不同、商品所涉问题的程度，是否系假冒伪劣、虚假宣传、标识瑕疵等，度量威慑与制裁的强弱，确定不同的赔偿数额与赔偿标准。同时依据《中华人民共和国民法总则》（已废止）第一百三十二条的规定，民事主体不得滥用民事权利损害国家利益、社会公共利益或者他人合法权益。即职业索赔人的惩罚性赔偿请求能否得到支持，既要考虑到职业索赔人提起诉讼对出售问题商品商家的制裁力度，又要考虑到法律框架内对职业索赔人的限制，对其予以重点关注和审慎对待。

（三）审判实务

司法审判中，在民事、行政、刑事领域均不乏职业索赔人的身影，比如，职业索赔人伪造工商投诉材料，并以此威胁商家进行索赔，金额达到一定程度时构成敲诈勒索罪；向行政机关投诉、举报商家，对行政机关作出的决定不服进而提起行政复议或行政诉讼；在已知商品存在瑕疵或问题的情况下，多次、重复购买商品以此提起侵权或违约诉讼，要求获得惩罚性赔偿。民事领域中，网络购物合同纠纷有很大比例的案件为职业索赔人起诉请求获得惩罚性赔偿，涉及领域广泛，包括食品、日用品和电子产品等，其中涉及食品领域的案件占比较高。对于非食品药品领域，司法实践中，应当考察其购买是否为消费目的，进而判断是否应受《消费者权益保护法》保护。

综上，本案依照《消费者权益保护法》的规定，明确了“消费者”的概念范畴和保护边界，驳回了原告关于惩罚性赔偿的诉讼请求，将职业索赔人排除于“消费者”之外。但购买目的的认定还需具体案件具体分析，对于有过职业索赔行为的，亦不能标签化否定其“消费行为”，对于其正常的消费行为仍应当给予保护。

权利不能滥用，“无理由”不等于“无条件”

——杨某某与北京某科贸有限责任公司网络购物合同纠纷案[1]

朱　阁[*]　李绪青[**]　陈一诺[***]

典型意义

“无理由”退货并非“无条件”退货。对于不同的商品，“完好”的标准亦有所区别。经营者应当进一步细化适用无理由退货的条件，在商品宣传页面显著位置标注该商品是否适用该制度，给消费者以提示。消费者应当理性维权，行使“七天无理由退货”权利需保证商品“完好”，不得滥用这一权利恶意退货。本案对完善“七天无理由退货”制度以及明确退货标准具有重要意义。

关键词　无理由退货　权利滥用　理性维权

案情介绍

2018年7月23日，原告杨某某通过某商城购买了被告北京某科贸有限责

---

[1] 一审裁判文书字号：北京互联网法院（2018）京0491民初1728号民事判决书（2019年3月6日）。

一审合议庭组成人员：审判长朱阁、审判员闻汉东、审判员刘更超。

* 朱阁，北京互联网法院综合审判一庭副庭长。

** 李绪青，北京互联网法院综合审判一庭法官助理。

*** 陈一诺，中国传媒大学文化产业管理学院法律系研究生。

任公司（以下简称北京某公司）出售的一部手机，该商品支持七天无理由退货。杨某某收到货后发现手机屏幕刺眼，故向北京某公司申请无理由退货，但遭到拒绝，故诉至法院。

原告杨某某诉称：北京某公司声称该产品享受"七天无理由退货"条款可以申请退货，但在办理退货过程中，北京某公司作为第三方商家直接关闭了退货申请，经 12315 平台协调依然坚持拒绝退货。本次交易是网购行为，若不拆封则无法事先对商品作出商品是否适合自己的判断。因此北京某公司关于拆封商品不能享受"七天无理由退货"条款的行为是违规的。此外，北京某公司在消费者容易发现的地方标注"七天无理由退货"的服务承诺信息，而在不易发现的地方隐藏一条否定前面承诺的条款，涉嫌欺诈。故请求法院判令北京某公司依据其网站商品明示的承诺履行"七天无理由退货"义务，返还货款 2779 元，并判令北京某公司承担本案诉讼费及原告杨某某因本案导致的误工费、精神损失费 1000 元。

被告北京某公司辩称：其没有通过杨某某的退货申请是因为原告在收到涉案手机后已经将其激活使用，故其已经无法将手机进行二次销售，且此手机本身没有质量问题，因此将手机返还杨某某，但杨某某拒绝接收。其在涉案商品详情顶端和末端都标注了"关于七天无理由退货"的相关购前说明，不仅不违规，更没有欺诈顾客。因此请求法院依法驳回杨某某的全部诉讼请求。

裁判内容

北京互联网法院经审理认为，本案的主要争议焦点在于双方对"七天无理由退货"适用的理解。

一、单纯的包装拆封不能成为排除适用"七日无理由退货"规定的理由

根据《网络购买商品七日无理由退货暂行办法》（以下简称《七日无理由退货暂行办法》）第七条之规定，拆封后易影响人身安全或者生命健康的商品，或者拆封后易导致商品品质发生改变的商品，经消费者在购买时确认，可以不适用七日无理由退货规定。根据该办法第八条之规定，消费者基于查验需要而打开商品包装，或者为确认商品的品质、功能而进行合理的调试不影响商品的完好。

本案中，手机属于电子电器类商品，一般情况下，此类商品的“完好”并非“商品包装完好”。对于手机这类商品，消费者拆封、开机，才能确认商品的品质和功能，且拆封后不会导致商品品质发生改变，故单纯的包装拆封，不能成为网络商品销售者排除适用七日无理由退货规定的理由。

二、手机激活后贬损价值较大，不能适用“七天无理由退货”规定

《七日无理由退货暂行办法》第九条规定：“对超出查验和确认商品品质、功能需要而使用商品，导致商品价值贬损较大的，视为商品不完好。具体判定标准如下……（二）电子电器类：进行未经授权的维修、改动，破坏、涂改强制性产品认证标志、指示标贴、机器序列号等，有难以恢复原状的外观类使用痕迹，或者产生激活、授权信息、不合理的个人使用数据留存等数据类使用痕迹……”

按照普通公众的一般认知，手机激活后不能再作为新机销售，价值贬损较大。上述贬值损失由网络商品销售者承担将导致消费者与网络商品销售者之间利益的重大失衡，极不公平。本案中，杨某某将商品包装拆封后，激活了手机，产生了数据类使用痕迹，涉案商品已经不完好，不能适用七日无理由退货规定。

裁判结果

北京互联网法院依照《中华人民共和国合同法》第六十条[1]、第一百三十条[2]，《中华人民共和国消费者权益保护法》第二十五条之规定判决：驳回原告杨某某的全部诉讼请求。

法官解读

我国于2013年10月25日对《中华人民共和国消费者权益保护法》（以下

[1] 现变更为《中华人民共和国民法典》第五百零九条。

[2] 现变更为《中华人民共和国民法典》第五百九十五条。

简称《消费者权益保护法》）进行了第二次修改，新增了第二十五条，其表述为：“经营者采用网络、电视、电话、邮购等方式销售商品，消费者有权自收到商品之日起七日内退货，且无需说明理由，但下列商品除外：（一）消费者定作的；（二）鲜活易腐的；（三）在线下载或者消费者拆封的音像制品、计算机软件等数字化商品；（四）交付的报纸、期刊。除前款所列商品外，其他根据商品性质并经消费者在购买时确认不宜退货的商品，不适用无理由退货。消费者退货的商品应当完好。经营者应当自收到退回商品之日起七日内返还消费者支付的商品价款。退回商品的运费由消费者承担；经营者和消费者另有约定的，按照约定。”

此条款首次赋予了特定消费者“七天无理由退货”的权利，被称为“消费者反悔权”条款，这也是我国第一次在法律中确认消费者反悔权制度。

一、“七天无理由退货”制度的适用范围

（一）主体范围

《消费者权益保护法》第二十五条规定经营者通过网络、电视、电话、邮购的方式销售商品的，消费者均有权在七日之内无理由退货。

网络购物的常见模式包括 B2B、B2C、C2C、C2B 和 O2O，但是否所有这些商业模式下的购买方均拥有“七天无理由退货”的权利？出售方是否均需履行“无理由退货”的义务？这个问题实际上探讨的是消费者与经营者的范围如何界定，是否所有的购买者都是消费者，是否所有的出售方均被认为是经营者。

根据学界通说观点，《消费者权益保护法》所指的消费者是为满足生活需要而购买或使用经营者提供的商品或服务的自然人，不包括企业。因为企业作为商品的买受人并非处于一种弱势的地位，它和经营者之间在谈判地位和掌握的交易信息等各方面都是等同的，无需通过《消费者权益保护法》对其进行特别的保护，应当受《中华人民共和国民法典》《中华人民共和国产品质量法》等法律调整。自然也就不受《消费者权益保护法》第二十五条规定的“七天无理由退货”制度的约束。

在 C2C 商业模式中，对经营者范围的界定也尤为重要。网络二手市场的

个人出售行为是不是经营者行为？在C2C平台（例如闲鱼、转转平台等）上发生的二手交易，对于个人不具规模的出售限制商品行为，此时的“出售方”并不是一般意义上的“经营者”，而更可能是由之前的消费者转变而来。与之类似的还有在微信平台沉淀的大量不具备经营者资质的个人小卖家。有观点认为“微信代购”是打着“朋友、熟人帮忙”的名义进行的，代购人也没有办理工商营业登记，取得营业执照，且许多还是业余兼职，这种情况下，很难认定代购人就是经营者。但笔者认为根据《消费者权益保护法》第三条的规定，此处的经营者与一般意义上的经营者不同，此处经营者是与消费者相对应的一方主体，是通过市场为消费者提供消费资料和消费服务的人，并不以办理工商营业登记为必要条件。因此，个人小卖家、代购卖家及二手商品卖家均应当在符合《消费者权益保护法》第二十五条规定情形时履行“七天无理由退货”制度之下规定的义务。

（二）客体范围

《消费者权益保护法》第二十五条对适用“七天无理由退货”制度的商品进行了规定，于条文中明确排除了如下商品：（1）消费者定作的商品；（2）鲜活易腐的商品；（3）在线下载或者消费者拆封的音像制品、计算机软件等数字化商品；（4）交付的报纸、期刊。

消费者定作的商品通常是由经营者根据消费者对商品外观或者功能上的特殊要求而加工制作，比如根据真人照片定制的玩偶、根据给定尺寸定制的家具、用消费者发的图片定作的专属手机壳等，这些商品一经制作便很难再次销售给其他消费者，基本不再具有一手市场上的流通性。

鲜活易腐的商品是指受时间因素影响非常大的商品，例如海鲜、水产、花卉、水果等。鲜活易腐商品之所以被排除适用是因为其运输和存储的特殊要求，保质期往往较短，《消费者权益保护法》第二十五条规定的七天的权利行使期间，再加上来回运输的时间，对这类鲜活易腐商品实行无理由退货时间太长，甚至有的商品在不足七天的时间内就已经失去了使用价值。

对在线下载或者消费者拆封的音像制品、计算机软件等数字化商品限制适用“七天无理由退货”是因为此类商品一旦被下载或者拆封即可能被无限复制，将对经营者的权利和正当利益造成损害。

报纸、期刊类商品则是考虑到其刊登内容的短期时效性，比如报纸的时效性多为一天，期刊则为半个月到一个月，超过时效的报纸、期刊价值大大降低。

因此，除立法明确规定的不适用“七天无理由退货”的商品类型外，其余商品符合规定均应当适用“七天无理由退货”制度。

二、“七天无理由退货”制度中“商品完好”的标准

根据《消费者权益保护法》第二十五条之规定，消费者购买商品后，若主张将商品退回，无需说明理由，但应当符合商品完好的要件。“退货的商品应当完好”是消费者适用七日无理由退货规则进行退货的前提。

（一）商品包装的拆封不影响“商品完好”的认定

2017 年 3 月 15 日起施行的《七日无理由退货暂行办法》第八条早已明确退货商品“完好”的标准，即“商品能够保持原有品质、功能，商品本身、配件、商标标识齐全的，视为商品完好。消费者基于查验需要而打开商品包装，或者为确认商品的品质、功能而进行合理的调试不影响商品的完好”。

在本案中，北京互联网法院认为：“单纯的包装拆封，不能成为网络商品销售者排除适用七日无理由退货规定的理由。”2022 年 12 月 27 日最高人民法院发布的《关于为促进消费提供司法服务和保障的意见》中也明确：“消费者因检查商品的必要对商品进行拆封查验且不影响商品完好，电子商务经营者不得以商品已拆封为由主张不适用七日无理由退货制度。”

因此可以明确，商品包装的拆封不影响“商品完好”的认定。

（二）“商品不完好”的判定

《七日无理由退货暂行办法》第九条规定：“对超出查验和确认商品品质、功能需要而使用商品，导致商品价值贬损较大的，视为商品不完好。”同时，该条还给出了具体的判定标准：“（一）食品（含保健食品）、化妆品、医疗器械、计生用品：必要的一次性密封包装被损坏；（二）电子电器类：进行未经授权的维修、改动，破坏、涂改强制性产品认证标志、指示标贴、机器序列号等，有难以恢复原状的外观类使用痕迹，或者产生激活、授权信息、不合理的

个人使用数据留存等数据类使用痕迹；（三）服装、鞋帽、箱包、玩具、家纺、家居类：商标标识被摘、标识被剪，商品受污、受损。”

在本案中，北京互联网法院认定激活后的手机已经“不完好”，就采用了上述法条第（二）项的规定。在“杭州某网络科技有限公司等与王某某信息网络买卖合同纠纷”案[1]中，北京市第四中级人民法院也是类似的观点，认为“一经激活，手机会产生激活、授权信息等数据类使用痕迹，且该使用痕迹无法恢复原状。已经激活的手机退回再进行销售，将明显影响后续消费者的权利，故杭州某公司无法将退回手机作为完好商品再次销售”。

（三）“七天无理由退货”制度适用需要“确认”的前置程序

虽然法院普遍认为激活的手机因产生了数据类使用痕迹而无法再认定为“商品完好”，但此类案件最终成功适用“七天无理由退货”制度还需要一个关键性的前置程序——确认。

《七日无理由退货暂行办法》第二十条规定：“符合本办法第七条规定的商品，网络商品销售者应当在商品销售必经流程中设置显著的确认程序，供消费者对单次购买行为进行确认。如无确认，网络商品销售者不得拒绝七日无理由退货。”

在“杭州某网络科技有限公司等与王某某信息网络买卖合同纠纷”案中，法院就认为：一经激活或者试用后价值贬损较大的商品，网络商品销售者应当在商品销售必经流程中设置显著的确认程序，供消费者对单次购买行为进行确认。如无确认，网络商品销售者不得拒绝七日无理由退货。而手机激活属于价值贬损较大的情形，但免于适用七天无理由退货制度的前提是网络商品销售者在商品销售必经流程中设置了显著的确认程序。

在此案件中，法院认为虽然杭州某网络科技有限公司在涉案手机的商品详情页和交易成功后的信息显示页面对该款已激活的手机不再受理七天无理由申请退货的情况进行了标注，但以上两种告知方式均不属于在商品销售必经流程中的告知。这种说明的方式也不能认定为上诉人设置了显著的确认程序，供消费者对单次购买行为进行确认。故杭州某网络科技有限公司主张涉案手机已被

---

[1] 参见北京市第四中级人民法院（2022）京04民终173号民事判决书。

激活，不符合商品完好的标准，免于适用七天无理由退货的上诉意见不能成立。

由此可以看出，即使激活的手机被认定为产生了数据类使用痕迹而不再符合“商品完好”的标准，但是因为经营者未为消费者设置显著的确认程序供消费者对单次购买行为进行确认，不符合《七日无理由退货暂行办法》第二十条的规定，因此北京市第四中级人民法院最终也并没有支持经营者“免于适用七天无理由退货”的主张。

三、“七天无理由退货”制度在特殊领域的适用缺陷

（一）海外代购难以适用七天无理由退货制度

海外代购作为当下新兴的购物方式为消费者提供了较为便利的购物途径，在一定程度上满足了消费者对国外商品的购物需求，达到了追求品质与低价并存的消费目的。

目前，海外代购主要为 B2C 模式和 C2C 模式。在海外代购行为中，B2C 模式有第三方电子商务平台的介入，消费者在七日无理由退货权受到侵害时，即使经营者不采取相应措施，B2C 模式下也有第三方交易平台作为保障，第三方交易平台可以以惩罚措施规制经营者作出一定行为弥补消费者受到的损害，能较大程度保障消费者的合法权益；在 C2C 模式中，如果经营者不支持七天无理由退货制度，消费者遇到退货难题，无疑会对这一购物模式产生冲击。

无论是 B2C 模式还是 C2C 模式，作为互联网时代的产物，海外代购都为我国市场经济做出了重要贡献，但是由于海外代购中的七天无理由退货制度存在行业监管空白，一些不法商家为了获取投机成本，提升个人或者所经营店铺的商品销量，忽视消费者的退货需求，不支持七天无理由退货。当海外代购商品存在质量问题消费者要求退货退款时，由于消费者个人无法对海外代购的商品进行质量检测以辨别真伪，经营者若让消费者举证证明商品是假货或者怀疑消费者“购真退假”时，消费者无法提供有力的证据维护自己的合法权益。

（二）线下购物尚未引入七天无理由退货制度

线下实体店落实无理由退货的呼声也早已有之。线下实体店通常拒绝无理

由退货的原因在于法律中没有明确规定实体店所售商品适用“七天无理由退货”制度。《消费者权益保护法》第二十五条规定了消费者在非现场购物时享有七日无理由退货权，有些实体店的商家便认为，这些规定只适用于互联网购物，实体店可不受该规则的约束，“国家三包政策”才是实体店适用的售后服务制度。

笔者认为，网络购物易出现实际产品和卖家描述不一致的情况，因此才存在七天无理由退换货的规定。实体店的商品可以“看得见、摸得着”，消费者对商品的判断完全出自真实感受，受到经营者的干扰较小，所以未受到法律规制。

不过，2019 年国家发展改革委等十部门印发了《进一步优化供给推动消费平稳增长　促进形成强大国内市场的实施方案（2019 年）》，其中明确提出推动大型零售企业线下购物无理由退货制度试点，河北、江苏、安徽等地已经开始探索实践线下无理由退货的实施。在此过程中实体店商家认为，网购商品在退货后，网络购物平台的经营者在收到商品时可以重新包装出售，即使消费者收到“二次商品”，只要吊牌完好、无明显污渍，消费者通常不会察觉到；若存在轻微瑕疵，消费者在考虑商品价值或者换货周期的情况下也会接纳该瑕疵，所以经营者出售“二次商品”能够产生的不利影响可以忽略不计。

但若要实体店进行重新包装，相较于网购平台包装周期增加且包装成本高，所以不能适用“七天无理由退货”制度。从短期经营来看，此种担忧不无道理，但从长期经营来看，将线下无理由退货制度纳入法律条文中，能够在很大程度上提升经营者的商品质量和服务水平，有利于提升品牌形象，释放消费潜力。因此，要在充分考虑线下实体店实际情况的基础上，将其纳入《消费者权益保护法》七天无理由退货制度中来。

实体店推行无理由退货需要法律规制的原因还在于线下实体店数量庞大且分散，一旦发生退换货的需求，线上的消费记录是可以追溯的，经营者一般不会发生推诿扯皮的现象，而线下经营者可能利用法律漏洞拒绝消费者正当的退货需求。

四、结语

综上，网络购物打破了传统购物面对面的交易模式，消费者在购物时只能依靠商家的图、文、视频等介绍，不能亲身感触实物，为维护消费者权益，应赋予其“七天无理由退货”的权利，此为对消费者的公平体现。

同时，为避免消费者滥用七天无理由退换货政策，在商品不存在质量问题的情况下，消费者退货时应保证“商品完好”。退货后不影响商家进行再次销售，此为对商家的公平体现。由于不同种类商品的特质不同，其完好的标准也不一致。鉴于电子电器类商品具有特殊性，如有激活、授权信息等数据类使用痕迹，则应当视为“商品不完好”。但商品不完好也并非能当然适用“七天无理由退货”制度，还需要经营者在商品销售必经流程中设置显著的确认程序，供消费者对单次购买行为进行确认。如无确认，网络商品销售者不得拒绝七天无理由退货。

此外，“七天无理由退货”制度在海外代购、线下购物等特殊领域均存在缺陷。我国“七天无理由退货”制度还应该继续发展与完善。

“七天无理由退货”规则不得滥用

——高某与北京某科技有限公司、某银行网络购物合同纠纷案❶

王 然* 杨加冕**

典型意义

用户在明示“已激活或拆封的苹果机器不支持七天无理由退换货”的网络店铺购买苹果手机并激活，后以“七天无理由退货”规则申请退货退款。人民法院基于公平原则和诚实信用原则，释明“七天无理由退货”的适用规则，强调消费者不得滥用“七天无理由退货”规则，判决维护了网络购物的交易秩序和七天无理由退货规则的公平适用。本案入选《中国法院2022年度案例》。

关键词 “七天无理由退货” 消费者冷静期 诚实信用原则

案情介绍

2019年11月21日，原告高某通过北京某科技有限公司（以下简称北京

---

❶ 一审裁判文书字号：北京互联网法院（2020）京0491民初7489号民事判决书（2020年7月24日）；二审裁判文书字号：北京市第四中级人民法院（2020）京04民终436号民事判决书（2020年9月28日）。

一审合议庭组成人员：审判长王然、审判员崔丽萍、审判员颜君。

* 王然，北京互联网法院立案庭法官。

** 杨加冕，中国传媒大学文化产业管理学院法律系研究生。

某公司）在某银行运营的“聪明购商城”上开设的店铺下单购买“Apple 苹果 iPhone11 手机 6.1 寸屏 LCD256G 黑色全网通 4GSJSM1911”（以下简称涉案商品），优惠后，原告使用其某银行信用卡支付货款 6698.96 元。原告收到涉案商品后，将涉案商品开封使用，并对手机进行激活操作。而后，其将涉案商品挂在“闲鱼”平台出售，并对手机进行数据抹除操作。2019 年 11 月 27 日，原告以自己不适应手机操作系统为由向北京某公司的客服人员提出退货申请，客服人员以其已经激活涉案商品、不符合退换要求为由拒绝。

原告高某诉称：苹果直营店、官网购买的 iPhone 手机均支持 14 天退货服务，且苹果公司为经销商提供了七天无理由退货政策，本案被告在并不影响二次销售的情况下拒绝退货系欺诈行为，应当按商品价款 3 倍（6799 元 ×3 = 20397 元）赔偿；并要求被告北京某公司办理退货、全额退款 6799 元（实际付款时使用 100 元优惠券）；要求某银行作为平台运营方，就对经销商监管不到位，接到投诉处理消极，对已出信用卡账单进行处理，并向原告书面道歉。

被告售出涉案商品的网店经营者北京某公司辩称：案涉情形不符合“七天无理由退货”规定，手机激活后退货，会导致价格贬损，影响二次销售，且被告在商品详情页面已尽提示义务，原告刷机出售主观恶意明显，根据相关法律规定被告不应退还诉争手机；被告系经销商，在商品交易过程中，北京某公司不存在过错、欺诈行为；被告系经销商，非质量原因退货损害其公司利益，无论从公平原则还是法定义务考虑，原告主张三倍赔偿均无事实和法律依据，请求法院依法驳回原告全部诉讼请求。

被告“聪明购商城”电商平台运营者某银行辩称：其未参与实体交易，已提供销售者详细信息，且未作出更有利于消费者的承诺，已尽网络交易平台管理责任，不应承担赔偿责任；其在商品交易过程中不存在明知或者应知销售者利用平台侵害消费者合法权益而未采取必要措施的情形，且不存在任何过错或欺诈行为，不应承担赔偿责任或连带责任。

裁判内容

本案的争议焦点在于原告收到涉案商品苹果手机后已激活，此种情况是否适用“七天无理由退货”。

北京互联网法院认为，原告通过北京某公司在“聪明购商城”上开设的店铺下单购买涉案商品，原告与北京某公司之间形成买卖合同关系。

“七天无理由退货”系对消费者合法权益的保护措施，但消费者行使该权利并非毫无限制。根据商品性质并经消费者在购买时确认不宜退货的商品，不适用无理由退货。

消费者在进行苹果手机激活操作时，苹果公司后台会记录产品激活的时间，并据以计算维修和服务保障的期限，已经激活的产品退回再进行销售的，将影响商品的价值，进而影响后续消费者的权利，故在北京某公司与苹果电脑贸易（上海）有限公司［Apple Computer Trading（Shanghai）Co. Ltd］签订的《苹果上海公司授权经销商协议》中，限制被告转售退回的商品，亦不得将开箱的产品退回。且北京某公司在销售涉案商品时，已向原告作出了明确提示，原告作为具有完全民事行为能力的成年人，足以理解相关提示的含义，了解下单的法律后果，其仍下单购买即表明其对相关提示内容予以确认和接受。原告购买涉案商品后，已将涉案商品开封使用，进行了激活操作，再以“七天无理由退货”为由要求退货退款，没有依据。

针对原告关于苹果公司官网退货的政策主张，苹果手机的销售渠道包含：苹果官网直营销售、通过经销商渠道销售。即便苹果公司在其直营销售渠道提供更优惠的退换货政策，相关政策亦仅适用通过其直营通道购买手机的消费者，对其他经销商无约束力。

某银行作为网络交易平台提供者的经营者，并非买卖合同的一方，在交易过程中，未作出更有利于消费者的承诺。在涉案商品的交易过程中，二被告并未损害原告的合法权益，原告针对二被告的各项请求均于法无据，法院不予支持。

裁判结果

北京互联网法院依照《中华人民共和国消费者权益保护法》第二十五条第二款，《中华人民共和国民事诉讼法》六十四条[1]之规定，判决如下：驳回

---

[1] 《中华人民共和国民事诉讼法（2021 修订）》生效后，《中华人民共和国民事诉讼法（2017 修订）》同时废止，《中华人民共和国民事诉讼法（2017 修订）》第六十四条对应《中华人民共和国民事诉讼法（2021 修订）》第六十七条。

原告高某的诉讼请求。

高某不服一审判决，提起上诉。北京市第四中级人民法院作出判决：驳回上诉，维持原判。一审判决已经生效。

法官解读

本案中，高某利用“七天无理由退货”规则，在购买激活特定商品后主张退货退款。本案对能否适用“七天无理由退货”规则的判定，对于网络购物的消费者正确行使自身合法权利具有一定的借鉴意义。

一、“七天无理由退货”制度目的

《中华人民共和国消费者权益保护法》（以下简称《消费者权益保护法》）第二十五条规定的消费者的“七天无理由退货”权，又被称为消费者后悔权，“七天无理由退货”制度又被称为消费者冷静期制度。该制度旨在在合同成立并生效后给予消费者一段冷静时间，并在此期限内允许消费者按照法定条件和程序解除或撤销合同。该制度最早出现在英国颁布的《租赁买卖法》，适用于上门推销服务。此后，该制度逐渐为各国所接受，成为英、美、日、德等国家普遍采用的消费者保护条款，并衍生出多种变体，例如德国在远程交易、保险、金融、房地产等领域的撤回权制度，日本在信贷领域的后悔权制度等。[1]

纵观各国对消费者无理由退货权的规定，这一制度主要适用的消费场景有两个特点：一是缔结方式特殊；二是合同标的或内容特殊。前者包括上门推销、直销、邮购、网购等不基于特定经营场所的交易，目的在于弥补在非固定经营场所交易过程中消费者和经营者存在的明显的信息不对等，允许消费者在冷静期内检查、接触和测试商品，以弥补消费者未亲自前往现场购物所导致的信息匮乏。后者包括分时居住合同、消费者信贷合同、旅游合同等，[2] 在此类商品或服务领域的应用，进一步凸显了这一制度在某种程度上弥补了消费者在专业化、规模化、精细化的市场交易中的弱势，为消费者在缺乏有关知识、信

[1] 张严方：《网络购物“后悔权”在域外的实施情况》，载《工商行政管理》2017 年第 7 期。

[2] 金可可：《浅谈消费者无理由退货权的适用范围》，载《上海人大月刊》2014 年第 8 期。

息下作出的不利于其消费目的实现的决策提供挽回空间，减少“冲动消费”“激情消费”。对于经营者而言，该项制度直接限制经营者凭借优势地位实施侵犯性或误导性商业行为诱导消费。[1] 在信息不对称的交易市场上，通过对消费者实施一定程度上的倾斜保护，保障消费者的意思自治，使之能够与规模化、专业化的经营者相抗衡。以此保障公平交易，营造良好交易秩序，提高市场有效交易效率，规避市场交易失灵。[2]

我国的“七天无理由退货”制度是消费者冷静期制度在部分商品交易中的应用，更突出对特定商品经营者和消费者权利义务的平衡。

二、中国法语境下“七天无理由退货”适用规则

2013 年修订的《消费者权益保护法》应消费者权益保护需要，针对电信网络等购物方式，增设了“七天无理由退货”条款。

“七天无理由退货”对“无理由”的强调，凸显了该项权利的本质是允许消费者在交易达成后的合理期限内的单方解除权，[3] 而非在商家瑕疵履行下的合同解除权。将两者混为一谈是对《消费者权益保护法》第二十五条和第二十四条因经营者提供的商品构成质量违约而产生的法定解除权的混淆。[4] 虽然《消费者权益保护法》第二十四条、第二十五条规定的解除权都可以被归入《中华人民共和国民法典》第五百六十三条第一款第（五）项规定的其他法定解除权的范围内，但是《消费者权益保护法》第二十四条作为有理由的合同解除，在适用商品类型上明显宽泛于《消费者权益保护法》第二十五条规定的无理由的合同解除的适用范围。经由该两条的对比可以进一步发现，我国设立的“七天无理由退货”制度存在较大的使用限制，其主要目的是实现对消费者和经营者的权责再平衡，可以被视为消费者知情权和选择权的延伸。

---

[1] ［美］乔治·阿克洛夫，罗伯特·席勒：《钓愚：操纵与欺骗的经济学》，张军译，中信出版集团 2016 年版，第 200—203 页。

[2] ［日］松冈久和：《消费者撤回权与民法》，《民法九人行（第 8 卷）》，法律出版社 2016 年版，第 292—295 页。

[3] 李适时：关于《中华人民共和国消费者权益保护法修正案（草案）》的说明——2013 年 4 月 23 日在第十二届全国人民代表大会常务委员会第二次会议上，载《中华人民共和国全国人民代表大会常务委员会公报》2013 年第 6 期。

[4] 杨立新：《非传统销售方式购买商品的消费者反悔权及其适用》，载《法学》2014 年第 2 期。

《消费者权益保护法》第二十五条规定：“经营者采用网络、电视、电话、邮购等方式销售商品，消费者有权自收到商品之日起七日内退货，且无需说明理由，但下列商品除外：（一）消费者定作的；（二）鲜活易腐的；（三）在线下载或者消费者拆封的音像制品、计算机软件等数字化商品；（四）交付的报纸、期刊。除前款所列商品外，其他根据商品性质并经消费者在购买时确认不宜退货的商品，不适用无理由退货。消费者退货的商品应当完好。经营者应当自收到退回商品之日起七日内返还消费者支付的商品价款。退回商品的运费由消费者承担；经营者和消费者另有约定的，按照约定。”

（一）“七天无理由退货”规则的适用范围

《消费者权益保护法》将“七天无理由退货”规则的范围限制在以网络、电视、电话、邮购等销售方式内，以远程销售和其他消费者无法直接接触到商家与商品的销售方式为适用前提，一方面排除了传统的在固定经营场所内的面对面交易；另一方面又排除了在一般情形下消费者谨慎挑选购买的机动车、商品房等大宗消费品；同时，以“自收到商品之日起七日内”为期限，并要求退货商品完好，是在我国交易信用环境尚未健全的背景下，避免消费者滥用该项权利，减轻该项权利对既有交易市场的影响，降低经营者的排异心理。

（二）“七天无理由退货”规则的例外规定

《消费者权益保护法》在第二十五条中规定了两类不适用该项权利的商品，第一种是法律明确规定的商品，如退货后无法二次销售的定作品、退货将严重贬损价值的鲜活易腐品、极易被复制并容易造成经营者权益严重受损的在线下载或已拆封的数字化商品以及具有较强的时效性的已交付的报纸、期刊；第二种是除上述法定商品类型外，基于商品性质并经交易双方约定不适用“七天无理由退货”规则的商品。后者的适用需要同时满足“商品在性质上不宜退货”以及“经消费者在购买时确认”两个要件。

国家市场监督管理总局发布的《网络购买商品七日无理由退货暂行办法》（2020 年修订）（以下简称《暂行办法》）对于“在性质上不宜退货的商品”作出了更具可操作性的具体规定。该办法规定下列性质的商品经消费者在购买时确认，可以不适用七日无理由退货规定：“（一）拆封后易影响人身安全或者生命健康的商品，或者拆封后易导致商品品质发生改变的商品；（二）一经激活或者试用后价值贬损较大的商品；（三）销售时已明示的临近保质期的商品、有瑕疵的商品。”

同时《暂行办法》进一步细化了对消费者应当保持退货商品完好的要求，即商品完好是指商品能够保持原有品质、功能，商品本身、配件、商标标识齐全，其中消费者基于查验需要而打开商品包装，或者为确认商品的品质、功能而进行合理的调试不影响商品的完好。并将超出查验和确认商品品质、功能需要而使用商品，导致商品价值贬损较大的具体判定标准，根据不同类型的商品性质作出如下规定：“（一）食品（含保健食品）、化妆品、医疗器械、计生用品：必要的一次性密封包装被损坏；（二）电子电器类：进行未经授权的维修、改动，破坏、涂改强制性产品认证标志、指示标贴、机器序列号等，有难以恢复原状的外观类使用痕迹，或者产生激活、授权信息、不合理的个人使用数据留存等数据类使用痕迹；（三）服装、鞋帽、箱包、玩具、家纺、家居类：商标标识被摘、标识被剪，商品受污、受损。”

具体到本案，涉案商品属于电子电器类商品，不属于法律明确规定的不适用“七天无理由退货”规则的商品范围；但因其商品性质，涉案商品一经激活后，苹果公司后台会记录产品激活的时间，并据以计算维修和服务保障的期限，已经激活的产品退回再进行销售的，将影响后续消费者的权利，使得商品价值贬损较大，符合因商品性质不宜退货的商品范畴。同时，据北京某公司提交的涉案商品交易页面的截屏显示：在涉案商品的介绍页面已显著标识“已激活的苹果机器无质量问题不支持七天无理由退换货”。某银行提交的涉案商品的交易快照及录屏亦显示，其在购买时已尽提示义务，并经原告自认。虽然法律没有明确规定双方约定和消费者确认的具体形式，但是基于诚实信用原则，在网络购物过程中，只要经营者已经设置专门的提示明示某件商品不适用无理由退货，而具有完全民事行为能力的消费者仍然点击购买的，应当视为“经消费者确认”。[1] 因此，在本案中，应当认为原被告双方已经达成《消费者权益保护法》第二十五条第二款规定的成立要件，涉案商品不应适用“七天无理由退货”规则。即便就原告主张，认为涉案商品可以适用“七天无理由

[1] 贾东明：《中华人民共和国消费者权益保护法解读》，中国法制出版社2013年版，第101页。

退货"规则，原告激活涉案商品后，苹果公司后台便已记录产品激活的时间，并据此计算维修和服务保障的期限，其抹除数据的操作并不能使涉案商品完全恢复至激活前的状态，亦无法满足保证退货商品完好的要求，无法适用"七天无理由退货"规则。

三、"七天无理由退货"对网络交易平台提供者的应用

在平台经济中，买卖双方的二元格局已经被"经营者—平台—消费者"的三元格局取代。网络交易平台提供者虽然不直接介入经营者和消费者的具体交易，但却为其交易提供链接与沟通的场所，成为网络交易的重要一环。2020年，《暂行办法》明确网络交易平台提供者对网络商品销售者履行七日无理由退货义务具有引导、监督和技术保障义务。

（一）平台不当然承担"七天无理由退货"的赔偿责任

基于《消费者权益保护法》的规定和买卖合同的相对性，"七天无理由退货"规则一般适用于经营者和消费者之间，网络交易平台提供者并不当然成为相关诉讼的主体。但是根据《消费者权益保护法》第四十四条的规定，网络交易平台提供者在作出超出"七天无理由退货"且更有利于消费者的承诺时，应当为经营者未履行相关义务承担赔偿责任。网络交易平台提供者赔偿后，有权向销售者或者服务者追偿。

同时，网络交易平台提供者在为经营者提供入驻服务时，有义务要求其提交相关企业资信材料并进行核验登记，根据《暂行办法》第二十一条，网络交易平台提供者还需要与其平台上的网络商品销售者订立协议，明确双方七日无理由退货各自的权利、义务和责任。在消费者"七天无理由退货"权利受到损害时，网络交易平台提供者应当向消费者提供销售者或者服务者的真实名称、地址和有效联系方式，提供不能的应当承担补充赔偿责任；网络交易平台提供者明知或应知销售者、服务者实施侵权但未采取必要措施的，应当依法承担连带责任。

本案中，即便北京某公司应当履行"七天无理由退货"义务，某银行作为网络交易平台提供者的经营者，在交易过程中，未作出更有利于消费者的承诺，也不存在不能提供销售者或者服务者的真实名称、地址和有效联系方式，

或者明知应知销售者、服务者实施侵权行为而未采取有效措施的情形，因此法院未支持原告对某银行的诉讼请求。

（二）消费者行使“七天无理由退货”权不得妨害网络交易平台提供者正常交易秩序

基于“七天无理由退货”规则的立法目的以及诚实信用原则，司法实践已对消费者行使“七天无理由退货”权不得妨害网络交易平台提供者正常交易秩序达成基本共识。笔者以“滥用会员权利”为关键词检索并筛选出32个消费者因滥用“七天无理由退货”权受平台处罚的相关案例。其中，消费者因频繁退货退款受到平台处罚的案件有27个（占84.38%），因利用平台规则向商家索赔受到平台处罚的案件有3个（占9.38%），因未退回所有商品受到平台处罚的案件有2个（占6.25%）。在上述案件中，前两类案件普遍被法院认定为欠缺真实交易意图；最后一类案件被法院认定为违反诚信原则。

也就是说，消费者“七天无理由退货”权利的行使除前述法定要件外，还需要尽到在市场交易行为中的基本行为义务——诚信义务，以满足正常生活消费需要为目的，不得妨害网络交易平台提供者的正常交易秩序。

四、结语

“七天无理由退货”权利是对消费者特殊的倾斜保护，但是在利益驱使下，这一权利可能会导致新的不合理利益分配格局，并破坏正常的市场交易秩序以及经营者和消费者间的信任格局。因此，该项权利的适用仍然需要受到诚实信用原则和公平原则的约束，相关民事主体在从事市场活动的过程中，必须以诚实信用原则规范自己的行为，以公平原则确定各方的权利和义务，不得损害社会和第三人的合法利益。

在个案审理过程中，法官需要针对个性化消费场景，客观判断消费者是否满足“七天无理由退货”条件，避免消费者滥用该权利以假换真、频繁退货、退款不退货、部分退货、恶意退款来获取不正当利益，妨害市场的正常交易秩序。

消费者利用价格标示错误恶意订立合同的效力认定和责任承担

——李某与上海某公司信息网络买卖合同纠纷案[1]

龚　娉*　刘润瀛**

典型意义

本案例明确了在商家不慎错标价格造成不合理低价，导致众多消费者“薅羊毛”恶意订立网络购物合同的情形下，面对消费者与商家之间的严重利益失衡，司法通过合同成立和合同效力路径均无法有效解决时，应考虑适用诚信原则进行调整，使利益平衡得以恢复，由此填补法律的空白与漏洞，维持健康的社会经济秩序。

关键词　价格标示错误　薅羊毛　恶意缔约　权利滥用　诚实信用原则

案情介绍

上海某公司系某电子商城“礼品卡专卖店”的经营者，开展“电子卡9.8折优惠”促销活动，将店铺内不同面值的电子礼品卡按照相应面值的9.8折出

---

[1] 一审裁判文书字号：北京互联网法院（2019）京0491民初21198号民事判决书（2021年2月23日）。

一审合议庭组成人员：审判员龚娉、人民陪审员佟磊、人民陪审员邢琳。

* 龚娉，北京互联网法院立案庭法官。

** 刘润瀛，中国传媒大学文化产业管理学院法律系研究生。

售。由于失误将一款面值1000元的电子礼品卡价格错误设置为远低于正常价格的490元，短时间内被包括李某在内的消费者下单4万余件。上海某公司发现后提出“换卡”或“退卡”加补偿的解决方案，但李某未同意，仍要求按照订单发货未果。李某诉至法院要求上海某公司给付面值1000元电子礼品卡1张，并赔偿因拖延发货带来的资金利息损失及精神损失2000元。对此上海某公司辩称，涉案订单未经卖家确认，因此合同尚未成立；即便法院认定合同已成立，因系统设置失误其以490元价格出售面值1000元的电子礼品卡，并非其真实意思表示，因此因重大误解及显失公平，合同应被依法撤销，故向法院提起反诉请求：撤销双方之间的涉案合同。李某对上海某公司的反诉请求则认为，不认可涉案商品价格标示错误，不同意上海某公司的反诉请求。

裁判内容

北京互联网法院经审理认为，根据李某与上海某公司的诉辩意见，本案争议焦点可归纳为如下五个问题：一是涉案商品是否价格标示错误；二是涉案合同是否成立；三是涉案合同如果成立，能否被撤销；四是原告要求履行涉案合同能否被支持；五是本案民事责任的承担。

一、涉案商品价格标示错误

本案所谈“价格标示错误”里的“错误”指的是：对于价格存在表意方非故意地表示与其内在意思出现不一致，即标示的价格并非表意方的内在真实意思，也就是意思表示传递中的错误。此处的“内在意思”，不能直接作为相关意思表示的内容，“价格标示错误”也不当然影响相关意思表示的效力。“价格标示错误”须由经营者证明标示价格明显是与“内在意思”不一致的。本案中，涉案商品为预付卡，该类商品的价格与面值密切相关，上海某公司以9.8折进行宣传但以490元出售1000元面值的预付卡，同时同类商品均以原面值9.8折销售，导致出现多个面值低于涉案商品的同类商品，售价高于或等于涉案商品价格，显然有悖于常理，且本案亦可排除上海某公司故意将涉案商品价格设置错误的可能性。故可以认定上海某公司设置涉案商品价格时“内在意思”明显是1000元9.8折，却错误设置成了500元9.8折，即存在“价格标示错误”情形。

二、涉案合同成立

订立合同的典型方式是通过要约和承诺达成合意，合同在承诺生效时成立。网络购物中，买卖双方均通过自动信息系统的互动作出要约或承诺的意思表示，要约或承诺的到达也由自动信息系统即时反馈。若无附加条件，消费者通过自动信息系统成功提交订单后经营者与消费者之间成立信息网络买卖合同应为常态。“价格标示错误”不影响经营者的商品信息展示构成有约束力的要约，消费者依错误价格提交订单也不构成对经营者要约条件的改变，不构成新要约。本案中对于涉案商品信息中价格的理解，应以自动信息系统明确标示的价格为准，即便与上海某公司的内在意思不一致，也不影响涉案合同的成立。

三、涉案合同不能被撤销

本案中，上海某公司确实因自己失误作出意思表示时对价格发生重大误解。重大误解中的表意方应当自知道或者应当知道撤销事由之日起 90 日内以诉讼或仲裁的方式行使撤销权。因此上海某公司若基于重大误解要求撤销涉案合同的，应在发现后 90 日内以诉讼或仲裁方式提请撤销，但本案现已超出重大误解撤销权的行使期限。

至于显失公平，在案证据显示，上海某公司并非处于危困状态、缺乏判断能力等情形，而且通过自动信息系统设置商品信息是上海某公司的日常经营活动，显然也不是上海某公司对所从事的活动有关知识储备不足，并且也不属于其他类似情形被相对方利用导致意思表示瑕疵，因此也不构成显失公平。涉案合同依法成立并生效。故此，对于上海某公司要求撤销涉案合同的请求，法院不能支持。

四、原告要求履行涉案合同的诉请不能支持

一般而言，有效成立的合同应当严格遵守，合同效力与合同履行应当一致；但例外情况下，如果按照该合同原有权利行使时有悖于诚信原则，会造成权利的滥用，即合同履行会与合同效力出现不一致，则应允许限制该权利的行使。本案中，涉案商品因价格标示错误加之系统自动接受订单，在上海某公司

发现并采取措施前，以错误价格订立合同无法避免，同时涉案商品价格标示错误的信息被人通过网络扩散，导致消费者蜂拥购买，短时间内形成了异常大量的订单。消费者未支付合理或相当的对价，如果履行这些合同，消费者实际获得了不当利益，恶意缔约的可能性极高，而经营者却面临与所得利益明显不相当的巨大损失。因此，李某要求上海某公司履行交付涉案商品的义务有悖于诚实信用原则，会导致消费者与经营者关系严重失衡的不公平后果，李某行使该合同权利属于权利滥用，应受到限制。

五、本案民事责任的承担

鉴于涉案合同不能继续履行，双方可以解除合同。对于李某主张的利息损失，李某利用该标价错误订立涉案合同，又在上海某公司发现后拒绝其提出的包含退款在内的补救措施，因此，对于涉案货款退还前的利息损失，李某亦有过错。另上海某公司已自愿补偿100元电子礼品卡至其淘宝账户，足以弥补该损失，故对李某的该主张，法院不再支持。对于李某主张的精神损失，本案系合同纠纷，李某未提供证据证明上海某公司未履行涉案合同损害了其人格权并造成严重精神损害，故对该请求，法院不予支持。

裁判结果

北京互联网法院依照《中华人民共和国合同法》第十四条、第二十一条、第九十七条和《中华人民共和国民法总则》第一百四十二条第一款、第一百四十七条、第一百五十一条、第一百五十二条第一款第（一）项之规定，判决如下：驳回原告李某的本诉请求和被告上海某公司的反诉请求。

一审判决后，原、被告双方均未上诉，一审判决已经生效。

法官解读

网络购物平台的发展改变了交易环境，极大便利交易和缩短交易时空间隔的情况下，也出现了一些难以处理的法律难题。本案中，买家“薅羊毛”的举动导致商家损失惨重，在考量网络购物特点，分析通过合同成立和效力路径无法解决此类问题后，在该类案件中运用诚信原则予以评价具有正当性。当发生特殊情况使当事人间的利益关系失去平衡时，若不存在具体法律规则的依据，应考虑适用诚信原则进行调整，使利益平衡得以恢复，由此填补法律的空白与漏洞，维持一定的社会经济秩序。

一、商家价格标示错误情形综合分析

（一）网络购物环境下的特点

网络购物是由商家以互联网为平台，通过网络技术手段上架商品，供消费者购买的途径。由于技术不完善，工作人员操作失误，因此在便捷购买的背后，总会出现一些漏洞。消费者利用商家设置价格错误的漏洞进行抢购商品，由于系统自动接受订单，在商家发现并采取措施前，以错误价格订立合同无法避免，同时商品价格标示错误的信息被人通过网络扩散，导致消费者蜂拥购买，短时间内形成了异常大量的订单。这类活动被称为“薅羊毛”，其规模和热度已经不可小觑。

这里“价格标示错误”（或“标价错误”）里的“错误”指的是：对于价格存在表意方非故意地表示与其内在意思出现不一致，即标示的价格并非表意方的内在真实意思，也就是意思表示传递中的错误。因此，该处的“内在意思”，不能直接作为相关意思表示的内容，“价格标示错误”也不能当然认为影响相关意思表示的效力。

应着重强调的是，司法机关对于商家是否错标价格的认定应当十分审慎，应当结合涉案商品的性质、商品的宣传内容、同类型商品的销售情况等因素综合判断。商家与消费者均通过电子商务平台的自动信息系统作出意思表示，其中经营者对于展示的商品信息，以及是否允许消费者成功提交订单，享有主动权，而消费者访问这些信息，判断与识别信息性质的能力则相对有限，并且只能根据商家设置的条件提交订单，相对来说处于被动地位。这导致了商家的内心真实意思更具隐蔽性，双方的证明能力存在明显差距。因此，在此对商家内心真实意思的理解要更加趋于严格，当然这种严格并非只能作出不利于商家的解释，而是指商家所负举证责任和证明标准更高，即其须证明价格标示错误是明显、客观存在的。

（二）商品信息展示情况与故意情形的分析

认定“价格标示错误”，必须排除商家故意将涉案商品价格设置错误的可能性。错标价格必须并非商家故意为之。案例事实发生时间与电子商务平台的“双12”促销活动相隔较近，在此期间，商品以日常售价的半价出售系一大亮点，故商家可能利用该类促销活动推高店内商品的销量。若该错标价格行为系商家有意为之，其目的系提高店铺商品销量进而获得更多消费者的关注，得到更高的商业利益。那么其此时主张“价格标示错误”并不符合诚信原则的精神，更有可能导致恶意刷单的不利后果。案例中，从涉案商品和涉案店铺展示信息的整体情况来看，涉案商品是能在某品牌服饰店内代替现金购买商品的预付卡，与普通商品不同，该类商品的价格与其面值密切相关。同时上海某公司在宣传涉案商品优惠活动时标注的是“9.8折”的信息，而非在面值基础上打5折再打9.8折，同时该店铺内同类商品均是以原面值的9.8折销售，因此出现多个面值低于涉案商品的同类商品，售价却高于或等于涉案商品的价格情况。并且在事件发生后及时下架了涉案商品并在店铺中公告了该事件，以及向每个消费者提供了补偿100元代金券的处理方案。综合看来，上海某公司因此次事件遭受到巨额的损失，可以基本排除其故意将涉案商品价格设置错误的可能性。

二、合同成立和效力路径分析

（一）合同能否成立：意思表示的解释原则

1. 网络购物合同成立的条件

订立合同的典型方式是通过要约和承诺达成合意，并且合同在承诺生效时成立。《中华人民共和国合同法》（已废止）第十四条规定：“要约是希望和他人订立合同的意思表示，该意思表示应当符合下列规定：（一）内容具体确定；（二）表明经受要约人承诺，要约人即受该意思表示约束。”第二十一条规定：“承诺是受要约人同意要约的意思表示。”在网络购物中，买卖双方均通过自动信息系统的互动作出要约或承诺的意思表示，要约或承诺的到达也由自动信息系统即时反馈。消费者在自动信息系统成功提交订单后，判断其与商家之间的信息网络买卖合同关系是否成立，应从以下几个方面考虑。

第一，关于商家通过自动信息系统发布的商品信息是否足够具体明确，即是否包含了确定合同权利义务内容的明确信息。自动信息系统以便捷高效的标准化、形式化意思表示方式为特点。商家通过自动信息系统设置商品信息，通常以文字和图片直观表现，并将商品的类别、外观、型号、数量和价格等信息明确地展现在商品信息页面突出位置。因此该内容具体明确，包含了确定合同权利义务内容的明确信息。

第二，关于商家发布的商品信息是否表明接受消费者承诺的约束，即是否对消费者订单的确认设置其他条件。结合自动信息系统自动性、人工干预有限的特点，一般来讲，商家选择以自动信息系统展示商品信息，并接受自动识别订单和反馈的，应当视为商家有接受消费者订单约束的意思。但若商家同时设置了其他条件，要求对消费者订单另行确认的，则不能直接认为接受约束。

第三，关于消费者发出订单能否视为承诺。一般来讲，消费者只能根据商家设置的条件提交订单，因此消费者发出的订单是否与商家的意思表示一致，能否视为承诺，关键在于商家发布的商品信息是否构成有约束力的要约。所以如果商家与消费者没有另行约定条件，表明不接受消费者提交订单约束的，消费者提交订单应视为承诺。

由此不难看出，商家以自动信息系统作出的商品信息展示通常构成要约，消费者通过自动信息系统成功提交订单后商家与消费者之间成立信息网络买卖合同应为常态。而要认定合同不成立趋于更严格，这有利于约束商家任意砍单，保护消费者的信赖利益，符合电子商务便捷高效的特点，是电子商务实践发展的客观需要，体现了《中华人民共和国民法典》（以下简称《民法典》）和《中华人民共和国电子商务法》维护诚实信用、利益平衡和对消费者实施倾斜保护的立法精神。

2. 价格标示错误对网络购物合同成立的影响

关于价格标示错误对当事人意思表示的影响，具体争议有两点：一是价格标示错误是否影响商家的商品信息展示构成有约束力的要约；二是消费者依错误价格提交的订单是否构成对商家以正确价格订立合同之要约的改变，即是否影响订单成为新要约。上述争议的关键在于明确意思表示的解释原则，以及对商家意思表示的合理解释。

关于意思表示的解释原则，根据以表意方的内心真意抑或以其表示行为的外观为准确定意思表示的内容，存在意思主义与表示主义的区分。通说认为，我国对意思表示的解释采取折中主义理论，区分意思表示类型进行解释，并且全面考虑各种利益的衡平关系，既顾及当事人利益与交易安全，又顾及表意方与相对方利益。《民法典》第一百四十二条第一款规定：有相对人的意思表示的解释，应当按照所使用的词句，结合相关条款、行为的性质和目的、习惯以及诚实信用原则，确定意思表示的含义。据此，对于有相对人的意思表示的解释，强调了首先要按照所使用的词句进行解释，因为词句是意思的直接外在表示方式，只有在按照所用词句进行解释有困难时，意思表示才可以使用其他解释规则，实际上解释仍应以相对人足以客观了解的表示内容为准，以保护相对人的信赖利益。

价格标示错误情形中，消费者在浏览商品信息、提交订单及付款过程中能直观了解到的是标示价格。由于商家在设置商品信息过程中行使了自我决定的权利，有能力以对方能正确理解的方式表达，对在自我决定中出现错误的表达，理应自己承担责任。再者，结合网络购物的特点，如果要求消费者放弃相信商品信息中明确展示的价格，而去探求商家的内在意思，这将牺牲电子商务的效率和成本优势，违背诚实信用、公平效率以及保护信赖利益和消费者合法权益的基本原则，显然不符合现行法律的价值精神，也必然损及电子商务的核心竞争力，不利于电子商务的实践发展。因此，对于价格的理解，应以商品明确标示的内容为准。即便价格标示错误，与商家的内在意思不一致，也不影响商品信息展示构成有约束力的要约；相对应地，消费者提交的订单也不构成新的要约。

（二）合同能否撤销：重大误解与显失公平

1. 重大误解

《民法典》第一百四十七条规定：基于重大误解实施的民事法律行为，行为人有权请求人民法院或者仲裁机构予以撤销。第一百五十二条第一款第（一）项规定：当事人自知道或者应当知道撤销事由之日起一年内、重大误解的当事人自知道或者应当知道撤销事由之日起九十日内没有行使撤销权的，撤销权消灭。

重大误解制度保护的是表意方的真实意思。法律对重大误解的定义并无明确规定，通常指一方因自己的过错而对民事法律行为的内容等发生重大误解而实施的某种民事法律行为。基于重大误解的民事法律行为可撤销的条件包括：（1）表意方对民事法律行为的内容发生了重大误解，即错误认识必须是重大的；（2）表意方因重大误解作出了意思表示；（3）重大误解是因为表意方自己的过失造成的。此外，表意方应当自知道或者应当知道撤销事由之日起九十日内以诉讼或仲裁的方式行使撤销权。

据此，不难分析价格标示错误确实属于重大误解。商家若基于重大误解要求撤销涉案合同的，应在发现后九十日内以诉讼或仲裁方式提请撤销。案例中，上海某公司主张撤销合同时早已超出撤销权的行使期限。并且根据实际经验推想，即便商家欲在九十日内提起诉讼或者仲裁，由于合同数量很大、相对方人数众多，其撤销合同所需耗费的人力、物力、财力及司法资源巨大，将使其陷入履行不能的境地，亦难以纠正消费者与商家之间的失衡状态，故合同效力路径面临可操作性障碍。[1]

2. 显失公平

《民法典》第一百五十一条规定：一方利用对方处于危困状态、缺乏判断能力等情形，致使民事法律行为成立时显失公平的，受损害方有权请求人民法院或者仲裁机构予以撤销。基于显失公平的民事法律行为可撤销的条件包括：（1）双方当事人的利益显著失衡，特别要通过考虑供求关系、价格涨落等各种要素，判断利益的失衡是否达到“显著”的程度；（2）必须是民事法律行为成立时显失公平；（3）订立合同时一方具有利用优势或利用对方轻率、无经验等而与对方订立显失公平合同的故意。典型情况如：利用对方处于危困状态，一般指利用受损害方因陷入某种暂时性的急迫困境，急需金钱或有其他急需的状态；利用对方缺乏判断能力，欠缺一般的生活经验或交易经验，不包括欠缺特殊的判断能力。受损害方原则上仅限于自然人，不包括“法人、非法人组织”，该规定是对自然人处于危困状态、缺乏判断力等情形致使合同成立时显失公平的救济，对于法人，特别是公司，因此发生的风险属于商业风险，

---

[1] 蔡立东，关悦：《网络消费者恶意缔约的司法应对》，载《吉林大学社会科学学报》2020 年第 5 期。

应自担其责。公司处于危困状态时签署的利益显著失衡的合同，法律不应干预，应通过商业规则来处理，否则会破坏市场规则和合同必须严守的市场秩序。缺乏判断能力的情形，也不应当适用于公司、非法人组织，法律已经假定公司、非法人组织具备民事权利能力和民事行为能力，具备判断能力。此外，表意方应当自知道或者应当知道撤销事由之日起一年内以诉讼或仲裁的方式行使撤销权。

案例中，商家并非自然人，价格标示错误也显然不是由于商家处于危困状态、缺乏判断能力等类似情形，而且通过自动信息系统设置商品信息是商家的日常经营活动，显然也不是商家对所从事的活动有关知识储备不足，并且不属于其他类似情形被相对方利用导致意思表示瑕疵，因此并不构成显失公平。

三、合同履行不符合诚信原则

诚实信用系市场经济活动主体均需要恪守的准则，《民法典》的颁布，更加强调这一民事领域的基本原则。在买卖合同中，诚信原则要求尊重他人利益，像对待自己事务一样对待他人事务，保证各方当事人都能得到自己应得的利益，不得损人利己。当发生特殊情况使当事人间的利益关系失去平衡时，若不存在具体法律规则的依据，应考虑适用诚信原则进行调整，使利益平衡得以恢复，由此填补法律的空白与漏洞，维持一定的社会经济秩序。

诚信原则不仅适用于合同的订立、履行和解释，而且最终扩及于一切权利的行使和一切义务的履行。但诚信原则作为民事活动的基本原则，在法律有具体规定的情况下，应优先适用具体规定。只有当现行法律存在空缺或者穷尽解释及类推使用等方式仍无法解决的情形下，才能诉诸适用诚信原则。如前所述，现行法律体系下，对于商家不慎错标价格为不合理低价时，“薅羊毛”消费者恶意订立大量合同造成利益严重失衡问题，法院无法以合同不成立或合同可撤销解决。因此，在该类案件中运用诚信原则予以评价具有正当性。

一般来说，有效成立的合同应当严格遵守，合同效力与合同履行应当一致；但例外情况下，如果按照该合同原有权利行使时有悖于诚实信用原则，会造成权利的滥用，则应允许限制该权利的行使，即合同履行会与合同效力出现不一致。案例中，由于上海某公司上架商品的价格填写错误，经过网络传播后前来“薅羊毛”的买家蜂拥而至。涉案合同虽然依法成立并有效，然而如果继续履行合同将导致合同相对方利益严重失衡。若不纠正，不仅上海某公司会遭受巨大损失，还将严重破坏正常的商业环境，妨碍电子商务产业的健康发展。

四、恶意缔约不可取

在“薅羊毛”事件中，由于消费者并未支付合理或相当的对价，如果履行这些合同，消费者实际获得了不当利益，而经营者却面临与所得利益明显不相当的巨大损失，消费者与经营者之间利益出现严重失衡，合同的履行也会因此陷入“主观不能”。在信息技术发达的当下，消费者以如此低廉价格对经营者“趁火打劫”，恶意缔约的可能性极高。

消费者恶意缔约现象（俗称“薅羊毛”）违背商业道德，近年来愈演愈烈，并呈产业化发展趋势，此类场合下消费者与经营者的地位已经逆转，原有对消费者的倾斜保护会让经营者遭受不合理损失，正常商业环境也会被破坏，如果不予纠正必然妨碍电子商务产业的健康发展。本案对于此类事件进行了有益的探索，对于有别于传统案件的重大误解事件进行了合理的安排，解决了双方之间的利益失衡问题。